동아시아 고대 효의 탄생

효의 문명화 과정

동아시아 고대 효의 탄생

효의 문명화 과정

펴낸날 | 2021년 4월 30일

지은이 | 김진우

편집 | 이범수
디자인 | 석화린
마케팅 | 홍석근

펴낸곳 | 도서출판 평사리 Common Life Books
출판신고 | 제313-2004-172 (2004년 7월 1일)
주 소 | 경기도 고양시 덕양구 중앙로558번길 16-16, 7층
전 화 | 02-706-1970 팩 스 | 02-706-1971
전자우편 | commonlifebooks@gmail.com

ISBN 979-11-6023-273-8 (93910)

이 저서는 2017년 정부(교육부)의 재원으로
한국연구재단의 지원을 받아 수행된 연구임(NRF-2017S1A6A4A01022217)

동아시아 고대 효의 탄생

효의 문명화 과정

김진우 저

평사리
Common Life Books

차례

일러두기

• 본문에서 한자는 한글 병기로, 인용 사료는 한글 번역을 원칙으로 했으나, 일부 불가피한 경우 인용문의 한자 사료를 그대로 제시했다. 각주의 경우 인용하는 참고 문헌과 원문 사료는 한글 병기를 하지 않았다.

• 본문 중 다음은 저자가 학술지에 게재한 논문을 대폭 수정하고 보완했다.
제3장 2·3·4절 : 「先秦 儒家 '孝治' 理論의 初期形態-『郭店楚簡』의 分析을 중심으로-」, 『史叢』 78, 2013.
제4장 1절 : 「秦漢律의 '不孝'에 대하여-『睡虎地秦簡』『張家山漢簡』의 '不孝' 관련 조문을 중심으로-」, 『中國古中世史研究』 제19집, 2008.
제5장 2·3·4절 : 「前漢 武帝末 이후의 황실교육과 『孝經』」, 『史叢』 57, 2003.

효의 문명화 과정이란?

효에 대한 문제의식의 제기

오늘날 한국 사회에서 효(孝)는 여전히 중요한 가치이다. 20세기 한국 사회는 식민지와 전쟁 그리고 산업화 시기를 거치면서, 국가와 사회의 보호 이전에 먼저 가족 간의 유대에 바탕을 두고서 개개인의 생존을 모색해 왔다. 반면 급격하면서도 가혹했던 외부의 충격은 가족 내부의 결합을 취약하게 하고 대규모의 집단적인 가족 이산을 경험하게 하기도 했다. 한국 현대 사회의 격동적인 집단 경험 속에서 전통적인 효의 가치는 상당 부분 퇴색되어 갔지만, 그럼에도 불구하고 효는 여전히 존중하고 실천해야 하는 한국 사회 전반의 윤리 도덕으로 자리하고 있다.

그런데 이와 같은 한국 현대사의 집단 경험은 한국인들에게 자신의 부모와 가족에 대한 회한의 감정을 가지게 하면서, 전통적인 효의 가치와는 또 다른 의미에서 복합적인 '불효자(不孝子)'의식을 현대 한국인만의 특별한 집단 심성으로 자리 잡게 했다.* 이

---

* 로저 자넬리는 일찍이 한국 사회에서 부모 자식 간의 상호 의존을 통해 생겨나는 사회적인 이익은 효의 강요에 의해 발생하는 심리적인 고난을 대가로 가능한 것이라고 하면서, 심리적인 고난은 바로 자식이 부모에게 가지는 죄의식(罪意識)이라고 했다. 이 죄의식은 이상적인 효의 요구와 자식이 부모에게 갖는 적대 감정이라는 상반된 지점에서 발생하는데, 한국의 조상숭배 의식이나 민간 신앙 등에서 잘 확인된다고 했다(Roger L. Janelli, 「The Value of Ancestor-Worship Traditions in Modern Korean Society」, 『제1회 한국학 국제학술회의 논문집』, 한국정신문화연구원, 1979, 1043~1059쪽). 자넬리가 언급한 죄의식은 바로 '불효(不孝)' 의식이라고 할 수 있다. 이는 한국 현대 사회의 특수한 경험 속에서 생겨난 효의 또 다른 현대적 변용이며, 이에 대해서는 현대 한국인의 집단 심성으로서 그 역사적 · 사상적 맥락을 탐구해 볼 필요가 있다.

처럼 효는 한국의 전통적인 가치체계를 대표하면서 근대 이후에
도 여전히 중요성을 상실하지 않고 나름 변화하면서 그 의미와 기
능이 살아 있는, 한국인의 심성 구조에서 과거와 현재를 연결하는
중요한 부분이라고 할 수 있다. 해방 이후 국가권력의 입장에서 본
다면, 민주화 이전 권위주의 정권 시기 효는 충효가 하나로 일체화
된 이념으로 묶여서 국가와 동일시되는 권력자의 이른바 '부성(父
性; Paternity)'을 뒷받침했다는 측면이 있었다. 즉, 자애로운 아버지
에게 복종하고 효도를 다하는 순종적인 자식의 이미지는 현실에서
가족 내 부모에 대한 자식의 효라는 의미에 더하여 절대 권력에 무
비판적으로 순응하는 국민의 충으로 치환되어서 강조되었다. 반면
민주화 이후 효에 대한 국가의 제도적·법률적 장려 정책은 고령화
시대에 접어드는 현실에서 가족의 가치를 재확인해서 고령 인구에
대해 여전히 미흡한 복지를 가족의 부양을 통해 보완하려는 성격
이 강하다고 볼 수 있다. 과거 권위주의 정권의 이념형으로서 효의
강조도 문제이지만, 후자의 경우도 본질적으로 국가와 사회의 책
임인 부분을 가족에 일정 부분 떠넘긴다는 점에서 비판의 여지가
있다.

　오늘날 한국 사회에서 효의 가치와 관념은 심성 구조, 가족의 생
존, 사회 윤리, 국가 정책을 배경으로 여전히 일종의 심리적·사회
적인 금기이자 성역으로 존재하고 있다. 하지만 지금 우리에게 여

전히 중요한 가치를 가지면서 또 긍정의 방향이든 부정의 방향이든 급격한 변화의 흐름 속에 있는 효의 가치가 침범할 수 없는 어떤 금 기이자 성역이 되어서 비판적·성찰적 사유의 대상이 되지 못한다면 결국 급격히 변하는 시대 흐름 속에서 '화석화'되어 버리고 말 것이다. 그래서 바로 이 지점에서 효의 가치체계가 오랜 시간에 걸쳐 만들어지고 결국 지금 우리 내면에 각인되어 가는 긴 여정을 거꾸로 더듬어 감으로써, 지금 우리에게 효는 어떤 의미가 있으며 또 앞으로 어떤 기능을 계속할 수 있을지 그 실마리를 찾아보고자 한다.

그뿐만 아니라, 효는 전통시대 동아시아 세계가 공유하는 가치체계로 다른 문명과는 확연히 비교되는 독특하고 중요한 표징 중의 하나라고 할 수 있다. 특히 근대 서구 문명과 비교할 때 효는 이른바 '아시아적 가치'를 상징한다고 할 정도로 전통적으로 동아시아 지역에서 독특하게 발전해 동아시아인의 심성에서 핵심적인 자리를 차지하고 있다. 그러므로 효가 사상적·역사적으로 형태를 갖추어 나가는 과정은 동아시아 세계의 역사와 문명을 이해하는 데 필수 불가결한 주제라고 할 수 있다.

이와 관련해서 특별히 주목할 점은 효와 정치 그리고 국가권력과의 밀접한 관련이다. 이른바 전형적인 봉건제[Feudal]를 형성했던 유럽 문명은 봉건적 주종 관계에 기초한 '충[Loyalty]'의 개념이 발달했다고 한다. 여기서 '충[Loyalty]'은 동아시아의 전통적인 '충'과는 의미상 다소 구별되는 것이다. 즉, 이는 봉건제 하에서 주군의 구체적 시혜에 대한 종자(從子)의 '헌신(獻身)'이라는 일종의 에토스[Ethos]로서, 공적인 질서보다는 사적·개인적 군신 관계에 기반을 두고서 특정 집단의 폐쇄적 이익을 보장하는 데 주로 기능했다. 따라서 주군에게 헌신한다는 유럽 봉건제의 충과 부모에게 헌신한다는 효는 각기 그 대상의 차이는 있지만, 일종의 헌신과 봉사의 에토스라는 점에서 공통점을 가진다고 할 수 있다. 그런데 전형적인 봉건제가 발달했었던 유럽 문명의 경우에 일찍이 분권적이고 사적인 봉건제에서의 충의 에토스가 통합적인 근대 국민국가 단계에 접어들면서 국가와 사회를 통합하는 기제로서 다양한 이념화 작업을 거쳐 추상적인 국가권력에 대한 국민의 충으로 전환하게 된다.[*]

이에 비해 동아시아 문명에서는 중국 고대 서주의 이른바 분권적인 봉건에 기반한 정치 질서가 춘추전국시대를 거쳐 진한 시기에 이르면 제국의 집권적·통일적 정치 질서로 변화해 간다. 바로 이 과정에서 본래 서주 시기 혈연 공동체 내부의 절대 순종의 윤리였던 효 관념은 국가·사회의 통합 기제로서 다양한 사상화·이념화 과정을 거쳐 집권적 국가권력의 정점에 있는 군주에 대한 신민(臣

---

[*] 봉건적 '충'의 사상사적 개념에 대해서는 『충성과 반역 전환기 일본의 정신사적 위상』(마루야마 마사오/박충석 · 김석근 공역, 나남출판, 1998, 13~128쪽) 참고.

民)의 효로 전환하게 된다.

결국 인간 사회의 정치권력은 최종적으로 국가권력의 형태로 수렴되어 가지만, 이 과정에서 어떠한 정치 질서를 지향하느냐에 따라서 장기적으로 지속하는 각 문명 고유의 정치체제에 특정한 이념형[Ideology]이 만들어진다고 할 수 있다. 이러한 의미에서 동아시아의 '효[Filial Piety]'는 유럽 문명의 봉건적 '충[Loyalty]'과 비교해서, 동아시아 문명의 전통적인 정치체제가 지향하는 이념형을 대표한다고 할 수 있다. 따라서 효에 대한 이해는 중국을 비롯한 동아시아 전통시대의 정치와 국가권력을 사상적·이념적으로 이해할 수 있는 주제가 된다고 할 수 있다.

이 책은 바로 이러한 문제의식에서 출발하고 있다. 효는 현대 한국인의 심성에 여전히 중요한 의미를 가지며, 또 앞으로의 한국 사회에서도 그 지속적인 역할이 무엇인지 모색할 필요가 있다. 그리고 효는 근대 이전 전통시대 동아시아 문명을 대표하는 가치체계로서 그 고유한 특질의 이해에 필수적인 요소라고 할 수 있다. 특히 이념형으로서 동아시아 전통시대의 정치권력과 매우 밀접한 관련이 있다. 따라서 효에 관한 연구는 바로 현재 한국 사회와 한국인의 당면한 가치문제에서 시작하여, 시간적으로는 초기 동아시아 문명의 형성 단계에서 현대에 이르기까지 그 변화하는 모습을, 공간적으로는 동아시아 세계 내 한국·중국·일본 등이 공유하면서도 서로

달리하는 점은 무엇인가를 그 대상으로 하며, 또 동아시아 문명과
다른 여러 문명과는 역사·문화·종교·윤리·사상 등 다방면에 걸쳐
서 비교할 수 있는 매우 폭넓은 범위의 주제이다.

이처럼 효는 연구 주제의 범위가 넓고 연구 영역 또한 다양하지
만, 전통시대 이래 지금까지 이미 너무나 많은 언설과 연구가 있었
고, 또 동아시아 세계에서는 너무나 오랫동안 보편적인 윤리 도덕
으로 자리 잡고 있어서 새로운 이야기를 하기가 매우 어렵다고도
할 수 있다. 그럼에도 이 책에서 효를 이야기하고자 하는 것은 다음
의 3가지 이유에서이다.

먼저, 이미 언급했지만 현재적 관점에서 효에 대한 비판적·성찰
적 사유의 접근이다. 어쩌면 한국인에게는 제2의 천성이라고도 여
겨질 정도로 한국인의 집단 심성이자 고유한 전통사상으로 인식되
어 왔던 효의 문화에 대해 그 기원에서부터 살펴봄으로써 먼저 효
의 이념성·정치성을 드러내고, 또 이를 통해 중국 고대에 확립된
효의 가치가 삼국시대 이래 한반도로 전파되어 오랜 시간에 걸쳐
토착화되는 과정을 거쳤다는 점을 강조함으로써 효의 외래성과 역
사성을 강조하려는 것이다. 둘째, 효가 그 체계를 갖추는 중국 고대
의 역사상이 기존의 문헌 사료에 더해 근래 대량으로 나오는 고고
학의 성과, 특히 출토 문자 자료에 의해서 새롭게 바뀌고 있다는 점
이다. 효에 관한 연구도 기존의 문헌 사료에 더해 새로운 출토 자료

를 적극적으로 활용할 필요가 생긴 것이다. 셋째, 새로운 출토 문자 자료가 더해진 것을 계기로, 효를 설명하는 이론과 해석의 방법론도 새롭게 시도해 볼 수 있는 여지가 생겼다고 생각한다. 이 책에서는 효에 대해 그 기원에서부터 통사적으로 접근하면서 이른바 '효의 문명화 과정[The Civilizing Process of Filial Piety]'이라는 관점에서 고대 동아시아 효의 역사적 탄생을 이야기하고자 한다.

문명화 과정과 효

이른바 '문명화 과정'은 일찍이 노르베르트 엘리아스가 제시한 개념이다. 엘리아스에 따르면 사회 속의 개인은 인간의 '동물적 본성', 즉 야만을 억제하는 각종 일상 의례의 확립을 통해 외부로부터의 강제적인 직접 통제가 아니라 상호 의존적인 사회적 결합태[Figuration]에 구속되면서 내면의 통제를 자율적으로 하게 되는데, 이는 일상의 장기적이면서 특수한 변화의 과정으로서 문명화과정을 통해 이루어진다는 것이다. 엘리아스는 이를 중세 봉건사회에서 절대주의 왕정 및 근대 국가로 진행하는 유럽 문명의 역사적인 전개를 통해, 그리고 장기적으로 또 거시적·미시적인 분석을 통해 설명했다.[*]

---

[*] 노버트 엘리아스/유희수 옮김, 『문명화과정 – 매너의 역사』, 신서원, 1995; 노르베르트 엘리아스/박미애 옮김, 『문명화과정』 I · II, 한길사, 1996 · 1999.

엘리아스의 방법론에 대해서는 유럽중심주의나 문화제국주의라는 비판도 있고, 분석의 대상이 되는 자료 해석에서 지나친 오독의 여지도 있으며, 또 '문명화 과정'에 대한 설명 자체가 다소 모호한 측면이 없지 않다. 그럼에도 특정 문명의 고유한 양식과 집단 심성이 장기적으로 형성되어 가는 과정을 설명하는 데는 나름 유용한 방법론이라고 할 수 있다. 특히 사회적 결합태가 장기적으로 분화하고 변화하는 가운데 물리적 폭력이 일상화·산재화되어 있던 중세 봉건사회에서 점차 경쟁과 독점의 과정을 거쳐서 중앙집권 국가권력이 형성되는 유럽의 역사적 맥락을 배경으로 문명화 과정을 설명했다는 점은 비교하자면 서주 이래 진한제국까지 중국 고대의 역사적 전개상에도 어느 정도 부합하는 측면이 있다고 볼 수 있다. 그리고 일상 의례를 통해 개인의 내면이 자율적으로 통제된다는 문명화의 관점은 중국 고대에 각종 예가 확립되는 과정에도 적용할 수 있을 것이다. 특히 효의 경우 자기 내면의 자발적 통제 기제라는 문명화의 틀로 접근한다면 그 장기적인 전개 과정이 분명해지리라 생각한다.

중국 고대 효의 장기적인 가치체계 형성 과정을 대별해 보면, 효는 선사시대 조상숭배의 전통에서 기원하여 서주 시기 '조상제사'와 '부모봉양'이라는 의미를 가지면서 봉건 정치 질서를 뒷받침하는 혈연 공동체 내부의 절대복종의 윤리 관념으로 확립되었다. 이후 서주의 봉건 질서가 해체되고 전제 군주 권력이 형성되어 가는 춘추·전국 시기에 효는 공자를 비롯한 제자백가들의 다양한 언설을 통해 일련의 사상화 과정을 겪으면서 추상적인 체계를 갖추게 된다. 사상화 과정을 통해 추상화된 효는 전국에서 진한 시기 집권화되는 국가권력에 의해 제도화·법제화되며, 특히 한제국은 효로써 천하를 다스린다는 이른바 '이효치천하(以孝治天下)'라는 통치 이념을 표방하게 된다. 한제국의 통치 이념인 효치 이론은 특히 『효경』이라는 경전으로 집약되어, 위로는 황실에서부터 최말단의 기층 사회에 이르기까지 광범위한 교육과 보급을 통해 사회 전반을 지배하는 가치체계로 자리 잡게 된다. 이렇게 국가 통치 이념으로서의 효가 확산되어 사회 전반을 규율하는 것을 효의 사회화라고 한다면, 이러한 일상에서의 효의 내재화는 더 나아가 참위 사상이나 불교와 같은 종교를 통해 결국 개개인의 정신세계에까지 영향을 미치는 주술화 혹은 종교화의 단계까지 이르게 된다.

즉, 중국 고대 정치권력은 점차 전제군주를 중심으로 중앙집권화되고, 그 아래 사회 질서는 다양한 인간관계가 서로 상호 의존적으로 결속되는 사회적 결합태로 분화된다. 이러한 변화와 맞물려 효는 사상화 – 법제화 – 제도화 – 이념화 – 사회화–종교화되는 역사적 과정을 거치게 된다. 이를 통해 인간 본래의 동물적인 본성을 억제하고 국가권력–사회 질서–가족 관계 내에서 자율적으로 스스로의 내면을 통제하는 데 적합한 가치체계로서 효는 순치된 동아시아인 특유의 고유한 집단 심성이 되었던 것이다.

이 책의 방법론으로 자율적인 내면의 통제라는 노르베르트 엘리아스의 '문명화' 개념을 중국 고대 효의 장기적인 변용 과정에 적용해 본다고 했다. 하지만 엘리아스는 '문명', '문명화', '문명화 과정' 등의 개념을 정의하는 데 다소 명확하지 않았고, 장기적인 역사 진행 과정과 그 맥락을 묘사[Description]하는 데 치중했던 측면이 있다. 이처럼 다소 모호했던 '문명화 과정[Civilizing Process]'에 대해 효의 역사적인 탄생 과정으로서 사상화 – 법제화-제도화-이념화 – 사회화-종교화 등 각각의 단계를 설정하여 그 전후 관계를 파악해 본다면 문명화의 개념도 좀 더 분명해지리라 기대한다.

나는 일찍이 학위 과정부터 상술했던 문제의식을 가지고, 중국 고대 효에 대한 연구를 해 왔다. 석·박사 학위논문에서부터 일련의 연구를 진행해 왔지만,[*] 연구 성과 내에는 여전히 적지 않은 오류가 있었고 미처 파악하지 못해 제대로 언급하지 않은 내용도 있었다. 또한 계속해서 나오고 있는 중국 고대 출토 자료의 성과도 반영

---

[*] 김진우, 「秦의 不孝罪에 대하여」, 고려대학교 석사학위논문, 1999 · 2; 「中國古代 '孝'思想의 展開와 國家權力」, 고려대학교 박사학위논문, 2007 · 2; 「前漢 武帝末 이후의 皇室敎育과 〈孝經〉」, 『史叢』 57, 2003; 「秦漢律의 '不孝'에 대하여-〈睡虎地秦簡〉〈張家山漢簡〉의 '不孝' 관련 조문을 중심으로-」, 『中國古中世史硏究』 19, 2008; 「先秦 儒家 '孝治'理論의 初期形態-〈郭店楚簡〉의 分析을 중심으로-」, 『史叢』 78, 2013.

해야 할 필요도 있었다. 무엇보다도 문제의식을 투영하여 효에 관한 연구를 진행했지만, 이를 하나의 틀로 묶어서 설명할 수 있는 적절한 연구 방법론을 제대로 적용하지 못하고 피상적이고 단편적인 정리에 그치고 말았다는 한계가 있었다. 그래서 이 책에서는 지금까지의 연구에 바탕을 두면서, 더 나아가 동아시아 문명의 핵심 가치체계인 효의 역사적인 탄생 과정을 설명할 수 있는 방법론으로 엘리아스의 '문명화 과정'이란 틀을 적용해 보려는 것이다. 하지만 단순히 그 틀을 가져오는 것이 아니라, 오히려 중국 고대사회에서 인간 내면의 통제 기제로 만들어지는 '효의 문명화 과정'을 정리함으로써 엘리아스의 개념을 좀 더 체계적으로 만들어 보고자 하는 나름의 의도도 함께 가지고 있다고 할 수 있다.

『효경』을 중심으로 한 효의 연구사

효를 이야기하는 언설과 연구는 지금까지 대단히 많았지만, 그 중에서 이 책의 내용과 관련해서 중국 고대 효사상의 형성을 다룬 전론으로 이케자와 마사루[地澤優]*의 연구를 먼저 언급해 두고자 한다. 이케자와 마사루는 종교학·인류학의 방법론으로서 효를 '조상숭배'라는 인류가 공유하는 원시종교 현상에 초점을 맞추어서 다른 문화와 대비하는 비교문화의 관점에서 중국고대 효가 왜 특

---

* 地澤優, 『「孝」思想の宗敎學的硏究-古代中國における祖先崇拜の思想的發展』, 東京大學出版會, 2002.

수한 의미를 가지게 되었는지를 논증하고 있다. 그의 연구는 기존에 중국사 내부의 논리로만 설명되었던 효를 비교문화의 관점에서 설명하려고 시도한 점에서 분명히 독창성이 있다고 할 수 있다. 그는 '조상숭배'라는 종교 현상을 기준으로 중국 고대의 효를 관찰하고, 이러한 사유의 결과물로 특히 『효경』을 중심으로 확립되는 효사상을 자세히 분석한다. 그래서 효사상은 서주 이래 춘추전국시대 부계 혈연집단의 변질과 집권적 군주 권력의 출현이라는 시대적 환경에 부응하는 새로운 사상으로 전개되었으며, 따라서 효사상은 단순히 친족 윤리의 선양이 아니라 이상적 사회를 실현하는 질서와 구조를 정당화하는 이론이었다고 한다. 효사상은 실제로는 가부장권이 쇠퇴했음에도 아버지[親]라는 상징을 계속 유효한 것으로 존속시켜, 한대 호족, 남북조 귀족, 명청대 종족 등 중국사에서 가장 보편적인 집단의 이념이 됨으로써 '조상숭배'는 여전히 중요한 중국의 종교 현상이 될 수 있었다는 것이다. 이케자와 마사루의 종교학적 방법과 결론은 역사학의 입장에서도 수용할 만하지만, 텍스트의 해석에만 치중하고 있어서 실제 구체적인 역사상과 대응해서 효사상이 구현되는 과정을 묘사하는 데는 아쉬운 점이 있다. 여기서는 이케자와 마사루의 연구를 한편 수용하면서 효를 둘러싼 중국 고대의 역사적인 맥락과 연결시키는 데 좀 더 관심을 기울이고자 한다.

한편, 효의 문명화 과정으로 사상화 - 법제화 - 제도화 - 이념화 - 사회화-종교화 과정을 총결해서 중국 고대에 성립하는 텍스트로『효경』이 있다. 효의 역사적 탄생 과정을 설명하기 위해서는 결국『효경』의 분석에 집중할 수밖에 없다. 기존 효의 연구에서도『효경』에 대한 연구가 핵심을 이룬다고 할 수 있다. 효사상의 최종적인 집약으로 볼 수 있는『효경』은 효라는 구체적인 실천도덕을 1,800여 자의 짧은 분량 내에 집약해서 국가 통치 이념, 사회 질서의 대강으로 확대하면서 유가 13경 중 하나의 위치를 차지하고 있다.『효경』의 내용을 보면 서주 이래 현실 사회의 변화와 맞물려서 변화하는 효관념이 선진 제자들의 논의를 거쳐 공자 이래 유가를 중심으로 사상체계가 확립된 최종적인 결과물로서 전국시대 이래 군주 권력 강화의 경향을 담고 있다. 그래서 한제국의 통치 이념인 '이효치천하'와 맞물려 한대에 적극적으로 수용되어 기층 사회에까지 적극적으로 보급된다. 이러한 국가의 수용 및 보급과 함께 전한말 참위의 일종으로 효경위(孝經緯)까지 등장하면서『효경』은 어느 다른 유가 경전보다도 더 강한 주술적·신비적 의미도 가지게 된다.* 따라서『효경』은 중국 고대 효의 문명화 과정을 설명하는 데 필수적인 텍스트라는 중요성을 가진다.

---

* 李成珪, 「漢代『孝經』의 普及과 그 理念」, 『韓國思想史學』 제10집, 1998, 188~190쪽; 吉川忠夫, 『六朝精神史研究』, 同朋社, 1984, 554~555쪽 참고.

『효경』에 대한 연구는 크게 두 가지 경향을 보여 준다. 하나는 『효경』이라는 문헌의 성립 시기와 작자에 관한 논쟁이다. 또 하나는 『효경』을 전국시대 군주 권력 강화의 흐름에 조응하는 결과물로 인식해서 유가의 국가론 및 '충효일체화' 등의 문제와 이후 한대 『효경』의 수용을 연결 지어서 설명하려는 일련의 연구들이다. 첫 번째 『효경』의 성립 시기와 작자 문제는 지금까지 가장 논란이 많았던 부분이기도 하다. 한대 이래 『효경』 성립 시기에 관한 논쟁은 보통 1) 공자 저작설, 2) 증자 술작설(述作說), 3) 공자 제자 기술설, 4) 증자 제자 기술설, 5) 자사(子思) 저작설, 6) 악정자춘(樂正子春) 저작설, 7) 맹자 제자 저작설 8), 한유(漢儒) 위작·찬집설(纂集說) 등 전부 8개의 설로 정리된다. 여기서 1)에서 7)까지의 설은 고증의 문제일 뿐 본질적인 차이는 없다. 하지만 다른 설과 달리 8) 한유 위작·찬집설은 중국 사상사에서 중요한 문제라고 할 수 있다.

『효경』의 한유 위작·찬집설을 처음으로 제기한 이는 송대 주희였다. 일찍이 주희는 『효경간오(孝經刊誤)』에서 『효경』을 '경부(經部)', 즉 '오래된 부분'과 '전부(傳部)'의 '새로운 부분'으로 나눈 후 '전부'는 한초에 만들어진 위작이라고 주장했었다.* 이러한 견해는 청대 고증학자들의 '한유 위작설'을 거쳐 근대 이후 『효경』 연구에서도 주요한 출발점이 되었다. 그래서 왕정기(王正己)의 '전국말 맹

---

* 朱熹 撰, 『孝經刊誤』(『朱子大全』 卷66 雜著), 『經苑』 百部叢書集成, 藝文印書館.

자 제자 저작설[*]과 채여곤(蔡汝堃)의 '한유 찬집설[**]' 등이 나오면서 이후 많은 연구자들이 '전국말[***]·한초[****] 성립설'을 따르고 있지만, 여전히 증자 혹은 증자 계열 문인들의 『효경』 저작설을 계속 주장하는 입장도 있다.[*****]

『효경』의 작자 문제는 현재 공자 이래 증자-자사-맹자로 이어지는 유가에서 『효경』을 만들었다는 주장이 대세를 이루고 있다. 하지만 여기에도 『효경』 문장의 형식 비교를 통해서 전국말·한초 순

---

[*] 王正己,「孝經今考」,『古史辨』第四册(諸子續考), 景山書社, 1933, 173~174쪽.

[**] 蔡汝堃,「今文孝經成書年代考」,『古史辨』第六册(諸子續考), 開明書店, 1938, 122~129쪽.

[***] 쓰다 소키치[津田左右吉]는 『순자』 악론편(樂論篇) 이후 『여씨춘추』 이전 시기로 『효경』의 성립 시기를 더욱 좁혀서 추측했고(「儒家の實踐道德」,『滿鮮地理歷史研究報告』第13, 東京帝國大學文學部, 1932, 528쪽), 이타노 쵸우하치[板野長八]도 『효경』의 중심 내용이 전국말 군권 일원화(君權一元化)의 흐름에 부합하므로 쓰다 설에 따른다고 했다(板野長八,『儒教成立史の研究』, 岩波書店, 1995, 2~5쪽). 서복관은 『맹자』 이후 『여씨춘추』 이전 시기에 유가가 일반 교육용 서적으로 『효경』을 편찬했다고 주장했다(『兩漢思想史-周秦漢政治社會結構之研究-』卷1, 臺灣 學生書局, 1979, 330쪽). 왕철(王鐵)(『漢代學術史』, 華東師範大學出版社, 1995, 212쪽)과 나신혜(羅新慧)(「曾子與『孝經』」,『史學月刊』1996-5) 등도 이러한 입장에 있다.

[****] 武內義雄,「孝經の研究」,『武內義雄全集』第2卷, 角川書店, 1978, 127쪽; 渡邊信一郎,『中國古代國家の思想構造-專制國家とイデオロギ-』, 校倉書房, 1994, 183~188쪽; 地澤優,『「孝」思想の宗教學的研究-古代中國における祖先崇拜の思想的發展』, 東京大學出版會, 2002, 210~212쪽.

[*****] 黃得時,「孝經之流傳與今古文之爭(代序)」,『孝經今註今譯』, 臺灣商務印書館, 1972; 胡平生,『孝經譯註』, 中華書局, 1996; 張濤,「〈孝經〉作者與成書年代考」,『中國史研究』1996-1 등.

자 학파와 한시(韓詩) 학파의 영향[*]이나 한초 시·서 박사관[**] 또는 지역적으로 하간(河間) 지역 유가의 참여[***] 등 다양한 설이 있어서, 현행『효경』의 형식과 내용만을 놓고『효경』의 작자가 누구인지 분명히 하기 어렵다. 지금으로서는 증자 계열의 유가 학파를 중심으로『효경』의 원형이 만들어졌고 여기에 어떤 목적을 가지고 다양한 개입이 있었을 가능성을 추론할 수 있을 뿐이다. 다시 말해 현행『효경』의 형태가 최종적으로 성립되기 전까지, 작자를 특정하기 어려운 유가 내부의 오랜 사유 과정이 있었다고 가정해 둘 필요가 있다.

한편 전국말 '충효 일체화'와『효경』의 관계에 대해서는 일찍이 일본의 이타노 쵸하치[板野長八]·키누가사 카즈미[衣笠勝美]·시게

---

[*] 채여곤(「今文孝經成書年代考」)은 일찍이 한시(韓詩) 및 순자 학파와의 관련을 간단히 언급했었는데, 와타나베 신이찌로[渡邊信一郎](『中國古代國家の思想構造-專制國家とイデオロギ-』, 校倉書房, 1994, 183~188쪽)는 이 설을 더욱 발전시켜서 자사-맹자 학파와 순자 학파를 절충하는 입장에서 한초 한시 학파가 편찬했을 것이라고 주장한다.

[**] 타케우치 요시오[武內義雄]는 주희의『효경간오(孝經刊誤)』를 계승하여, 현행『효경』에서 매 장 끝부분의『시』·『서』인용은 한대『시』·『서』박사의 손을 거쳤음을 암시하므로 한초에 현행『효경』이 고『효경』을 바탕으로 성립되었다고 보고 있다(「孝經の硏究」, 『武內義雄全集』第2卷, 角川書店, 1978, 127쪽).

[***] 이케자와 마사루[地澤優]는『효경』의 찬술에 한시 학파 외에도 지역적으로 하간(河間) 지역 유가들이 참여했을 가능성도 있어서『효경』에는 서로 다른 사상이 중첩되어 있고 일률적으로 한초의 상황으로만 결론짓기에도 문제가 있다고 한다(『「孝」思想の宗敎學的硏究-古代中國における祖先崇拜の思想的發展』, 東京大學出版會, 2002, 210~212쪽).

아키 오이치[越智重明] 등의 견해가 있다. 이들은 대체로 맹자 때까지 유가의 효사상이 군주에 대한 충과 충돌을 일으키던 갈등 상황이 있었는데, 전국말 군권 일원화의 경향 속에서 효와 충 양자를 일체화시켜 가는 유가 사상의 결과물이 바로 『효경』이었다고 보고 있다.[*]

그리고 이들의 연구를 비판적으로 계승하는 연구로는 와타나베 신이치로[渡邊信一郎]·시모미 타카오[下見隆雄]·카지 노부유키[加地伸行] 등이 주목할 만하다. 먼저 와타나베 신이치로는 『효경』의 연구를 통해 상급 관인층과 그 바탕을 이루는 사인층은 소농 경영을 방어하기 위해 분업화된 이념적 계급이라고 규정하고, 황제로 대표되는 중국 고대 전제 국가는 본질적으로 이념적 계급을 대표하면서 형식적·이념적으로는 소농을 대변한다고 결론 내린다.[**]

시모미 타카오는 혈연 질서의 힘이 강력했던 중국 사회에서 전제 군주의 통치를 관철하기 위해 친족의 윤리를 승인하면서 군신 윤리로 포섭할 필요성이 있었으며 이를 위해 군주 통치의 본질이 '효'와 다름없음을 천자가 보일 것을 주장하는 『효경』의 사상이 출

---

[*] 板野長八,「戰國秦漢における孝の二重性」,『史學研究』11, 1967; 衣笠勝美,「戰國末期における孝思想の展開-特に忠孝一本化の問題について-」,『漢學研究』20; 越智重明,「秦漢時代の孝の一考察」,『東アジア史における國家と農民』, 西嶋定生博士還曆記念論叢編輯委員會編, 東京, 山川出版社, 1984.

[**] 渡邊信一郎,『中國古代國家の思想構造-專制國家とイデオロギ-』, 校倉書房, 1994.

현했다고 주장한다. 특히 시모미 타카오는 '효'를 개인의 자립성을
부정하고 부모에 대한 의존감과 양육에 기반하는 '모성(母性)'의 정
념이 이론화된 이념으로 파악하고 있어서 흥미롭다.[*] 또 카지 노
부유키는 법적 사회를 확립하려는 국가권력이 도덕을 핵으로 하는
공동체를 타협적으로 포섭하는 과정에서 사상적으로 나온 결과 중
하나로 『효경』을 파악했다.[**]

　국가권력이 『효경』을 수용·보급하는 부분에 대한 기존 연구는
대개 한의 '이효치천하' 이념의 일환으로 한대 황제 권력이 적극적
으로 수용하여 보급했다는 정도의 개략적인 설명에 그치고 있지
만,[***] 그중 진문(晉文)과 이성규(李成珪)의 연구는 이 책의 주제와 관
련해서 언급해 둘 필요가 있다. 진문은 경전이 성립한 후 외부적으
로 현실 정치의 수요에 부응하여 각각의 경전이 표방하는 이념과
정치가 결합한다고 보고, 한대의 경우 무제 때 『춘추공양』, 원제 이
후 『시』, 후한 광무제 이후 『효경』, 후한말 『예』 중심으로 그 시기를

[*]　下見隆雄, 『孝と母性のメカニズム 中國女性史の視座』, 研文出版, 1997.

[**]　加地伸行, 「〈『孝經』の作者〉の意味」, 『待兼山論叢』 24, 1990 · 1.

[***]대부분의 연구자가 한의 '효치(孝治)'에 대한 구체적 정책으로 『효경』의 수용과
　　 보급을 언급하고 있지만, 『효경』의 분석을 통해 '효치' 이념을 사상적으로 자세히
　　 분석하고 있는 연구는 찾아보기 어렵다고 할 수 있다. 이 문제를 언급하고 있는 기
　　 존 연구는 대략 다음과 같다. 劉修明, 「漢以孝治天下發微」, 『歷史研究』 1983-6;
　　 孫筱, 「孝的觀念與漢代新的社會統治秩序」, 『中國史研究』 1990-3; 湯志鈞 · 華友
　　 根 · 承載 · 錢杭, 『西漢經學與政治』, 上海古籍出版社, 1994; 張濤, 『經學與漢代社
　　 會』, 河北人民出版社, 2001; 劉厚琴, 『儒學與漢代社會』, 齊魯書社, 2002 등.

나누었다.* 또 이성규는『효경』내 '효치' 이념을 자세히 분석해서 '조상배천(祖上配天)'의 제사에 혈연·비혈연을 포괄하는 온 천하 사람이 참여함으로써 천자를 중심으로 천하가 혈연관계를 맺게 되어 '효'와 '충'이 하나가 되는『효경』의 이론을 한 왕조가 적극적으로 보급했다고 설명하고 있다.**

이 책의 서술 내용

이 책은 중국 고대에 역사적으로 사상화 - 법제화-제도화-이념화 - 사회화-종교화의 단계를 거치면서 진행되는 효의 문명화 과정을 선사시대부터 초기 문명 단계인 상주 시기, 춘추전국시대에서 진한 시기, 위진남북조 이후로 각각 나누어 서술하는데, 그 주요 내용은 다음과 같다.

먼저 1장은 선사시대 부계 혈연집단이 성립된 이래로 조상숭배의 원시종교에서 효의 기원을 찾고, 효 자의 자의(字意) 분석을 통해 살아 있는 부모에 대한 '봉양'과 죽은 부모에 대한 '제사'의 의미로 효의 본래 뜻을 설명한다.

2장은 중국 고대 초기 문명 단계에 해당하는 상주 시기 효관념의 형성에 대한 내용이다. 상대 갑골문에 이미 효 자가 나오지만 대

---

* 晉文,「論『春秋』『詩』『孝經』『禮』在漢代政治地位的轉移」,『山東師大學報: 社科版 (濟南)』1992-3.
** 李成珪,「漢代『孝經』의 普及과 그 理念」,『韓國思想史學』제10집, 1998 · 6.

부분 인명이나 지명의 용례이고, 봉양·제사라는 의미에서 효관념
이 존재했는지는 분명하지 않다. 반면 서주 금문 자료에서 효 자는
'향효(享孝)', '추효(追孝)' 등의 용례로 사용되면서 '조상제사'의 뜻
을 분명히 가지고 있다. 여기에 당시 종족 질서 내에서 제사의 주
재자인 종자(宗子) 및 윗세대에 대해 종족 구성원들의 순종을 강조
하는 혈연 결합의 윤리로 효의 관념이 존재했다. 금문에서의 효는
죽은 조상을 영원히 잘 봉양함으로써[祭祀], 조상이 충성을 다했던
주왕에게 영원토록 충성한다는 정치적 수사의 의미로 사용되기도
해서, 이미 서주 시기 효에는 혈연 질서에 근거하는 정치 질서에 구
성원들이 복종한다는 관념이 내포되어 있었음을 알 수 있다.

　3장은 선진 시기 공자 이래 유가를 중심으로 제자백가들의 다양
한 효사상을 살펴보는 내용이다. 이는 효의 사상화 과정으로 국가
권력·사회 질서가 효를 통해 내면화되어 간다는 전제로서 변화하
는 정치·사회 질서에 맞추어 효의 가치가 체계화·추상화되는 단계
라고 할 수 있다. 효는 서주 종족 질서를 뒷받침하는 규범이었지만,
서주말 이래 종족 결합이 이완되고 종족 안팎으로 격렬한 투쟁이
전개되면서 점차 종족 전체에서 직계 부자간의 윤리로 범위가 축
소되는 변화를 겪게 된다. 변화되는 효의 개념에 제자백가들은 제
각기 자신들의 입장에 맞는 논지를 전개해서 그 사상적 의미를 부
여하게 된다.

공자는 효를 궁극적 목표인 인의 실천 윤리이자 수양의 출발점으로 강조했고, 이를 계승하여 증자는 효를 인과 일치하는 천하의 대경(大經)으로 격상시키면서 특히 '자기 신체의 보전'이라는 중요한 효의 목적을 제시하기도 했다. 맹자는 효를 궁극적 목표인 인의와 동일시하여 군주 권력의 우위에 두면서, 그 이상적 실천자로 순(舜)을 들어 군주의 대효(大孝)를 통한 이상적인 인정론을 전개했다. 반면 순자는 효의 가치를 절대시하지 않고 군주 권력의 전제성이 강화되는 전국말의 상황에서 도의에 기반해서 군주가 체현하는 예의 법도 중 하나의 규범으로 제한하고 있다.

　유가 외에 다른 제자백가들은 대체로 부모-자식 간의 '친친(親親)'의 감정을 인정하면서도 각기 유가와는 다른 효사상을 제시하고 있다. 묵가는 천하의 '이(利)'라는 관점에서 부모를 이롭게 하는 것을 효의 본질로 보면서 유가의 '후장(厚葬)'을 비판하고 '절장(節葬)'을 주장하면서 '겸애(兼愛)' 내의 상대적인 덕목으로 부모의 '자(慈)'와 자식의 '효'를 언급할 뿐이었다. 『노자』, 『장자』 등 도가 계열은 효를 인위의 것으로 구분해서 '도'와 '지인(至仁)'의 경지에 반해서 억지로 행하는 유가의 인위적인 효는 철저히 배격하고 있다. 『관자』, 『상군서』, 『한비자』 등 법가 계열은 혈연관계가 '욕망'과 '이해'에 좌우된다고 보면서, 유가의 효를 군주 권력의 일원적 지배를 저해하는 요인으로 철저히 부정하고 있다. 다만 향촌 공동체의 안정과 질서를 위해 부모에 대한 봉양과 순종이라는 효의 본원적이면서 기능적인 역할은 군주 권력의 충과 연결해서 긍정하고 있다.

한편 전국시대 유가 텍스트로 출토 문자 자료인 『곽점초간(郭店楚簡)』을 보면 아직 '효'를 절대적이고 수직적인 윤리가 아니라, 지(智)·성(聖)·인(仁)·신(信)·의(義)·충(忠) 등 다른 여러 규범들과의 상대적인 관계 속에서 그 위치를 설정하는 다양한 사유의 흐름이 확인되기도 한다.

4장에서는 선진 시기 사상화의 단계를 거친 효가 중앙집권적 전제 군주 권력이 성립하는 진에서 한초에 이르기까지 국가권력의 틀 내로 법제화되고 제도화되는 양상을 살펴본다. 이 시기 국가권력이 효를 법제화하고 제도화하는 내용은 선진 효의 다양한 사상화 중에서 법가류의 봉양과 순종이라는 효의 기능적 역할에 국한된 것으로, 아직은 국가 통치의 대강으로 이념화된 것은 아니었다.

이 시기 효의 법제화에서 핵심은 효의 부정형으로 불효를 법제화하여, 율령에 '부모고자불효(父母告子不孝)'라는 죄명이 만들어졌다는 것이다. 이 조문은 자식이 봉양을 소홀히 하거나 순종하지 않는 경우 부모가 자식을 관부에 고소하여 최고형 사형에 이르는 엄중한 죄였다. 이는 법가류의 기능적인 효 인식에 바탕을 두고서, 철저히 전제 권력의 대민 지배에 기여하는 효라고 할 수 있다.

진·한초 효의 제도화는 법가의 기능적 효가 제도적으로 실현된 것이었다. 시법을 폐지한 진시황의 진제국이나 시법을 부활하여 효 자를 시호 앞에 덧붙인 한제국은 순종의 효라는 인식에서는 큰 차이를 보이지 않는다. 법가의 기능적인 효가 제도화된 것으로 삼로(三老)·효제(孝弟) 등의 향관(鄕官)이 설치되고, 향촌의 자율적인 연령 질서를 국가가 수렴하면서 왕장(王杖) 사여·수죽법(受鬻法) 등 일련의 양로(養老) 정책 등이 시행되었다. 이와 같은 진·한초 효의 법제화와 제도화는 가족-향촌 질서를 안정시키고 이에 기반하여 전제 군주 권력을 강화하고자 했던 법가류의 효가 구현된 결과라고 할 수 있다.

5장에서는 한제국의 통치 이념인 '이효치천하'가 구체적으로 어떤 시점에서 수용되어 이를 표방하게 되었는지를 살펴봄으로써, 효의 이념화 과정을 확인한다. 그리고 국가로부터의 이념화된 효가 이후 사회 저변에 어떤 모습으로 전파되어 일상의 모든 삶을 규율하게 되는지 사회화의 과정을 살펴보고, 이에 수반해서 효를 불변의 절대 진리로 심성에 각인하기 위해 효를 신비롭게 윤색하는 종교화의 과정도 살펴본다.

먼저 『효경』의 최종적인 성립과 국가 수용 과정에 대해 명당(明堂) 제사와 황태자 교육 등의 문제를 분석함으로써, 확장의 시대에서 수성의 시대로 접어드는 한 무제 말에서 소제 시기의 특정한 시대적 맥락 속에서 효가 강력한 국가 통치 이념으로 이념화되었다는 점을 확인한다. 일단 이념화된 효는 국가권력이 그 지배체제의 영속화를 추구하는 강력한 도구가 되어, 사회 전반의 제 질서를 규율하는 사회화의 과정을 거치게 된다. 한 무제 이후 전한 중후기에 확고하게 뿌리내리게 되는 효의 사회화 과정은 '독존유술'이라는 유학의 관학화를 배경으로 『효경』의 교육과 보급을 중심으로 전면적으로 진행된다. 그 결과 상층 국가기구로부터 국가의 목적성에 부합하는 방향으로 사회가 재편되었고, 그 최종적인 문명화의 완성태는 이른바 후한 예교 사회의 성립일 것이다.

6장은 위진남북조 시기 효의 변화와 이에 수반하여 당시 치열했던 효에 관한 논쟁들을 정리한다. 일상의 모든 삶을 지배하는 문명화된 효, 즉 예교 사회는 그 핵심 가치인 효의 허례·허위라는 심각한 문제를 야기했고, 이에 현학, 불교 등 새로운 사조의 유행과 맞물려, 위진남북조 시기 문명화된 효에 일정한 변화가 있었다. 위진남북조 시기는 형식상으로는 여전히 문명화된 효의 가치가 유지되고 있었지만, 당시 사회를 지배하던 문벌 사족의 생존 이익에 부합되는 방향으로 자기 가문의 결속을 강화하는 쪽으로 효의 가치가 변화했다. 즉, 문명화된 효가 내포하고 있었던 이념성이 약화되는 것이다. 그래서 부자지간의 지극한 마음을 효의 근본에 두고, 이를 몸으로 형상화하여 드러내는 지효(至孝)가 중시되었고, 이를 분간하는 논쟁도 활발하게 진행되었다. 결국 문명화된 효의 국가 쪽으로부터의 이념성은 현저히 약화되었지만, 문벌 사족들의 이해에 부합되는 방향으로 효의 사회화는 여전히 그 역할을 하고 있었다.

보론에서는 위진 이래로 효가 사회적 기능을 하는 데 중요한 역할을 했던 불교의 효를 간단히 서술한다. 외래종교인 불교의 교리는 전통적인 효의 가치에 부합되지 않는다고 하면서, 불효의 명목으로 격렬한 비판을 받았다. 불교는 이를 극복하고 중국의 효를 불교 교리에 접목하는 과정에서 중국, 더 나아가 동아시아 사회 전체에 뿌리내릴 수 있었다. 이 과정에서 어머니 쪽의 은혜를 강조하고, 불사를 통해 사후 부모와 조상의 구원을 주장함으로써, 종교적인 구원과 효가 결합할 수 있었다. 이러한 불교의 효로 인해 이념성이 배제된 근원적인 효의 가치는 여전히 기층 사회에서 기능할 수 있었다. 즉, 중국 고대 문명화 과정을 거쳤던 효가 더 이상 국가의 강력한 이념의 힘으로 작용하지 않게 되었지만, 여전히 그 사회적 기능을 유지하면서 동아시아 문명의 특질로 지속될 수 있었던 데는 불교라는 종교적 힘에 의지했던 바가 컸다고 할 수 있다.

맺음말에서는 중국 고대 사상화 – 법제화 – 제도화 – 이념화 – 사회화 – 종교화 등 일련의 역사적 과정을 통해 확립된 효의 문명화 과정이 가지는 의미를 정리하면서, 정치권력의 중앙집권화와 상호 의존적인 사회적 결합태가 효를 통해 견고하게 맞물려서 동아시아 문명의 핵심 가치체계가 되었다고 결론을 내린다.

1장

효의 기원과 본뜻

중국 고대 상주 시기는 선사시대를 막 벗어난 동아시아 문명의 초기 국가 단계에 해당한다. 이 시기 효(孝) 자의 본래 뜻과 그 개념이 처음 만들어지는 과정은 당시 혈연조직 및 이를 뒷받침하는 조상숭배라는 종교적 현상과 밀접한 관계가 있다. 효 자의 뜻을 설명할 때는 흔히『설문해자』의 아래 해석을 먼저 인용한다.

효는 부모를 잘 모시는 것으로 '노(老)'의 생략된 형태와 '자(子)'를 따라서 자식이 노인을 받드는 모양이다.[*]

즉, 효는 부모를 잘 모신다는 '봉양'의 의미로 풀면서, 글자 모양은 '노(老)'의 생략된 형태인 '耂'와 '子'를 합쳐서 자식이 노인[부모]을 받들어 모시는 형태라고 설명한다. 이는 글자의 형태로 뜻을 푼 것으로, 금문의 형태에서 노인이 아이의 머리를 손으로 쓰다듬는 형상으로 설명하기도 하며[**] '일노일소(一老一小)'의 뜻으로 나이 적은 이가 나이 많은 이에게 음식을 봉양하는 모양이라고도 한다.[***] 또는 노인이 자식에게 기대는 형태로 서로 통용되는 글자인 '고(考;

---

[*] [漢] 許慎 撰/[淸] 段玉裁 注,『說文解字注』卷8上, '孝, 善事父母者, 從老省, 從子, 子承老也.'

[**] 康學偉,『先秦孝道硏究』, 吉林人民出版社, 2000, 3쪽.

[***] 周伯戡, 「孝之古義考」,『傅樂成敎授紀念論文集中國史新論』, 學生書局, 1985.

父의 뜻)', '노(老: 노인의 뜻)' 자를 동함으로써 연장자 또는 부와 관련 있다고 할 수 있다. 이처럼 효 자는 그 글자 모양에서부터 수직적인 혈연관계를 보여 주지만, 『이아』 석훈의 "선부모위효(善父母爲孝)", 『순자』 왕제의 "능이사친위지효(能以事親謂之孝)", 『석명』의 "효, 호야. 애호부모야(孝, 好也. 愛好父母也)"와 같은 설명에서 알 수 있듯이 효의 글자 뜻은 기본적으로 부모를 잘 모신다는 '봉양'의 의미에서 출발한다.

하지만 효는 역사적 범주의 변화와 의미, 사상 체계의 형성과 변용, 문화적인 함의에서 정치·사회와의 관계 등 단순히 이해하고 넘어가기에는 복잡하고 중요한 문제를 많이 포함하고 있다. 따라서 먼저 효의 기원 및 그 본래 뜻과 기능 등을 살펴보는 데에서 시작하여 이러한 문제들을 효라는 전체 틀 속에서 하나하나 풀어 나갈 필요가 있다.

역사 이전 단계에서부터 효의 기원을 설명하는 연구들은 대체로 다음 몇 가지로 정리할 수 있다.** 먼저 효의 기원에 대해서는 이른

---

* 地澤優, 『「孝」思想の宗教學的研究-古代中國における祖先崇拜の思想的發展』, 東京大學出版會, 2002, 44~45쪽.

** 楊榮國, 『中國古代思想史』, 人民出版社, 1954 · 1974(제2판); 康學偉, 『先秦孝道研究』, 吉林人民出版社, 2000; 沈善洪 · 王鳳賢, 『中國倫理學說史(上)』, 浙江人民出版社, 1985; 巴新生, 『西周倫理形態研究』, 南開大學 博士學位論文, 1994; 張踐, 「先秦孝道觀的發展」, 姜廣輝 主編, 『經學今詮初編』, 遼寧教育出版社, 2000; 鄭慧生, 「商代"孝"道質疑」, 『史學月刊』1986-5 등 참고.

바 인류 사회가 대우혼 단계로 진입한 후 인간이 배타적인 부모-자식 간의 관계를 인식하는 데에서 설명이 시작된다. 즉, 유가에서 말하는 부모와 자식 간 '친친(親親)'의 감정이 효의 자연스러운 감정의 근원으로 전제되는 것이다. 여기에 수반해서 일련의 사유제 발생, 일부일처제 개별 가정의 성립, 부계 혈연조직의 성립, 특정 조상에 대한 숭배 의식 등이 모두 효관념이 생겨나는 데 필요한 기본 조건들로 제시된다. 관련해서 주여동(周予同)은 효의 기원을 선사시대 '생식기 숭배'와 관련지으면서 후대 유가들이 이를 효와 생식 숭배의 철학으로 확립했다고 했는데, 이는 전통적인 효사상을 비판한 근대 초의 논의이며 효의 기원적인 설명으로 참고할 만하다.*

하지만 이와 같은 선사시대의 도식적인 조건들에서 효개념의 존재를 구체적으로 확인하기는 어렵다. 특히 효개념이 생겨나는 중요한 전제 조건으로 강조하는 것이 혈연 내 부모-자식 간 자연스러운 '친친'의 감정인데, 이에 대해 역사 이전 단계에 하나의 사실로서 전제할 수 있느냐의 문제가 있다. 이는 후대 유가들이 효의 당연한 전제 조건으로 주장하는 것으로 지금까지도 별다른 이견 없이 그대로 답습되고 있는 부분이기도 하다. 공자는 부모에 대한 삼년상의 근거로 다음과 같이 말했다.

* 周予同, 「"孝"與"生殖器崇拜"」, 陳平原 主編, 『先秦儒家研究』, 湖北教育出版社, 2003, 142~160쪽.

자식은 태어나서 삼 년이 지난 후에야 부모의 품에서 벗어난다. (그래서) 대저 삼년상은 세상의 일반적인 상례이다.[*]

유명한 공자의 이 말은 자녀를 양육하는 부모의 애정에 상대하여 자식의 부모에 대한 상례를 통한 보답을 이야기한 것으로 당연히 자연스러운 '친친'의 감정이 전제되어 있다. 유가의 효사상도 바로 여기에서 출발한다고 할 수 있다. 하지만 효의 입론에 전제 조건으로 주장하는 '친친'의 감정이 본래 인류 사회에 자연스러운 것이었는지는 증명하기 어려운 문제이다. 오히려 기본적인 양육이 끝난 후 자식이 성장하면 부모로부터 독립하고 감정적으로도 소원해지는 것이 본래의 자연스러운 상태가 아니었을까? 그러다가 점차 사회 구조 내에서 상호 의존적인 인간관계가 복잡해지면서 그 출발선상에 있는 혈연 질서 내 부모-자식 간의 멀어지는 관계를 구속하기 위한 인위적인 권위와 복종의 권력관계가 만들어졌다고 추정할 수 있다.

그래서 지나친 억측이라고 할지도 모르지만, 실제 혈연 질서 내 인위적인 권력관계를 뒷받침하기 위해 만들어지는 효의 정당성·절대성을 강조하기 위해 후대 유가들이 효에 선행하는 부모-자식 간의 '친친'의 감정을 실체가 불분명한 하나의 관념화된 전제로 제

---

[*] 『論語』 陽貨 · 二一. "子生三年, 然後免於父母之懷. 夫三年之喪, 天下之通喪也."

시했다고 볼 수도 있는 것이다. 이는 유사 역사에 가까울 정도로 역사 이전 시대 효의 기원에 대한 도식적이고 관념적인 설명이라고 할 수 있으며, 실제로 엄밀한 역사학의 서술 범위라고 할 수는 없다.

이상의 대략적인 설명은 구체적인 자료로 증명하기 어려운 내용이고, 어쩌면 우리가 효에 관해서 너무나 당연하게 생각하는 전제에 대한 약간의 의문이다. 그럼에도 여기서 효에 선행하는 부모-자식 간 '친친'의 감정을 언급한 것은 효가 오랜 역사성을 가지고 문명화 과정을 거쳐 만들어지는 중국 고대문명의 내면화된 자기통제의 고유한 가치체계로, 그 이전의 자연스러운 인간 본성으로 부모-자식 간 '친친'의 감정을 전제하기 어렵다는 점을 강조하기 위해서이다.

또한 중국 고대에 문명화된 효는 다시 외래성을 가지고 한반도로 전해져 토착화되면서 또 다른 효의 문명화 과정을 거치게 된다. 그런데 전통시대 이래로 한국에서의 효의 문명화는 너무나 성공적이어서, 한국인은 효의 민족으로, 효를 본래 타고난 한민족의 민족성이자 고유한 한국의 전통문화로 인식하는 경향이 있다. 즉, 체계적인 효사상은 비록 중국에서 전해진 것이라고 해도, 이를 내면화할 수 있었던 것은 한민족에게 고유한 부모와 자식 간 친애하는 효의 감정이 바탕에 있었다고 생각하는 것이다. 하지만 이 또한 증명할 수 없는 사고에 불과하며, 문명화되기 이전의 선행하는 한민족

의 고유한 효의 민족성은 하나의 사실로 전제하기 어렵다는 점도
언급해 둔다.

효와 관련해서 선행하는 전제로서 '친친'의 감정이 오히려 부자
연스러운 관념에 불과할 수도 있다는 점은 일찍이 후한대 허례화
된 효행에 대해서 비판하는 공융의 다음과 같은 말에서도 우리는
간취할 수 있다.

아비가 자식에게 무슨 친애의 감정을 가지겠는가? 말하자면 정욕의
발로에 지나지 않는다. 자식과 어미의 관계는 예를 들면 물건이 그릇
가운데 들어 있었던 것과 같다. 그릇 밖으로 나오면 별개의 것이다.*

다음으로 동아시아 초기 문명 단계에 해당하는 상주 시기에 효
의 개념이나 글자가 존재했는지, 존재했다면 어떤 정치·사회적 맥
락에서 만들어졌는지 살펴본다. 이 문제는 상당히 오랫동안 논란
의 대상이 되었고, 논자마다 서로 다소 차이가 있다.

---

* 『後漢書』卷70, 孔融傳, 2278쪽, "父之於子, 當有何親? 論其本意, 實爲情欲發耳. 子
之於母, 亦復奚爲? 譬如寄物瓶中, 出則離矣."

2장

상주 시기 효관념의 형성

상대 효에 관한 몇 가지 문제

상대에 효 자가 존재했는지, 또 어떤 의미였는지는 1차 자료인 갑골문이나 후대 문헌 사료의 해석에 따라 견해 차이가 있다. 먼저 상대에 효 자가 존재했다는 입장은 대개 두 가지 근거를 대고 있다. 그중 하나는 상대 갑골문이나 금문에 효 자가 분명히 존재했다는 것이다. 즉, 갑골복사에 분명히 효 자로 해석할 수 있는 지명의 예가 나오며, 또 상말의 금문에도 '효유(孝卣)'라고 인명으로 사용되는 예가 있다고 한다.[*] 그리고 방증 자료이지만 '노(老)' 자와 '고(考)' 자는 '효(孝)' 자와 서로 통용되는 글자인데, 갑골문에 이미 '노'와 '고' 두 글자가 보이므로 '효' 자도 존재했음이 분명하며, 또한 갑골문에서 '교(敎)' 자도 효 자로 해석할 수 있는 자형에 근거한다고 한다.[**]

두 번째로 드는 근거는 전국시대 문헌[***]에 나오는 상왕 무정(武丁)의 아들인 '효기(孝己)'의 일화이다. 일찍이 왕국유는 이 '효기'가 상대 갑골문에 나오는 '형기(兄己)' 또는 '부기(父己)'에 해당한다고 고증했는데,[****] 이러한 설명에서 '효기'라는 칭호 자체가 그의 효행

---

[*] 李裕民, 「殷周金文中的"孝"和孔丘"孝道"的反動本質」, 『考古學報』 1974-2(총제41기).

[**] 楊榮國, 『中國古代思想史』, 人民出版社, 1954(제1판)·1974(제2판).

[***] 『戰國策』 秦策·燕策; 『荀子』 性惡·大略; 『莊子』 外物篇; 『呂氏春秋』 必己 등.

[****] 王國維, 「殷卜辭中所見先公先王考」, 『觀堂集林』, 惠文印書館, 1956, 110쪽.

을 찬양하여 붙여진 것이므로 상대에 이미 효 자, 또는 효행의 덕목
이 존재했다는 것이다.

반대로 이에 대한 반론을 살펴보면, 먼저 갑골문이나 금문에 보
이는 효 자를 후대의 효 자와 같은 글자로 읽을 수 있는지 의문을
제기하거나,[*] 또는 효 자로 읽는다고 해도 지명이나 인명으로 사
용된 경우이므로 서주 이래 효 자의 의미와는 아무런 연관이 없다
고 본다. 또 효 자와 서로 통용된다는 '노(老)' 자와 '고(考)' 자도 모
두 금문 용례에서만 나올 뿐 갑골문에는 해당 용례가 전혀 없다고
한다.[**] 그리고 '효기'라는 인명이 왕국유가 고증한 상대의 '형기',
'부기'와 동일인이라고 할지라도, 그 이름에 붙은 '효'는 훨씬 뒤인
전국시대 사람들의 부회일 뿐 상대의 사실로 확인할 수는 없다고
의문을 제기한다.[***] 이러한 반박에 덧붙여서 상대는 '형종제급(兄終
弟及)'의 상속 제도가 중심이었고 아직 부자 관계를 핵으로 하는 가
족은 성립하지 않았기 때문에 그 윤리·도덕이라고 할 수 있는 효개
념도 만들어지지 않았다는 주장도 있다.[****]

이상 동일한 자료에 대한 상반된 입장을 서로 비교해 보면, 대체

* 地澤優, 『「孝」思想の宗教學的研究-古代中國における祖先崇拜の思想的發展』, 東
京大學出版會, 2002.
** 鄭慧生, 「商代"孝"道質疑」, 『史學月刊』 1986-5.
*** 陳蘇鎭, 「商周時期孝觀念的起源及其社會原因」, 『中國哲學』 10, 1983.
**** 張踐, 「先秦孝道觀的發展」, 『經學今詮初編』, 遼寧教育人民出版社, 2000.

로 상대에는 아직 효관념이 존재하지 않았으며, 효 자가 존재했다고 하더라도 인명·지명과 같이 단순히 명사로 사용되었다고 보는 편이 타당한 것 같다. 하지만 상대 효관념의 존재를 부정하더라도 아직 효가 출현하기 위한 사회적 조건이 완전히 갖추어지지 않았을 뿐, 효와 유사한 형태의 관념이 존재했을 가능성은 완전히 부정할 수 없다.* 즉, 상대에 가장 중요한 행사였던 제사 의례에서 조상 제사의 중요성이 갈수록 두드러지는 점, 상속 제도도 상 후기로 갈수록 형제 상속에서 부자 상속으로의 경향이 증가하는 점, 상대의 친족 구조도 점차 부계 혈연조직을 중심으로 성립하는 점 등을 보면 상대를 서주 시기 효관념이 출현하기 이전 맹아 단계로 상정하거나, 아니면 효에 상당하는 관념이 상대에 이미 존재했을 가능성은 높다고 볼 수 있다.

여기에 한 가지 덧붙이자면 엄밀한 의미에서 중국 고대사회에 효관념이 서주 시기부터 출현한다면, 그 이전 시기인 상대에 이미 문자가 존재했고 어떤 의미에서는 서주 시기와 마찬가지로 특히 상 후기에는 더욱 그러했으며 부계 혈족집단의 단결과 배타성이 강해지는 상황이었는데도 서주 금문에서는 다수 보이는 효 자가 왜 상대 갑골문과 금문에서는 존재하지 않거나 아니면 단순한 지

---

* 張踐, 「先秦孝道觀的發展」, 『經學今詮初編』, 遼寧教育人民出版社, 2000; 地澤 優, 『「孝」思想の宗敎學的硏究-古代中國における祖先崇拜の思想的發展』, 東京大學出版會, 2002 참조.

명·인명과 같은 명사로만 사용되었는지 좀 더 세밀한 접근과 해석이 필요하다. 이 문제에 대해서는 서주시대의 효를 분석하면서 비교해서 다시 언급하겠다.

금문 자료를 중심으로 본 효의 의미

서주 시기 청동 예기는 당시 귀족들의 정치적 합법성을 보증하는 조상숭배 예식의 매개체일 뿐만 아니라, 사회계급이나 부와 권력을 나타내는 신분의 상징으로 중요했다.[*] 그리고 서주의 예 자체가 조상숭배에 바쳐지는 봉헌 의식으로 종교 의례 공동체의 구성원이 지켜야 할 일련의 윤리였다고 한다면,[**] 청동 예기의 금문에 관용적인 표현으로 사용된 효의 용례에는 실제 당시 서주 귀족층의 관념이 담겨 있었다고 보아야 할 것이다. 금문 자료의 효 자 용례에 대한 수량적인 분석 연구는 이유민(李裕民), 사창국(査昌國), 이케자와 마사루[地澤優] 등이 있다.

먼저 이유민은 모두 64건의 금문 효 용례를 분석해서, 서주 공왕(共王) 시기의 4건을 제외한 60건이 모두 서주 중·후기에 해당한다고 했다. 이유민은 효용례의 금문이 서주 중후기에 집중되는 현상은 서주의 지배 귀족들이 쇠퇴해 가면서 오히려 효를 선양하여

---

[*] Li Liu & Xingcan Chen/심재훈 옮김, 『중국고대국가의 형성』, 학연문화사, 2006.
[**] 리펑 지음/이청규 옮김, 『중국고대사』, 사회평론, 2017.

종족의 단결을 꾀하였기 때문으로 보았는데, '추효(追孝)', '향효(享孝)', '용향용효(用享用孝)' 등의 금문 효 용례를 보면 살아 있는 부모보다 이미 죽은 부모와 선조에 대한 효가 더욱 중요했으며 대종(大宗: 宗室·宗廟·宗老)을 중심으로 형제·붕우·인척 등 종족의 내부를 모두 효의 대상으로 포괄해서 지배 종족의 단결을 목적으로 했다고 설명한다.[*]

사창국은 112건의 효에 관한 명문을 모두 8가지 부류로 나누어서 분석하여, 서주 시기 효는 살아 있는 부모를 대상으로 하는 것은 없고 모두 이미 사망한 선조를 대상으로 한다고 했다. 분석의 대상이 되는 청동기의 용도 자체가 제기이므로 당연히 제사를 지내는 조상이 효의 대상이 되며, 형제·붕우·인척 등은 명문에서 중간에 빈어가 생략되어 동사와 그 대상이 의미상으로 서로 대응을 이루지 못하는 구문에 나오므로 실제 효의 대상은 아니라고 했다. 마찬가지로 종실 또한 종묘로 해석해서 이는 종묘에서의 조상제사이므로 서주시대 효의 대상은 모두 이미 죽은 부모 및 조상이라고 했다.[**]

이케자와 마사루도 금문 자료 중 효에 관한 명문을 모두 69건 분석했는데, 주로 금문의 문맥을 자세히 분석하여 효는 금문의 특정 문맥에서 사용된 용어였다고 했다. 즉, 서주 금문의 기본적 성격은

---

[*] 李裕民, 「殷周金文中的"孝"和孔丘"孝道"的反動本質」, 『考古學報』 1974-2(총제41기).

[**] 査昌國, 「西周"孝"義試探」, 『中國史研究』 1993-2.

조상제사의 도구였고, 효 자는 그러한 기물을 만드는 쪽에서 명문을 제작할 때 주로 그 기물을 어디에 사용하는 것인지를 서술하는 부분에 주로 나온다는 것이다. 이는 서주 금문에서 전형적이고 형식적인 문례가 서주 중기부터 발달해서 후기에 완전한 형태를 갖추는 현상[*]과 맥을 같이 하는 것으로, 효 자 용례의 사용 빈도가 서주 중·후기 이후 증가하는 것이 반드시 효개념의 중요성이 변화하는 것을 의미하지는 않는다고 했다. 그러면서 금문 내 문맥을 보면 효는 조상제사와 동일시되었다고 보면서, 그 대상의 범위에 대해서는 조상 이외에 살아 있는 부모나 친족들은 제사 참가자라는 의미에서 효의 대상으로 확대되었다고 볼 수 있다고 했다.[**]

이상에서 공통되는 중요 논점은 세 가지로 정리된다. 첫째, 금문에서 효 용례는 조상제사를 표현하는 명문 안에서 주로 사용되며, 의미상 조상제사와 동일한 의미이다. 둘째, 효 용례의 등장 시기는 대체로 서주 중·후기에 집중되어 있다는 점은 일치하지만 그 원인에 대해서는 견해가 엇갈리고 있다. 마지막으로 효가 혈연집단의 윤리라는 점에서 그 대상과 범위가 중요한데, 부모와 조상 이외에

---

[*] 팔켄하우젠은 이러한 청동 금문의 변화를 서주 후기 '의례개혁(儀禮改革)'이라고 하면서, 기원전 850년 즈음인 여왕(厲王) 치세에 일어났을 가능성이 높다고 보고 있다. 로타 본 팔켄하우젠 저/심재훈 역, 『고고학 증거로 본 공자시대 중국사회』, 세창출판사, 2011 참고.

[**] 地澤優, 『「孝」思想の宗教學的研究-古代中國における祖先崇拜の思想的發展』, 東京大學出版會, 2002.

종자(宗子)·형제·붕우·인척 등 보다 광범위한 혈연 범위를 효와 관련해서 어떻게 볼 것인가의 문제이다. 이들이 직접적인 효의 대상인지 아니면 효의 대상인 조상제사에 참가하는 혈연 범위에 속하기 때문에 효의 실천자로 보아야 하는지는 서주 시기 효개념을 이해하기 위해서 좀 더 살펴보아야 할 문제이다.

이와 관련해서 실제 서주 금문의 효 용례를 몇 가지 예시하면서 구체적인 내용을 살펴보기로 하자. 아래는 '용추효(用追孝)', '용향효(用享孝)' 등 서주 금문의 가장 전형적인 효의 관용구로 사용된 예이다.

幾父壺(甲)(西周中期); 幾父拜頓首對揚朕皇君休, 用乍朕剌考龔壺, 幾父用追孝, 其萬年孫子永寶用.(『集錄』137·291)*

旅仲簋(西周後期); 旅仲作?(詩)寶簋, 其萬年子孫, 永用享考(孝).(『集錄』110·268)

梁其鼎(西周後期); 隹五月初吉壬申, 冽其乍(作)龔鼎, 用享考(孝)于皇祖考.(『集錄』133·289)

伯公父勺(西周後期); 白公父乍金爵, 用獻用酌, 用享用孝.(『集錄』160·345)

*　徐中舒 主編·四川大學歷史研究所 編,『殷周金文集錄』, 四川辭書出版社, 1986.
『집록(集錄)』은『은주금문집록(殷周金文集錄)』의 약칭으로, 뒤의 숫자 중 앞 쪽은 책의 쪽수, 뒤 쪽은 책에 배열되어 있는 금문 자료의 순서이다.

'용추효(用追孝)', '용향효(用享孝)'에서 '용(用)'은 앞 문장에 보통 특정 조상의 기물을 만들었다는 언급이 나온 뒤에 그 기물을 조상에게 '추효', '향효'하는 데 '사용'한다는 의미이다. 그래서 동사인 '용'의 뒤에 '추'와 '향'이 효 자 앞에 붙어서 '추효', '향효'라는 하나의 단어로 만들어진다. '추효', '향효'는 『시경』, 『상서』에도 그 용례가 나오지만,* 먼저 '추효'는 '선조의 유지를 계승하고 부형의 사업을 완성한다는 것'이 일반적인 해석이다.** 단 서주 시기 금문에서는 선조의 뜻을 계승한다는 의미로 '수형(帥型)', '형(刑)'과 같은 다른 용례가 사용되었고 '추효'에는 후대에 덧붙여지는 그런 의미가 아직 없었다는 주장도 있다.*** 여기서는 일단 『설문해자』의 '추, 축야(追, 逐也)'라는 말뜻을 그대로 받아들여 살아 있는 부모로부터 죽은 조상에게로 쫓아서 효행이 미친다는 정도의 의미로 이해하면 좋을 듯하다.****

한편 주백감(周伯戡)은 직계 친족에 대한 음식물의 봉양을 각각 생사를 구분해서 살아 있는 부모에게 봉양하면 효이고 죽은 부모 또는 조상에게 봉양하면 '추효(追孝)'라고 해서 조상에게 음식물을

---

* 『尙書』文侯之命, "汝克昭乃顯祖, 汝肇刑文武, 用會紹乃辟, 追孝于前文人."; 『시경』文王有聲, "築城伊淢, 作豊伊匹, 匪棘其欲, 遹追來孝."

** 王愼行, 「試論西周孝道觀的形成及其特點」, 『社會科學戰線』1989-1.

*** 周伯戡, 「孝之古義考」, 『傅樂成敎授紀念論文集中國史新論』, 學生書局, 1985, 71쪽.

**** 陳蘇鎭, 「商周時期孝觀念的起源及其社會原因」, 『中國哲學』10, 1983.

봉양하는 제사의 의미로 '추효'를 해석한다.* 하지만 이렇게 해석하면 효는 '추(追)'와 결합한 후에야 '조상제사'와 동일시되기 때문에 효 자체의 의미라고 하기에는 다소 무리가 있어 보인다.

이처럼 구체적인 물질로 조상을 봉양한다는 의미로 효를 이해하는 것은 '향효'의 해석에서 더욱 두드러진다. '향(享)'은 '헌(獻)', '향(饗)'의 뜻으로 제사에서 조상의 신령에 공물을 바치는 행위를 가리킨다.** 살아 있는 사람에게는 '향(饗)'을 쓰고 죽은 사람에게는 '향(享)'을 쓰는데, '효'와 '향'이 합쳐져서 죽은 조상에게 음식을 봉양하여 자손의 복을 기원한다는 제사 의례의 뜻을 가지게 된다는 것이다.*** 이 점은 일찍이 구와바라 지츠조우[桑原隲藏]가 부모에 대한 '효양(孝養)'과 조상에 대한 '효향(孝享)'은 효의 내용이 생과 사로 그 대상이 나뉘었을 뿐, 정신은 효 하나라고 간명하게 언급한 내용과 일맥상통하는 것이다.**** 이는 효의 이체자로 나오는 '노식(耂食)'에서 더욱 분명하게 드러나는데,***** 현세의 풍성한 음식물을 숭

---

* 周伯戡, 「孝之古義考」, 『傅樂成教授紀念論文集中國史新論』, 學生書局, 1985, 71쪽.
** 『詩』 小雅 · 天保, '是用孝享'의 『毛傳』, '享, 獻也'; 『國語』 魯語, '嘗禘烝享'의 『韋注』, '春祭曰享, 享, 獻物也'; 『周易』 象下傳, '萃致孝享'의 『虞注』, '享, 祀也' 등.
*** 周伯戡, 「孝之古義考」, 『傅樂成教授紀念論文集中國史新論』, 學生書局, 1985, 66쪽.
**** 桑原隲藏 · 宮岐市定 校訂, 『中國の孝道』, 講談社, 1977, 13쪽.
***** 加藤常賢, 『漢字の起源』, 角川書店, 1970, 892~893쪽 참조.

배의 대상인 조상에게 바치고[享], 그것을 다시 의례 참석자들이 나누어 먹는 것[饗]은 고대 중국을 비롯해서 인류 사회에서 보편적으로 찾아볼 수 있는 일종의 축제[Festival]라고 볼 수 있다. 따라서 금문에서의 효 용례는 분명히 조상제사에서 구체적인 물질을 공양하는 것과 밀접한 관련을 가지고서 사용되었음을 보여 준다. 하지만 '추효'와 마찬가지로 효는 여기서도 '향'과 결합한 후에야 '조상제사'의 의미로 파생된다고 할 수 있으므로 조금은 다른 각도에서 이 효 용례를 생각해 볼 필요가 있다.

이런 점에서 대부분의 기존 설명을 보면, 앞서 처음 인용했던 『설문해자』의 '선사부모자(善事父母者)'라는 설명과 같이 효의 기본 의미는 살아 있는 부모에 대한 '봉양'이라는 점을 전제하고 있다. 즉, 기본적으로 서주시대의 효는 수직적인 혈연집단 내의 윤리·덕목이었고, 제기에 새겨진 명문이라는 금문의 성격으로 인해 '추효', '향효'와 같은 형식으로 문맥상 '조상제사'를 의미했다는 것이다. 그래서 왕신행은 서주 시기 효의 윤리관은 가장 보편적인 조상제사 의례에서 '향효'와 같은 연문의 형태로 표현되어 윤리관과 종교관이 결합한 것이라고 설명하기도 한다.* 이러한 관점은 금문의 효자 자형을 보거나 지금까지 살펴본 효 용례를 본다면 그대로 받아들여도 무방하다고 할 수 있다.

---

* 王愼行,「論西周孝道觀的本質」,『人文雜誌』1991-2.

하지만 이에 대한 반론도 만만찮다. 즉, 금문 자료의 효 용례는 기본적으로 조상을 대상으로 하고 있으며, 주초의 상황을 전해 주는 문헌에도 살아 있는 부모에 대한 봉양을 의미하는 효는 거의 나오지 않는 점을 들어 아직 이 시기에는 효가 살아 있는 부모를 봉양한다는 의미에서의 보편적인 도덕으로 등장하지는 않았다는 것이다.* 그리고 이러한 점에서 사창국은 금문 자료의 효 용례가 모두 죽은 부모와 조상만을 대상으로 한다고 분석하면서 이를 문헌 자료로까지 확대해서 이전 대부분의 연구자들이 살아 있는 부모에 대한 봉양을 뜻하는 자료로 해석했던 『상서』 주고(酒誥)의 다음 내용을 금문에서 제사의 대상인 조상을 생략하는 형식과 동일한 것으로 파악한다.

> ……, 바쁘게 그 어버이와 웃어른을 섬겨라. 수레와 소를 끌고 멀리 장사 다니면서 그 어버이에게 정성껏 봉양하고 제사 지내라.**

즉, 『상서』 주고의 이 문장은 문헌에서 '효양(孝養)'을 언급한 유일한 기사로, 주공이 강숙을 분봉하면서 특히 과도한 음주를 경계하는 내용이다. 사창국은 여기서 '용효양궐부모(用孝養厥父母)'를

---

* 張踐, 「先秦孝道觀的發展」, 『經學今詮初編』, 遼寧敎育人民出版社, 2000, 203~204쪽.
** 『尙書』 酒誥, "奔走事厥考厥長. 肇牽車牛, 遠服賈, 用孝養厥父母."

'용효조고(用孝祖考)'의 '조고(祖考)'라는 빈어가 생략된 것으로 봐서, '조상에게 제사 지내고[用孝祖考], 부모를 돌본다[養厥父母]'는 의미로 해석했다. 그래서 당시 '효(孝)'와 '양(養)'은 생사를 기준으로 구분되는 별개의 단어로 두 단어가 연용되지 않았으며, 따라서 서주시대의 효는 문헌상으로도 죽은 부모나 조상을 대상으로 하는 제사만을 가리켜서 사용되었다고 주장하고 있다.[*]

이상의 논의에서 서주 시기 금문의 효 용례가 주로 '조상제사'의 의미로 표현되었다는 점은 대체로 일치한다. 그렇다면 서주 시기 효는 본래 부모에게 물질적인 봉양[孝養]을 의미하는 뜻에서 확장하여 죽은 혈족, 즉 조상에 대해서도 살아 있을 때와 같은 생활을 누리기 위한 물질의 봉양을 제사를 통해서 표현한 것인가? 아니면 효의 본뜻이 혈연조직 결합의 핵이자 근원인 조상을 받드는 것이었고[孝享], 여기서 반대로 살아 있는 부모나 종족의 수장인 종자에 대한 구성원들의 도덕·윤리가 된 것인가? 이러한 문제에 나름대로 접근하기 위해서는 서주 시기의 구체적인 역사적 맥락 속에서 살펴볼 필요가 있다. 즉, 효관념이 직접적으로 미치는 대상인 혈연조직이 서주 시기 어떠한 모습이었는지 당시의 정치·사회·경제적 측면에서 종합적으로 고려하는 가운데 서주 시기의 효가 가지는 특수한 의미를 찾아보는 것이다. 이를 통해 앞서 상대에는 왜

* 査昌國, 「西周"孝"義試探」, 『中國史研究』 1993-2, 145~148쪽.

효관념이 나타나지 않았는가의 문제에 대해서도 어느 정도 설명이 가능하며, 또 다른 문제로 효의 금문에서의 표현이 왜 서주 중·후기에 집중해서 나타나는가의 부분, 그리고 효의 대상이 부모·직계 조상에 한정되지 않고 혈연조직 전체를 포괄하는지 여부에 대해서도 함께 이야기할 수 있을 것이다.

종족 질서의 변화와 서주 시기의 효개념

서주 시기는 이른바 종족(宗族; Lineage)이라는 혈연 공동체가 사회 기본 단위였다. 당시 종족은 정치·경제·군사·종교 등 모든 방면에서 활동의 중심에 있었으며, 개개의 인간들은 자기가 속한 종족의 규율에 따라 존재했고 별도의 독립된 개성을 드러내지는 못했다. 따라서 하나의 독립된 단위로 이른바 '가족(家族; Family)'이 등

---

* 여기서 말하는 '가족(Family)'은 종족이나 친족집단과는 대비되는 의미에서 부부를 중심으로 그 부모 또는 자녀를 포괄하는 단위를 지칭한다. 가족에 대해서 사회학 · 인류학 · 역사학 등 관련 학문 별로 연구자들이 제각기 나름의 기준으로 정의와 범위를 정하지만, 단적으로 정리하기에는 쉽지 않은 상당히 복잡한 용어이다. 광의의 범위에서는 혼인과 출산, 생육을 기준으로 하기도 하고, 또는 공동 거주와 독립된 재산 · 경영의 여부[同居共財]를 따지기도 한다. 이이오 히데유키[飯尾秀幸]는 동거공재를 지표로 가족의 크고 작음을 논했던 기존 중국 가족사 연구의 대 · 소가족 논쟁을 정태적이며 비역사적이라고 비판한 후, 생산과 소유의 단위로서 가족을 규정해서 그 기원과 변화를 공동체와 국가와의 관계 속에서 파악해서 역사 속에 동적으로 위치지울 것을 제안하고 있다(「中國古代の家族研究をめぐる諸問題」, 『歷史評論』 428, 1985, 68~70쪽). 한편 주봉한(朱鳳瀚)은 상주 시기의 가족 형태를 종합적으로 연구하면서, 가족 내부의 구조를 여러 층차로 나누어서 파악하는 '다층차적동작성정의(多層次的動作性定義)'를 이용할 것을 제안하여 가족을 '저층차가족(低層次家族)[소가족 또는 핵심가족]'과 '고층차가족(高層

장하기 이전의 중국 고대사회의 모습은 외재적인 '공공권력'으로
서 국가권력의 성립과 함께 이를 내면적으로 뒷받침하는 토대이자
그 대척점에 서 있는 사회 단위로서 혈연조직의 형태와 변화를 파
악하는 가운데 이해할 수 있을 것이다. 그런데 이러한 국가권력의
성립과 혈연조직의 변화는 상호 긴밀한 관계에 있어서 따로 분리
할 수 없으며, 특히 효라는 혈연집단의 윤리가 어떤 권력관계의 반
영이라면 국가·사회의 '권력'의 문제와 연결해서 이야기하지 않을
수 없다.

  인류 사회의 전개 과정을 역사적으로 설명하는 도식은 다수가
있다. 그중 국가 성립의 측면에서 본다면 대표적으로 '원시공산제-
노예제사회-봉건사회'라는 유물사관의 도식이 있으며, 또 인류
학적인 관점에서 'band[무리]-tribes[부족]-chiefdoms[군장]-
states[국가]'라는 사회진화론적인 4단계설이 있는데, 장광직은
일찍이 이를 중국 고대사회에 적용하여 논한 바가 있었다. 또한
그리스의 도시국가 폴리스(Polis)와 비교해서 중국 고대사회의 피

次家族)[대가족 또는 확대가족, 宗族]'으로 나누어 이해할 수 있다고 하는데, 역시
중국 고대의 혈연조직을 파악하는 데 참고할 만한 제안이다(『周商家族形態研究』
增訂本, 天津古籍出版社, 2004). 중국 고대 혈연집단의 형태와 변화상을 역사적으
로 고찰하려면 위의 두 연구자의 제언대로 거주 형태와 규모, 가족 내부의 서열 구
조와 권력관계 및 경제 형태와 같은 정태적 분석을 기본적으로 한 후 이러한 양태
가 그를 둘러싼 혈연 · 지연공동체 더 나아가 국가권력과 어떠한 연결고리를 맺으
며 맞물려 활동하는지를 살펴보아야 할 것이다.
* 張光直, 『中國靑銅時代』, 三聯書店, 1983.

라미드식 누층적 구조를 '대읍-족읍-속읍'으로 논하는 설명도 있다.[*] 이에 비해 혈연조직에 대해서는 '원시군(原始群)-모계씨족사회-부계씨족사회'로 변화하는 이른바 '가부장권'의 확립 과정으로 설명하는 방식이 일반적이었다고 할 수 있다. 중국 고대사회에서 '씨', '성', '종족'과 같은 고유한 개념을 고찰한 연구도 상당히 많은 편이다.[**]

혈연조직에 관한 연구에서 특히 중요한 개념은 초기 국가 단계로 접어드는 시점에서 '권력'의 문제이다. 어떻게 배타적인 권력이 이른바 원시사회의 공동생산·공동분배라고 상정되는 씨족 공동체 내에서 생겨나며, 또 이러한 배타적 권력을 더욱 공고히 하기 위해 어떤 억압 기제를 만들어 내는가의 부분인 것이다. 흔히 이러한 배타적 권력의 물질적 조건으로 사유제의 발달을 제시하지만, 여기서는 그러한 경제적 측면에 앞서서 씨족 공동체의 생존 환경을 둘러싼 안팎에서의 위협과 경쟁이라는 측면에 주목하고 싶다. 즉, 비우호적인 자연환경, 인구 증가로 인한 생산력과 생산량의 불균형, 적대적인 부족 간의 경쟁, 특히 초기 문명 단계에서 전쟁의 격화와 폭력성의 증가라는 주제는 국가 형성의 측면에서도 매우 흥미롭다

---

[*] 松丸道雄 等,『中國史學の基本問題 I 殷周秦漢時代史の基本問題』, 汲古書院, 2001.

[**] 郭末若,『中國古代社會研究』; 李宗侗,『中國古代社會新研』; 加藤常賢,『支那古代家族制度研究』; 清水盛光,『支那家族的構造』등이 이에 대한 고전적인 연구이다.

고 할 수 있다. 다시 말해서 일정한 규모에 달한 하나의 씨족 공동체를 가정할 때, 그 내부의 사유제 발달 여부와는 별개로, 씨족 공동체 전체의 생존을 위한 안팎의 환경이 갈수록 우호적이지 않은 상황에서 그러한 적대적 환경에 대응하기 위한 방법으로 이전에 씨족 내 상호 수평적이었던 구성원들의 관계는 점차 권력관계에 수반한 수직적 질서를 만들어 내면서 어떤 '효율성'을 추구하는 한편 그러한 효율성을 더욱 강화하기 위해 일정한 억압적·폭력적인 기제를 만들어 내었다고 할 수 있다.

그런데 이러한 혈연집단 내 수직적 권력의 억압 관계는 흔히 '부성(父性; Fatherhood)'이라는 개념으로 잘 상징된다고 할 수 있다. 『설문해자』에서는 "부, 거야. 가장솔교자, 종우거장(父, 巨也. 家長率教者, 從又擧杖)"이라고 풀고 있는데, 갑골문과 금문의 자형을 보면 손에 불을 든 형상이라든지 손에 돌도끼를 쥐고 있는 형상이라든지 아니면 좀 더 추상적으로 손을 오므린 모양으로 어떤 '사(事)'를 잡고 있는 의미를 형상한다고 한다. 대개 권위를 가지고 있는 사람을 형상한 글자인 것은 분명하다. 또한 금문이나 문헌 자료에 나오는 '부'의 용례는 직접적인 부자 관계의 아버지를 지칭하기보다는 더 확대한 범위에서 혈연집단 내의 연장자에 대한 일반적인 존칭으로 많이 사용되고 있다.

그러한 의미에서 '부'는 중국 고대 혈연집단 내에서 어떤 권위를 장악한 연장에 대한 호칭이며, '부계'라는 것도 혈연집단의 조직 구성에서 배타적·수직적 권위의 존재로서 '부'를 핵심으로 하는 권위가 확립되고 그러한 '부'의 권위가 부의 직계 혈연을 따라서 대대로 이어져 가게 되었음[系]을 의미한다고 할 수 있다. '부계' 혈연집단은 안팎으로 자신들의 권위와 집단으로서의 지위를 인지하기 위한 특정한 지표가 필요한데, 그것은 대개 혈연집단의 출발점인 조상을 기념하고 숭배하는 행위로 나타난다. 즉, 이것이 이른바 '조상숭배'라고 하는 종교 현상인데, 이 '조상숭배'의 종교적 의례인 제

---

* '조상숭배(祖上崇拜)'에 대한 이론적 · 실증적 연구는 이미 많이 있는데, 종교학의 관점에서 대략적인 정의와 이론을 정리하고 있는 이케자와 마사루[地澤憂]의 연구를 참고했다. 그는 '조상숭배'가 친족 관계에 일정한 가치를 부여하는 종교현상이라고 하면서 두 가지로 정의를 내리고 있다. 즉, 하나는 '조상숭배는 친족 관계가 명확히 인식되는 친족이 사후에도 자손을 지배하는 힘을 가지고 있다고 하는 신앙 및 그 신앙에 기반을 둔 관념과 의례의 체계'이고, 두 번째는 좀 더 광범위한 범위로서 '조상숭배는 어떤 개인(또는 집단)을 지배하는 힘을 가진 영혼이 그 개인(또는 집단)과 어떤 식이든지 친족 관계에 의해 결합되어 있다고 하는 신앙 및 그 신앙에 기반을 둔 관념과 의례의 체계'라는 것이다(地澤 優, 『「孝」思想の宗敎學的硏究-古代中國における祖先崇拜の思想的發展』, 東京大學出版會, 2002, 9~10쪽).
한편, 벤자민 슈왈츠는 고대 중국에서 조상숭배가 갖는 의미를 다음과 같은 네 가지로 정리한다. 첫째, 제의적 질서 속에서 산 자와 죽은 자가 자신의 역할을 수행함으로써 유기적으로 결합하고, 이런 역할 수행을 통해 사회 질서의 중심으로서 혈연집단의 모델을 제공했다. 둘째, 신령한 영역과 인간계 사이의 명확하지 않은 구분으로 중국의 종교적 · 철학적 발전에 영향을 끼쳤다. 셋째, 국가 형성의 초기 단계에 강력한 권력 기반을 제공했다. 넷째, 도시의 성격을 형성하는 데 영향을 끼쳤다. 덧붙여, 조상숭배의 조화로운 질서는 우주적 종교로도 의미가 확대되어, 군주는 조상숭배의 승려인 동시에 최고신인 제(帝)에 대해서도 고등승려의 역할을 담당하게 되어 후대 중국의 정치 질서를 지배했던 정교합일의 단초를 발견하게 된다고 했다. 은대(殷代) 제사 제도의 변화는 이러한 조상숭배로 강조점이 이동

사를 통해 그들은 안팎으로 자신들만의 집단으로서의 배타성을 확보하며, 한편 혈연집단의 권위이자 질서의 정점에 있는 '부성'은 이 조상에게로 투영되면서 반대로 혈연조직 내 구성원들에게 복종을 강제하는 것이다.

그런데 이러한 조상숭배 의례는 점차 분명한 직계 조상을 인지하고 기념하게 되면서, 외부에 대해 독립된 단위로 활동할 수 있는 적정한 규모의 단위를 지향하게 된다. 즉, 이전의 씨족 공동체에서는 계보를 확인할 수 없는 먼 시조를 중심으로 막연한 공통의 혈연의식으로 결집했다면, 혈연집단의 분화 과정에 수반하여 갈수록 일정한 계보를 구체적으로 확인할 수 있는 범위 내로 집단의식이 응고된다고 할 수 있다. 한편 혼인 등의 관계에 있는 다른 혈연집단과의 정치적 관계도 다양한 방식으로 맺어지게 되는데, 이에 따라서 사회 내에서 어느 정도 규모의 혈연집단이 조직되고 활동하는 하나의 법칙성이 만들어지는 것을 볼 수 있게 된다. 중국 고대에서는 이를 서주 시기의 종족에서 확인할 수 있다.

서주의 종족은 이후 중국 문화의 중요한 특징 중 하나로 들고 있는 '가족주의'를 이해하기 위한 하나의 전제로서 많은 연구가 있었

하는 변화이며, 이는 세속주의로의 진화라기보다는 왕족이 갖는 신성한 힘의 고유성을 과시하려는 특정한 권리 주장이라고 해석한다(벤자민 슈왈츠/나성 옮김, 『중국고대사상의 세계』, 살림출판사, 1996, 48~73쪽).

다. 여기서는 특히 종족의 구성 원리인 종법제도에 대해서 주목하고자 한다. 선사시대에서 초기 국가 단계로 접어드는 시기는 문헌 자료에는 요·순의 성왕(聖王) 전설과 우(禹)로부터 시작된다는 하(夏)에 해당한다고 할 수 있지만, 이 시기는 명확히 증명할 수 있는 고고 자료가 부족해서 역사의 실체로 분명히 하기에는 아직 어려운 점이 많다. 이후 상대가 되면 많은 고고 자료, 특히 갑골문과 같은 문자 자료가 존재해서 비교적 구체적인 접근을 할 수 있는데, 갑골문의 복사(卜辭)로서의 성격 자체가 보여 주듯이 상대는 각종 제사 의례의 종교적 활동이 아주 번잡할 정도로 다양하고 융성했었다.** 그런데 진몽가(陳夢家)에 따르면 상대에는 이러한 종교 활동에서 최고신이 '상제(上帝)'였음에도 인간이 직접 소통할 수 없기 때문에 직접 제사를 지내지 못하고, 오로지 죽은 뒤 상제를 좌우에서 모시는 상왕에 대한 제사를 통해서만 상제와 소통할 수 있었다고 한다.*** 그래서 죽은 선왕(先王)에 대한 제사는 통치의 정통성과도 연결되는 매우 중요한 성격을 가지는 것이었다. 그리고 조상제사의 중시는 특히 상 후기로 갈수록 더욱 강해진다고 한다.****

* '종족(宗族)'을 비롯한 이 시기의 가족 연구에 대해서는 주봉한(朱鳳瀚)의 『商周家族形態硏究』(天津古籍出版社, 2004) 緒論 부분을 참고.
** 『禮記』 王制. '殷人尊神率民以事神, 先鬼而後禮, 先罰而後賞, 尊而不親'
*** 陳夢家, 『殷墟卜辭綜述』, 中華書局, 1988.
**** 尹乃鉉, 『商周史』, 民音社, 1984, 48~49쪽.

하지만 그럼에도 아직 상대에는 이후 서주에서 확인하게 되는 엄밀한 의미에서의 종족을 형성하지 못했다는 것이 대개 일치하는 견해이다. 상대의 혈연조직을 갑골문에서는 '족(族)'으로, 문헌에서는 보통 '씨(氏)'로 표현하고 있다. '족'과 '씨'는 동일한 혈연조직을 지칭하는 말로 '족'이 가리키는 대상은 여러 종류로 나눌 수 있지만,* 대체로 군사 행위와 관련해서 다수 나오고 있어 상 왕조의 기본 군사조직이기도 하지만 기본적으로는 혈연에 기반하는 조직이라고 할 수 있다.** 그리고 상대 금문에 나오는 각 '족'을 대표하는 문장, 즉 '족휘(族徽)'를 보아도 '족'이 혈연조직으로 존재했음은 분명하다. 그런데 이 당시에도 대체로 족장을 중심으로 어느 정도 족 내의 신분 질서를 확인할 수 있다. 대표적으로 『춘추좌전』의 다음과 같은 내용이 있다.

은민 육족으로 조씨·서씨·소씨·색씨·장구씨·미구씨는 그 종씨가 이끌어서 분족들을 모으게 한다.***

---

* 대체로 갑골문에 나오는 '족(族)'은 1) 왕족(王族), 2) 자족(子族=상족(商族)), 3) 다자족(多子族), 4) 단순히 '족'을 칭한 것, 5) '족' 자 앞에 족명이 붙는 경우, 6) '족' 자 앞에 숫자가 붙는 경우 등으로 대상을 구분할 수 있다고 한다(朱鳳瀚, 『商周家族形態硏究』, 天津古籍出版社, 2004, 28쪽).

** 『Sanctioned Violence in Early China』(M.E. Lewis, State Univ. of N.Y. Pr, 1990)에서 자세히 논하고 있지만, 지배층의 혈연조직이자 군사 조직이라는 성격은 '군사귀족' 또는 '전사귀족'이라는 봉건제도 형성의 한 조건으로서 볼 수 있다.

*** 『春秋左傳』 定公4年, "殷民六族, 條氏 · 徐氏 · 蕭氏 · 索氏 · 張勺氏 · 尾勺氏, 使帥

이 기사는 주초에 봉건할 때 상 유민 중 6개 족을 노나라에 예속시켰다는 내용인데, 이때 '종씨'가 각 족을 이끌면서 그 분족까지 규합했다는 것이다. 이를 보면 주초의 상황이기는 하지만, 적어도 상 후기에는 혈연조직이 '종씨'라고 부르는 수장에 의해 인솔되었고 그 아래에는 같은 '족'의 이름 아래 분화해서 속해 있는 분족들이 여럿 있었음을 알 수 있다. '종씨'라는 명칭이 서주시대의 '종자'와 동일한지는 확실하지 않지만, 하여튼 상대에도 '족'은 족장인 '종씨'를 중심으로 하는 혈연조직 내 권력과 분족이라는 혈연집단 내부의 분화 현상이 일정한 범위 내에서 규율되고 있었음을 알 수 있다.

다만 서주의 종족과는 달리 상대의 혈연조직은 하나의 족적 질서 내에 상층의 지배층과 '중(衆)'이라는 말로 표현되는 하위 구성원들을 함께 포함하고 있어서,* 이전의 광범위한 씨족 공동체 질서에서 완전한 분화가 혈연적으로 이루어지지는 않은 것으로 보인다. 또한 상 후기로 갈수록 상속 방법이 직계 자식으로 전하는 경향이 강해지기는 하지만, 그래도 형제 상속의 전통이 잔존하면서 부계 직계 자손으로의 상속이 확고한 원칙으로 자리 잡지는 못했다고 할 수 있다. 이는 제사의 대상이나 범위에서도 확인되고 있는데,

　其宗氏, 輯其分族."
* 朱鳳瀚, 『商周家族形態研究』, 天津古籍出版社, 2004.

비록 상대에 조상제사가 갈수록 중요해지며 정치적 역할 또한 상당한 위치에 있었지만 그 제사의 대상이나 범위는 아직 분명한 직계만을 대상으로 하는 원칙이 확립되었다기보다는 광범위한 선대 조상들을 직계·방계, 또는 모계[先妣]까지도 망라하는 모습을 보여주고 있다. 물론 상대의 혈연조직도 분명히 부계 혈연이 중심이 되어 구성되고 있는 점은 확실하지만, 그 형태는 이른바 인류학에서 말하는 씨족[Clan]에서 종족[Lineage]으로 전개되는 과도기적인 과정에 있었다고 보는 편이 좋을 것이다. 그리고 이러한 혈연조직의 구성이 명백히 종족 단계에 이르는 것은 서주 시기이다.

서주 시기 종족의 구성 형태에 대한 다양한 접근들이 있지만, 대개 전국 이래의 문헌을 인용하고 여기에 금문이나 다른 여러 고고 자료를 이용해서 비판적으로 증명하는 방식이 일반적이다. 대체로 전국 이래 종족에 대한 전통적인 주석들을 완전히 신뢰하기에는 후대 유가들의 이상이나 부회가 많이 포함되어 있지만, 그럼에도 상당 부분 당시 사실에 접근하는 면들이 있다고 할 수 있다. 따라서 여기서도 먼저 그러한 문헌 자료의 내용을 살펴본다.

서주의 종족을 이해하려면 먼저 '종(宗)'의 뜻을 살펴보지 않을 수 없다. '종'은 이미 상대 갑골문에도 글자가 확인되지만, 당시 사용되었던 의미는 '조상의 신주를 모시고 제사를 지내는 장소', 즉 종묘의 뜻이었고 이는 이후 금문 용례에서도 마찬가지이다. 그리고 『설문해자』에도 "종, 존조모야, 종면시(宗, 尊祖貌也, 從宀示)"라고 해서 역시 자형이 실내에서 신주를 받들어 모시는 모양으로 본뜻이 종묘라는 것은 분명하다.[*] 조상제사를 지내는 장소라는 가장 기본적인 '종'의 의미는 이후에도 줄곧 계속 사용되었고, 따라서 '종족'은 일단 특정 조상에 대해 제사를 지내는 공간[宗]을 기준으로 결집하는 혈연조직[族]이라고 이해할 수 있다. 그런데 '종족'의 의미에 대해서는 또 아래와 같은 설명들이 있다.

오족을 당으로 삼는다.[**]

아버지의 당을 종족이라고 한다.[***]

'당(黨)'의 의미에 대해서는 여러 주석들이 있지만, 일단 상당한 규모를 가지고 결합한 집단으로 이해할 수 있다. 따라서 위의 '부지당(父之黨)'은 '부계'의 어느 정도 규모를 갖춘 혈연집단으로 바로 '종족'을 지칭하는 것이다. 위의 설명에서 '종족'은 '일정 정도 규모를 가지고 특정 조상에 대한 제사를 지표로 삼아 결합해서 다른

---

* 『說文解字注』, 段玉裁 注, "尊莫尊于祖廟, 故謂之宗廟, 宗從宀, 從示, 示謂神也, 宀謂屋也."
** 『周禮』 地官 · 大司徒, "五族爲黨."
*** 『爾雅』 釋親, "父之黨爲宗族."

혈연조직과는 배타적으로 존재하는 혈연조직'이라고 정의할 수 있다. 그렇다면 이러한 '종족'을 구체적으로 파악하기 위해서는 어느 정도 규모가 기준이 될 수 있으며, 또 어떠한 원칙에 따라 구성되어 사회 내에서 다른 집단과는 어떻게 구별되어서 배타적으로 존재하게 되는지 확인해 볼 필요가 있다. 이러한 '종족'의 범위를 상정할 수 있는 사료로 아래 『춘추좌전』 기사가 있다.

> 무릇 제후의 장례에서 다른 성은 바깥에 있고 같은 성은 종묘에 있으며 같은 종은 조묘에 있고 같은 족은 이묘에 자리한다.*

이 기사는 제후의 장례에서 참석 범위를 이야기한 것이지만, 마찬가지로 제사의 경우에도 적용할 수 있을 것이다. 다른 성은 제사에 참석하는 '빈(賓)'으로 제사를 지내는 묘당에는 들어오지 못하고 바깥에 있게 된다. 그리고 같은 성이 참석하는 종묘는 해당 동성 공통의 시조를 모시는 묘당이라고 할 수 있다. 이보다 작은 범위로 같은 종이 모이는 조묘와 같은 족이 모이는 이묘는 동성 집단 아래에 각기 종과 족 집단이 참석하는 묘당이라고 할 수 있다. 조묘는 해당 기사의 두예 주에 "조묘, 시봉군지묘(祖廟, 始封君之廟)", 즉 처음 해

---

* 『春秋左傳』 襄工十二年, "凡諸侯之喪, 異姓臨于外, 同姓于宗廟, 同宗于祖廟, 同族于禰廟."

당 봉토에 분봉된 조상의 묘당이라고 한 것을 참고하면, 여기에 참석하는 같은 종은 상당히 큰 규모의 혈연집단임을 알 수 있다. 그리고 이묘에 대해서는 두예가 "부묘야, 동족위고조이하(父廟也, 同族謂高祖以下)"라고 주석했으니, 같은 족은 같은 종 집단에서 다시 분화해 간 하위 혈연집단으로 고조, 즉 5대조 이하로 구성되었다고 할 수 있다.

 이와 관련해서 이케자와 마사루의 실증적 연구가 참고할 만하다. 그는 금문 사례를 통해 당시의 구체적인 가계를 복원했는데, 최소의 혈연조직은 제사 범위가 4~5대를 기준으로 분화해 나가고 최초의 시조를 기준으로 각각 분화되는 지점의 조상은 분화해 나간 혈연조직의 지표로서 중요성을 띤다고 했다. 그리고 이는 『예기』 상복소기 등에 기록된 5대 기준으로 성립하는 '소종(小宗)'의 규모와 일치하며, 앞서 인용한 종묘-조묘-이묘라는 조상제사의 공간으로 구분되는 혈연 질서의 각 단계와도 어느 정도 대응되는 모습을 보여 준다고 한다.* 이러한 문헌 및 금문 자료의 분석이 유효하다면, 서주 시기 종족은 5대를 기준으로 결합하는 이른바 '소종'이 혈연 질서의 하위를 이루면서 그 상위의 '대종(大宗)'과는 서로 상대적으로 독립적이지만 긴밀하게 연결되어 연쇄형의 고리로 묶여

---

* 地澤優, 『「孝」思想の宗教學的研究-古代中國における祖先崇拜の思想的發展』, 東京大學出版會, 2002, 64~81쪽.

있는 상호의존적인 혈연집단이었음을 알 수 있다.

그렇게 다층적인 구조로 연쇄되어 있는 '종족'의 구성 원칙이 바로 종법제도이다. 실제 당시 사실을 어느 정도 반영해서 후대 유가들이 정리했던 몇 가지 중요한 종법제도의 원칙은 대략 다음과 같다. 즉, 1) 적장자 계승제(嫡長子繼承制), 2) 대종-소종의 구분, 3) 백세불천(百世不遷), 오세즉천(五世則遷), 4) 별자위조(別子爲祖), 계별위종(繼別爲宗), 5) 오등복제(五等服制), 6) 대공공재(大功同財) 등이다.* 이러한 원칙들이 실제 서주의 종족 질서에 그대로 적용되었다고 보기에는 어려울 것이다. 다만 이 중에서 '적장자 계승제'는 '종족'이 부계의 직계 혈연조직이라는 점에서는 하나의 이념형으로서 '종족'의 성격을 결정짓는 중요한 원칙이었고, 대체로 동일 세대에서 장자 계승의 방법으로 실제 적용되었다고 이해하는 편이 무난할 것이다. 중요한 것은 정치적·종교적 우월성을 가진 '대종' 아래에 광범위한 혈연적 결합을 유지하면서도, 5대를 기준으로 독립적인 '소종'이 계속 분열해 나간다는 구성 방식이라고 할 수 있다. 그리고 또 중요한 것은 적장자 계승을 이념형으로 하면서 정치적으로는 군주가 되는 '대종'에게 조상제사의 독점적인 권리를 부여해서 그 우월성을 확보해 가는 방식이다.

* 徐揚杰, 『中國家族制度史』, 人民出版社, 1992, 108~115쪽.

제후의 자식은 공자라고 칭하는데 공자는 선군을 이묘에서 제사 지낼 수 없다. 공자의 자식은 공손이라고 칭하는데 공손은 제후를 조묘에서 제사 지낼 수 없다. 이는 비속을 존장과 구별한 것이다.[*]

제후는 감히 천자를 조묘에서 제사 지낼 수 없다.[**]

위의 기사에서 볼 수 있듯이 결국 각 분화된 단계의 수장인 종자들만이 제사를 독점하면서, 이를 통해 혈연조직 내 자연스러운 연령 질서[長幼]와 부모 자식[親親]의 관계보다도 더 인위적이라고 할 수 있는 존존(尊尊)의 위치에 있는 종자가 우월한 위치에 서게 된다. 혈연조직 내에서 존존의 우위, 달리 말하면 정치권력의 우위는 종족에 기반하는 서주 정치 제도에서 주왕, 즉 군통(君統)의 우위와도 직접적으로 연결된다. 그리고 이는 서주 시기 효가 자연스러운 부모 자식 간 친친의 감정보다는 좀 더 인위적인 종족 질서 내 정치적 권력을 뒷받침하기 위한 이념형이었다고 볼 수 있는 근거이기도 하다.

이러한 서주 종족 구성의 원리는 아직은 과도기적인 상대 혈연조직의 형태에서 한 단계 더 진전해서 더욱 배타적인 방식으로 자

---

* 『儀禮』 喪服 · 大功, '君爲姑姉妹女子子嫁於國君者'의 傳, '諸侯之子稱公子, 公子不得禰先君, 公子之子稱公孫, 公孫不得祖諸侯, 此自卑別於尊者也.'
** 『禮記』 郊特牲, '諸侯不敢祖天子.'

신들의 정치적 이익을 도모하는 결사체의 형태를 띠고 있었음을 확인해 준다. 그렇다면 이렇게 진전된 방식으로의 혈연조직의 구성은 어떠한 역사적 맥락에서 가능한지, 서주 시기의 시대적 상황과 관련해서 살펴볼 필요가 있다. 그러한 점에서 함께 살펴보지 않을 수 없는 것이 이른바 서주 봉건이라는 정치 질서의 성립이다.

상을 멸망시키고 등장한 주는 광대한 동방의 신 점령지와 다수의 피지배민을 지배해야 하는 어려운 정치적 과제에 직면하고 있었다. 한편 관숙·채숙의 반란과 같이 주족 내부의 단결을 위협하는 내부의 모순과 분열도 쉽사리 해결하기 어려운 과제였다. 정권 안팎으로 직면한 난제를 해결하기 위해 주 왕조의 통치자들은 먼저 그들의 지배 혈연집단인 주족을 더욱 강고하게 결속시키기 위해 먼저 그들의 고유한 혈연조직에 기반해서, 상대보다도 더욱 배타적·수직적으로 종족 내부를 결속하는 종법제도에 의거한 종족을 형성했다.

그리고 왕조의 정치 제도로서 새로운 동방 점령지에 주족과 동맹 부족을 무장 식민하는 방식으로 취약한 주 왕조의 외곽을 방어하는 봉건을 실시했다. 주초 집중적으로 이루어진 봉건은 물론 논공행상의 성격도 있었겠지만, 그 핵심은 노·제·위와 같이 새로운 점령지의 전략 요충지에 동성·인친 제후를 분봉하여 피정복민을 통제하고 당시 가장 위협이 되었던 동이·회이 등을 제압하는 주의 방어선 역할을 수행하는 것이었다. 봉건의 기본은 종족이 대종에서 소종으로 분화해 가는 특유의 종법제도에 따른 것으로, 주왕조의 통치 방식은 종법제도와 봉건제도가 결합한 종법봉건제도라고 지칭할 수 있다. 즉, 주왕은 정치적으로는 각지에 분봉된 제후들과 군신 관계에 있으면서, 다른 한편으로 종법제도의 대종과 소종이라는 혈연적인 상하 관계에 위치함으로써 그 상호 의존적인 결속 관계를 더욱 강화시킬 수 있었다.

그런데 이처럼 서주 시기 혈연조직의 구성 원리와 정치권력의 통치 제도가 결합할 때, 양자를 강하게 묶어 주는 관념으로 바로 효 개념이 만들어졌다고 볼 수 있다. 당시 금문 자료에서는 주로 조상 제사라는 의미로 사용되었지만, 효가 본래 '부모를 봉양'한다는 윤리적 행위에서 출발하는 것인지, 아니면 '조상제사'라는 종교적 행동에서 유래하는지 선후 관계를 확정할 수는 없다. 다만 서주 초기의 시대 상황에서 유추할 때, 상대까지는 아직 의미가 분명하지 않았던 효라는 글자에 서주 시기가 되면 수직적 질서에 대한 절대복종의 의미가 부여되었고, 이는 당시 혈연조직과 정치조직 더 나아가 종교적 질서가 완전히 분리되지 않았던 상황에서 군신 관계의 '충'과 당시 일종의 '덕(德)'이라고도 표현할 수 있는 하늘[天] 숭배까지 모두 포괄할 수 있는 개념이 만들어진 것이다.

* 杜正勝, 「周代封建的建立」, 『歷史語言硏究所集刊』 第50本, 1979 참고.

그래서 서주 시기 효에 대한 이러한 의미 부여는 자연스럽다기 보다는, 어느 정도 왕조의 통치 질서를 안정시키려는 의도에서 강력한 복종의 이념을 제시할 필요가 있었던 주 왕조의 지배층에 의해 이념형으로 제시된 정치적 목적이 강했다고 볼 수 있다. 따라서 절대복종의 효개념은 조상제사에 사용되었던 청동 기물의 제작에도 그대로 반영되어, 주왕에 대한 충성의 표시를 조상에 대한 효의 표현으로 드러내는 관용적인 문구로 사용되었다.* 따라서 금문에서 효의 관용적인 표현의 반복은 어떤 의미에서는 제기를 만든 귀족들의 주왕에 대한 충성의 표시에 다름 아니며, 다른 의미에서는 이러한 효의 제창이 본래 주 왕조 통치자들이 의도했던 목적이었다고 할 수 있다.

그리고 문헌 자료인『시경』의「재견(載見)」,「기취(旣醉)」,「민여소자(閔予小子)」,「천보(天保)」등은 모두 조상에게 제사 지내는 모습을 노래한 시이다. 여기에서 표현되고 있는 효도 금문과 같이 후손이 조상을 잘 받들어 봉양한다는 의미로 해석하는 것이 자연스럽다. 효 자가 사용된 또 다른 세 편의 시「하식(下式)」,「문왕유성(文王有聲)」,「권아(卷阿)」도 효를 조상에게 제사를 잘 지낸다는 의미로 해석이 가능하기 때문에,『시경』에서 사용된 효는 모두 '조상제사'의 의미라고 할 수 있다. 이처럼 문헌에 나타나는 서주의 효가

* 査昌國,「西周"孝"義試探」,『中國史硏究』1993-2.

모두 조상제사의 뜻으로만 사용된 것은 어떤 의미에서는 살아 있는 연장자, 특히 부모를 대상으로 할 경우 나타날 수 있는 주왕 이하 혈연 질서의 각 단계의 수장과 생래적인 직계 혈속(조부·부) 사이의 모순과 충돌을 회피하고자 하는 의도도 있었기 때문이다. 또한 금문 자료에서 서주 중·후기에 효의 용례가 집중되는 현상도 점차 주왕의 통치력이 이완되어 가는 상황에서 역설적으로 주왕에 대한 변함없는 충성을 청동 제기 명문의 관용적인 표현을 통해 강조했던 것으로 볼 수 있다.

한편 조상제사로 표현되는 효 용례는 제사 참여자에게 또 다른 심리적 경향이 생겨나게 한다. 즉, 제사의 집행자인 혈연조직 내 종자 및 연장자에게 순종하는 윤리로서 효관념의 발생이다. 본래 의도에서 효개념은 조상제사를 충실하게 거행함으로써 통치자인 주왕에게 귀족들이 충성을 표시하는 방식이었지만, 여기서 제사 주재의 권리를 가진 종자에 대해서도 제사에 참가하는 각 종족 구성원들이 복종해야 한다는 관념이 파생되었다고 할 수 있다. 즉, 서주의 효관념은 본래 주왕에 대한 서주 귀족들의 충성을 내면적으로 뒷받침하는 이념형으로 생겨났으며, 여기서 더 나아가 종족과 종법제도라는 서주 시기 혈연 및 사회 질서를 규정하는 핵심적인 가치체계가 되었다.

3장

선진 효의 사상적 전개와 제자백가

주 왕조가 쇠퇴하고 지배 귀족들의 종족 질서가 이완되어 가는 춘추시대에도 여전히 효는 '조상제사'라는 의미로 사용되고 있다. 하지만 종족 질서 내 엄격한 복종의 윤리였던 서주의 효관념은 점차 직계 부모에 대한 자식의 순종 윤리로 그 범위가 축소된다. 효가 기본적으로 혈연 질서에 따른 관념이라는 점을 감안할 때, 이는 종족 질서의 이완과 가족의 출현이라는 선진 시기의 사회적 변화가 그대로 반영되어 있다고 볼 수 있다. 그리고 이러한 변화 속에서 서주 금문에서 보았던 효의 기능은 실제 약화될 수밖에 없을 것이다.

하지만 서주의 봉건 정치 질서가 해체되고 선진 시기 격렬한 정치·경제·사회적 변화를 거쳐 점차 강력한 중앙집권 전제 군주 권력이 형성되는 흐름과 맞물려, 본래 효관념이 가졌던 순종의 정치성은 국가권력의 효율적인 대민 지배의 측면에서 주목받게 된다. 즉, 서주 시기보다 한층 복잡하고 다양해진 정치·경제·사회적 관계와 그 결합태는 전제 군주 권력의 지배하에 상호 의존적으로 각각의 제 역할을 수행해야 하는데, 국가권력의 입장에서는 직접적이고 폭력적인 통제보다는 스스로의 자율적인 통제 기제를 내면화하는 것이 보다 효율적일 것이다. 이러한 목적에 가장 적합한 가치 체계가 바로 서주 이래 순종의 효관념이다.

일찍이 노르베르트 엘리아스가 국가권력이 자기 지배 영역 내의 물리적 폭력을 독점하고 그 내부를 장기적으로 안정화시키면서,

이와 맞물려 사회 구성원들의 행동을 외부 통제에서 내부 통제로 규범을 내면화하는 이른바 '문명화 과정'을 함께 진행한다고 설명했던 바로 그 부분인 것이다.[*] 즉, 중국 고대사회에서도 이와 같은 '문명화 과정'이 봉건 지배 귀족들의 사적이자 산재하는 폭력이 점차 군주 권력의 공적 폭력으로 독점되어 가는 흐름과 맞물려 진행되었다고 할 수 있다.[**] 그래서 비록 공자가 예악의 제정자로 서주의 주공 단을 존숭하고 서주의 봉건 예악을 따라야 할 이상적인 전범으로 설정했음에도 불구하고, 실제로는 공자 이래로 선진 시기 강력한 왕권 아래 일반적·보편적으로 적용할 수 있는 예가 문명화된 신민의 내면화된 자기통제의 규범으로 체계화되는 과정을 겪게 되는 것이다. 그리고 그러한 예의 문명화 중에서도 효는 위로는 국가권력의 필요에 적합했고 아래로는 일반 민들의 일상의 삶에 수용 가능한 보편 가치를 담고 있었기 때문에 특별히 중시되어, 체계적인 '사상화-제도화-법제화-이념화-종교화'라는 전형적인 문명화의 각 단계를 거치게 된다.

3장에서는 본격적으로 효가 복종과 지배의 가치체계로 국가권력과 밀접한 관계를 가지게 되는 전제로서, 서주 이래 실제 효의 변화를 수용하면서 선진 제자백가들이 어떻게 효의 가치에 주목하여 각

[*] 노르베르트 엘리아스/박미애 옮김, 『문명화과정』 II, 한길사, 1999 참고.
[**] 『史記』 卷68, 商君列傳, 2230쪽, "爲私鬪者, 各以輕重被刑大小."

각의 다양한 논의를 전개하면서 추상적인 사상화의 과정을 거치는지 살펴보고자 한다. 특히 혈연 질서 내의 윤리였던 효가 국가권력의 통치 질서로까지 확장되는 사상적 배경을 제공한다는 점에서 이른바 효치론을 중심으로 선진 시기 효에 관한 언설들을 검토한다.

춘추시대 종족 질서와 효개념의 변화

기원전 771년 유왕의 패사와 서주 멸망 이후, 평왕의 동천으로부터 기원전 221년 진시황의 통일까지 500여 년간 이른바 춘추전국시대에 중국 고대사회는 근본적인 변화를 겪게 된다. 그 변화 중 하나로 서주의 종족 질서도 급격한 변화를 겪게 되는데, 종족의 핵심 윤리였던 효관념의 변용도 당연하다고 할 것이다. 그런데 효는 종족의 윤리관으로, 특히 서주시대의 효는 '조상제사'를 의미하면서 주왕을 비롯한 지배층의 권력을 뒷받침하기 위한 목적에서 강조되었으므로, 주왕을 비롯한 당시 지배 종족집단들이 서주말 어떤 상황에 직면했는지 먼저 고찰해볼 필요가 있다.

서주의 봉건 정치 질서를 내면적으로 뒷받침하는 종법제도는 혈연에 기반하는 차등적 신분 질서이다. 그런데 종족 내 연령 질서에 따라 의무와 권리를 갖게 되는 종법상의 원칙은 종족 결합을 강화하면서도 종자인 주왕과 종족 내 제부(諸父)인 제후 사이에는 항상 정치적 긴장과 충돌을 불러올 여지를 가지고 있었다.* 예를 들어 주선왕 때 분봉된 정(鄭)은 다른 제후국에 비해 분봉 시기가 늦어 춘추 초기까지도 여전히 주 왕실과 혈연관계가 친밀했다. 따라서 정은 서주말 춘추초 격변하는 정치 상황에서 주 왕실의 일에 적극적으로 간여했으며 한편 충돌도 많이 발생했다. 정의 경우에서 종족 내 연장 서열의 의무와 존중이라는 종법 관념을 엿볼 수 있으면서도, 정치 현실에서 종족 내 연장 서열과 종자인 주왕 사이에 충돌의 가능성도 있었음을 알 수 있다.**

또한 '백세불천, 오세즉천'이라는 종법 원칙은 대종과 소종의 관계가 끊어질 수 없음을 강조하지만, 5대가 지나면 분족하여 새로운 종을 만들면서 종족은 무한히 확대 분열할 수 있게 한다.*** 이런 혈연제도가 가지는 장점은 종족 간 생존경쟁이 극심했던 당시 수장을 중심으로 강력하게 결속하면서도, 집단 내부의 경쟁을 완화시키고 전체 구성원이 팽창에 따른 혜택을 차등적이지만 공동으로 향유할 수 있다는 것이다.**** 하지만 이 제도가 제대로 기능하려면

---

* 周伯戡,「孝之古義考」,『傅樂成敎授紀念論文集中國史新論』, 學生書局, 1985, 57~60쪽 참조.

** 『春秋左傳』僖公24年, "今天子不忍小忿以棄鄭親, 其若之何? 鄭有平惠之勳, 又有宣之親, 棄嬖寵而用三良, 於諸姬爲近, 四德具矣."

*** 『禮記』大傳, "有百世不遷之宗, 有五世則遷之宗. 百世不遷者, 別子之後也, 宗其繼別子之所自出者, 百世不遷也. 宗其繼高祖者, 五世則遷者也."

**** 李春植,「西周宗法封建制度의 起源問題」,『東洋史學硏究』제26집, 1987, 35~37쪽.

종자 자신의 힘이 전체 구성원들을 통제할 수 있을 만큼 강력해야하고, 족인들의 분족은 종자의 본읍과 정치·군사적 상호 의존 관계를 제대로 유지할 수 있어야 한다. 또 끊임없이 분족, 재분족하는 종법의 특성상 점유 가능한 토지와 인민이 지속적으로 확보되어야한다.

그런데 만약 주 왕실의 힘이 약해지면 원거리에 분봉된 제후와 긴밀한 상호 의존 관계를 유지하기 힘들어지며, 토지를 매개로 분봉·분족하는 봉건의 원리에 비추어 외부로의 확대 발전이 정체되면 지배 혈연집단의 내부 경쟁이 격화될 가능성이 높아진다. 그래서 주 왕실은 강력한 중앙군의 무력에 기반해서 동방 제후를 통제하기 위한 낙읍의 건설, 정기적인 주왕의 순수와 제후의 조근, 지속적인 원정 등의 방법을 통해 종법봉건질서의 위험을 방지하고자 했다. 하지만 주초의 대규모 분봉 이후 봉건은 정체되고 더 이상 무장 식민을 할 수 없게 되면서,* 주 왕실의 강력한 중앙군은 점차 약화된다. 즉, 서주 왕실의 무력은 주왕의 직할지인 왕기에 기반했기 때문에, 봉건이 정체되어 분족이 왕기 내로 고정되면서 주 왕실의 내부 경쟁은 안으로 더욱 격화되었고 그 힘은 갈수록 약화되었던

---

* 무왕 때 일부 분봉이 실시되고, 성왕 때 주공이 동방 원정을 완수한 후 동방 신 점령지에 대규모 분봉이 실시된다. 다음 강왕(康王) 때 주변 이민족을 정복하고 식민 활동을 전개하면서 분봉했으나, 그 이후는 정(鄭)·진(秦) 이외에는 분봉 사례를 찾기 힘들다.

것이다.*

반면 제후국들은 분봉받은 봉지에서 점차 이질적이고 적대적이
었던 토착 세력과 결합하고 토지와 직책 및 인민을 배타적으로 세
습하면서, 주 왕실과는 분리된 독자적인 힘과 혈연조직을 가지게
된다. 따라서 주왕과 제후 간의 종법 봉건의 권리와 의무는 명분으
로만 남게 되고 실제로 기능하기 어려워진다. 즉, 안으로 내부 경
쟁이 격화되고 밖으로 제후국과 소원해지면서 주 왕실은 종법제도
에 기반하는 종족 결합이 안팎으로 해체되는 길을 걷게 되는 것이
다. 이러한 종족 결합의 이완은 주 왕실에 이어서 봉건 제후국들도
마찬가지의 과정을 겪게 된다. 먼저 노·정·위·송 등 중원 열국들
이 외부로의 영토 확대가 한계에 부딪치면서, 점차 공실이 약화되
고 유력 세족 간의 내부 투쟁이 격렬해진다. 반면 변방에 위치했던
제·진·초·진 등은 주변 이민족과 부단히 접촉하면서 영토를 계속
확대할 수 있어 대국으로 발전할 수 있었고 지배층 내부의 투쟁도
비교적 늦게 시작되었다.**

춘추시대 각국의 정권을 장악했던 대표적 유력 세족으로 정의

* 주 왕실의 내부 경쟁이 갈수록 격화되는 경향은 왕위 계승 분쟁의 양상을 통해
알 수 있다. 서주 멸망의 직접적인 원인이 된 유왕의 패사는 태자 의구(宜臼)와
서자인 백복(伯服)의 계승 다툼에 기인했고 동천 후 계승 분쟁은 더욱 심해지는
데, 이는 서주의 왕위가 비교적 안정적으로 적장자 계승이 이루어지는 모습과 비
교된다.
** 李春植, 『事大主義』, 고려대학교출판부, 1997, 154~156쪽 참조.

칠목(七穆), 위의 손씨(孫氏)·영씨(甯氏), 노의 맹손씨(孟孫氏)·숙손씨(叔孫氏)·계손씨(季孫氏), 제의 전씨(田氏)·고씨(高氏)·국씨(國氏)·포씨(鮑氏), 진의 한(韓)·위(魏)·조(趙)·지(知)·범(范)·중항씨(中行氏) 등이 있다.[*] 이들은 공실을 무력화시키고 국정을 교대로 담당하면서 일련의 개혁[**]을 통해 자기 세력을 확대하는데, 이 과정에서 패배한 세족들은 모든 정치적·경제적 특권을 상실하고 더는 종족을 유지할 수 없을 정도로 몰락하게 된다.[***] 이런 내부 투쟁은 결

[*] 춘추시대 공실에서 갈라져 나온 동성 유력 세족으로 노의 삼환씨(三桓氏)와 정의 칠목(七穆)이 대표적이다. 노의 삼환씨는 환공(桓公)의 후손인 계손씨(季孫氏)·맹손씨(孟孫氏)·숙손씨(叔孫氏)이고, 정의 칠목은 기원전 7세기 말에 재위했던 목공(穆公)의 후손인 양씨(良氏)·유씨(游氏)·국씨(國氏)·한씨(罕氏)·사씨(駟氏)·인씨(印氏)·풍씨(豐氏)이다. 이들은 공실에서 떨어져 나와 새로운 경대부의 종족 질서를 형성했고, 점차 동종 의식이 희박해지면서 각 종족은 독자의 길을 걸으면서 서로 대립해 간다. 이 과정은 춘추시대 귀족정치의 실상뿐만 아니라 공실에서 경대부로 종족 질서가 분화 해체해 가는 모습을 잘 보여 준다. 이러한 과정에 대해서는 우츠키 아키라[宇都木章]의 「鄭の七穆- 子産の立場を中心として-」(『中國古代史硏究』 3, 中國古代史硏究會編, 雄山閣, 1969) 및 「魯の三桓氏の成立について(一)」(『中國古代史硏究』 4, 中國古代史硏究會編, 雄山閣, 1976)에 잘 정리되어 있다.

[**] 춘추시대 일련의 개혁은 전통적인 국·비읍의 이중 구조를 무너뜨리고 종래 농경에만 종사하고 군사적 부담을 지지 않던 비·읍민도 효율적으로 수취하려는 목적을 가지고 있었다. 진의 작원전(作爰田)·작주병(作州兵), 정의 작구부(作丘賦), 노의 초세무(初稅畝)·작구갑(作丘甲)·용전부(用田賦) 등이 모두 춘추시대 토지제도 및 수취 체제의 개혁들이었다. 그리고 이는 유력 세족들이 자신의 사적 경제적·군사적 기반을 강화시켰다는 데 본질이 있다(李成珪, 『中國古代帝國成立史硏究-秦國齊民支配體制의 形成-』, 一潮閣, 1984, 12~34쪽 및 李成九, 「春秋戰國時代의 國家와 社會」, 『講座中國史 I』, 지식산업사, 1989, 105~13쪽 참조).

[***]이런 상황은 진나라 숙향(叔向)의 말에서 잘 드러나고 있다. 『春秋左傳』 昭公3年, "欒郤胥原狐續慶伯降在隸, 政在家門, 民無所依. 晋之公族盡矣. 聞之, 公室將卑, 其宗族枝葉先落, 則公室從之. 之宗十一族, 唯羊舌氏在而已."

국 자기 종족의 분족·재분족을 가능케 하기 위한, 다시 말하면 종족 유지에 필요한 물질적 제 조건을 충족하기 위한 생존의 몸부림이었다고 할 수 있다. 결국 세족 간 극한투쟁의 결과로 유력 세족의 대부분이 몰락했고,* 승리한 소수의 승자만이 토지와 인민을 독점하면서 전국시대 강력한 왕권에 기반하는 왕국으로 발전해 간다. 이와 같은 중국 고대 춘추에서 전국으로의 정치적 과정은 노르베르트 엘리아스가 언급했던, 유럽의 중세 봉건 질서가 경쟁과 독점의 과정을 통해 해체되고 절대왕정을 거쳐서 중앙집권 근대 국가로 성립하는 일련의 '문명화 과정'의 역사적 맥락과도 유사한 모습이어서 비교할 만하다.**

공실의 무력화 및 유력 세족 간 상호 병탄과 멸망은 춘추시대 전반에 걸쳐 지배 귀족들의 몰락을 가져왔으며, 자연히 지배 종족 내부를 규율하고 있었던 종법 질서는 이완되지 않을 수 없었다. 따라서 종족 질서를 뒷받침하고 있었던 효관념도 자연히 동요될 수밖에 없는데, 아래 『시경』 왕풍(王風)·갈류(葛藟)의 구절을 보면 당시의 이러한 정황이 잘 묘사되어 있다.

---

* 허탁운(許倬雲)은 춘추시대 이러한 유력 세족의 몰락 현상에 대해서 분석하면서 '귀족들의 집단자살'이라는 표현을 쓰기도 한다(許倬雲, 「春秋戰國間的社會變動」, 『求古編』, 臺北:聯經出版事業公司, 1982, 319~352쪽 참고).

** 『문명화과정 II』(노르베르트 엘리아스 저/박미애 옮김, 한길사, 1999)의 제2장 국가의 사회발생사 부분 참고.

끊어질 듯 길고 긴 칡넝쿨 물가에 뻗어 있네. 형제들은 멀리 있고 다른 사람을 나의 아비라고 하네. 다른 사람을 나의 아비라 하지만 나를 돌보지도 않네.*

이 시는 춘추초의 작품으로 알려져 있는데, 일족과 헤어져 보호받지 못하는 고달픈 처지를 비관하는 내용으로 일관하고 있다. 이처럼 절절하게 표현하듯이 서주말에서 춘추초의 격변하는 시대는 그 시기를 살아가는 사람들에게 이전까지 자신의 안전한 보호망이었던 종족 질서에서 강제로 유리되어 고달픈 삶을 살아가게 하였다. 이렇게 폭력에 일상적으로 노출된 시대를 거치면서 자연히 효의 의미도 변화하게 된다.

서주 금문에서 사용되었던 '조상제사'라는 효의 의미 자체는 일단 춘추 시기 금문에도 기본적으로 그대로 사용되고 있음을 확인할 수 있다. 아래 인용하는 춘추 이후의 금문 몇 건을 보면 앞서 서주 금문의 효 용례와 동일하다.

王子午鼎; 用享以孝于我皇且文考(『集錄』72·205)

吳王光鑑; 用享用孝(『集錄』871·470)

---

* 『詩經』王風·葛藟, "綿綿葛藟, 在河之滸. 終遠兄弟, 謂他人父. 謂他人父, 亦莫我顧."

曾仲大父簋; 其用追孝于其皇考(『集錄』899·488)

乎簋; 用聖夙夜用享孝皇且文考(『集錄』938·548)

　이처럼 '조상제사'라는 기본적인 의미는 서주 시기에서 큰 변화
가 없지만, 효 용례의 출현 빈도수는 크게 격감하고 있다. 앞서 이
유민의 연구에서 서주 시기 효 용례는 64건인 데 비해 춘추 시기는
18건밖에 나오지 않으며, 이케자와 마사루의 연구에서도 서주 시
기 69건에 비해 춘추 시기는 35건밖에 안 된다. 이러한 외견상의
감소에서 효의 중요성이 상대적으로 낮아졌다고 일단 생각할 수도
있지만, 금문의 전체 수량에 비해 이 정도의 사례로 어떤 의미 있는
양적인 결론을 낼 수 있을지는 다소 조심스럽다. 특히 앞서 보았듯
이 금문에서 효는 정해진 문맥 내에서 제작자의 자의적인 선택에
따라서 관용적으로 사용되는 경향이 있기 때문에, 사용 빈도수의
변화만을 가지고 효의 의미가 약화되었다는 결론을 내리기는 무리
가 있다.

　다만 한 가지 분명한 점은 효의 범위는 상당히 축소된다는 사실
이다. 즉, 서주 시기 효가 포괄하는 범위는 직계 조상만이 아니라
대종·형제·붕우·인친 등 종족의 전체 범위를 망라하지만, 춘추 시
기는 오직 직계 조상만을 대상으로 하고 있다.[*] 그리고 이케자와

---

[*]　李裕民, 「殷周金文中的孝和孔丘孝道的反動本質」, 『考古學報』 1974-2, 24~26쪽
　　참조.

마사루의 지적에 따르면, 제사 참가자로 '가(家)'가 언급되는 것도 춘추 시기부터이다.[*] '가'의 범위에 대해서는 논자마다 입장이 다르지만, 종족보다 좀 더 협소한 범위의 혈연을 가리킨다는 점은 분명하다. 따라서 서주 시기에 비해 춘추 시기에 제사의 범위나 효의 대상이 축소된다는 점은 어느 정도 인정할 수 있을 것이다.

또 서주 시기 청동 기물이 주로 서주의 왕기 지역인 지금의 섬서성에서 집중적으로 출토되고 명문의 효도 주로 '조상제사'를 통해 주왕에 대한 영원한 충성을 강조하는 관용적 용법이었다면, 춘추 시기는 청동 기물이 각 제후국마다 골고루 나오면서 제후 및 경대부들이 독자적으로 제작해서 자기 종족의 지위를 과시하고 안녕을 기원하는 방식이 많아진다.[**] 이는 당시 주 왕조의 쇠락과 동천이라는 역사적 사실의 반영이겠지만, 효의 측면에서도 서주 시기는 주왕을 정점으로 하는 지배층 중심의 질서 관계를 반영한 것이라

---

[*] 地澤優, 『「孝」思想の宗教學的研究-古代中國における祖先崇拜の思想的發展』, 東京大學出版會, 2002, 99~100쪽.

[**] 白川靜, 『金文の世界-殷周社會史』, 平凡社, 1971, 255~272쪽 참조. 시라카와 시즈카[白川靜]에 따르면 종래 주의 왕기를 중심으로 번영했던 청동기 문화가 춘추에 접어들면서 지역별로 독자적인 발전을 보여 진(秦)·진(晋)의 서북계, 정(鄭)·송(宋)의 중토계(中土系), 제(齊)·노(魯)의 동방계, 오(吳)·초(楚)의 남방계로 구분되는 지역 문화권을 형성한다고 한다. 또 심재훈도 일련의 논문에서 서주 청동 예기를 기준으로 문화적 일체가 확인되면서 또한 지역적 독자성을 보여 주는 추이를 살펴보는 연구를 진행했다. 심재훈, 「曲沃小宗과 上郭村 墓地: 春秋 初 晉國의 새로운 발전」, 『중국사연구』 33, 2004; 「西周 청동예기를 통해 본 중심과 주변, 그 정치 문화적 함의」, 『동양학』 51, 2012 등.

면, 춘추 이후는 각 제후국에서 토착화된 종족 내부의 효를 강조하고 있는 것이다.

이와 관련해서 강학위는 춘추시대 효가 동요하는 모습이 지역별로 차이를 보인다고 지적하고 있다. 즉, 노를 중심으로 전통적인 중원 제후국들은 여전히 서주 이래의 예악을 보존하는 모습을 보이지만, 진·초·진·연·제 등 상대적으로 주 왕조와 혈연관계가 소원하거나 이민족과 접촉이 많았던 제후국들은 일찍부터 효관념이 무너지는 양상을 보인다는 것이다.[*] 이케자와 마사루도 서주 시기 신하 쪽에서 청동 기물의 효 용례를 사용해서 주왕에 대한 충성을 강조하는 데 비해, 춘추 시기의 효는 군주의 제사에 신하가 참가하는 형식이 증가하면서 군주 측에서 신하에게 충성을 강조하는 경향 속에서 사용된다고 했다.[**]

대체로 이러한 분석에 따르면 춘추 시기 효는 서주 왕조의 쇠락과 각 제후국들의 상대적인 자립을 그대로 반영하고 있으며, 또한 기존에 주왕에 대한 충성을 강조하는 형식의 표현에서 이제는 범위가 보다 축소된 종족의 지위를 강조하고 그 안녕을 기원하는 형식으로 변하면서 외부로도 이러한 효의 형식을 통해 자기 종족의 우위와 결속을 강조하는 방식이 두드러진다고 할 수 있다. 다시 말

[*] 康學偉, 『先秦孝道研究』, 吉林人民出版社, 2000, 111~118쪽.
[**] 地澤優, 『「孝」思想の宗教學的研究-古代中國における祖先崇拜の思想の發展』, 東京大學出版會, 2002년, 103쪽.

하자면, 서주 시기는 종족의 지위를 안정적으로 확보하기 위해서 주왕을 중심으로 하는 종법 질서에 순응하는 효였다면, 춘추 시기는 종족 스스로의 지위와 힘을 강화해서 다른 종족과의 경쟁에서 우위에 서고자 하는 효로 변해 갔다고 할 수 있다.

이처럼 효가 춘추 이후에도 그 표현 방식이나 대상이 변하면서도 계속 의미를 상실하지 않았던 것은 다음의 세 가지 이유를 들 수 있다. 먼저 서주의 종법제도가 기존의 정치적인 역할은 상실해 갔지만, 앞서 언급했던 종법제도의 여러 원칙들은 그대로 고대 중국인들의 예적 세계 내에서 중요한 위치를 차지하고 있었기 때문이다. 둘째로 공자 이래 유가 사상가들이 효를 특별히 중시해서 자신들의 사상에 부합하는 하나의 실천 윤리로 의미를 부여한 데에 그 원인이 있다. 셋째는 특히 전국 이후 확립되어 가는 전제 군주 권력이 효를 국가 법체계 속으로 포함시켜, 통치 이념 및 대민 지배의 방법으로 활용하려 했던 측면이다.

여기서는 우선 첫 번째 이유에 대해서만 구체적으로 이야기하고자 한다. 즉, 현실 세계에서 봉건 질서를 내적으로 뒷받침하는 종법제도의 정치적 역할은 점차 의미를 잃어 갔지만, 춘추 이후에도 종법상의 원칙들은 일종의 가치관을 형성하였고 이것은 그대로 당시의 예적 질서 내에서 구체화되었다. 그래서 혼례나 상사(喪事) 같은 의례적인 행사에서 종법의 규범은 여전히 존중되었으며,˙ 춘추오패의 경우처럼 위정자들에게는 도덕적 명분을 제공하기도 하였다. 이런 맥락에서 춘추시대 효(孝)의 내용을 『춘추좌전』내의 용례를 통해 확인해 보고, 그 의미가 서주시대에 비해 어떤 변화를 보이는지 살펴본다.

『춘추좌전』은 유가의 사상이 담겨 있는 중요한 경전이고, 문헌이 성립하는 시기도 전국시대에서 한대에 이르기까지 상당한 논란이 있어서 그대로 이용하기에는 상당한 주의가 필요하다. 그럼에도 『춘추좌전』은 유가 사상으로 분식되거나 후대에 부회된 부분 이외에 춘추 당시의 시대 상황을 그대로 전해 주고 있는 원사료로서의 가치 또한 부정할 수 없다. 그러므로 『춘추좌전』에 나오는 효 사례를 수집하여 검토하면 어느 정도 춘추시대 실제 효의 모습을 찾아볼 수 있을 것이다.

『춘추좌전』에서 효를 언급하고 있는 사례는 모두 12건이 있다. 이 12건을 순서대로 정리하면 다음과 같다.

---

* 일찍이 고염무(顧炎武)는 춘추시대 제후국 간의 외교 질서에서 여전히 이 종법 원칙들은 의례적으로 중요한 의미를 가지면서 각국은 혼인 및 상사 같은 의례에 지속적인 연락을 주고받았는데, 이러한 의례의 유지는 이후 전국시대와는 확연히 구분되는 중요한 특징이라고 지적했었다. 『日知錄集釋』卷13, 周末風俗, 岳麓書社, 1994, 467쪽, "如春秋時, 猶尊禮重信, 而七國則絶不言禮與信矣. 春秋時, 猶宗周王, 而七國則絶不言王矣. 春秋時, 猶嚴祭祀, 重聘享, 而七國則無其事矣. 春秋時, 猶論宗姓氏族, 而七國則無一言及之矣. 春秋時, 猶宴會賦詩, 而七國則不聞矣. 春秋時, 猶有赴告策書, 而七國則無有矣."

1) 영고숙의 효는 순정하구나! 자신의 어미를 아끼어 장공에까지 효행이 미치었으니.(정 장공과 영고숙(潁考叔)의 일화)*

2) 군주는 의롭고 신하는 행하며 아비는 자애하고 자식은 효를 하고 형은 아끼고 동생은 공경하니 이른바 육순(六順)입니다.(위 장공에게 간언하는 석분(石奮)의 말)**

3) (죽으라는) 명을 오로지 받들면 불효이고 또 자식이 불효를 두려워하면서 세워질 수 없음을 두려워하지 않고 죽어서 불효한 것은 도망가는 것만 못합니다. 그럴 수 없습니다. 아비의 명을 어기면 불효이고 (죽으라는 명을 따라서) 효를 하면 백성들이 편안해집니다. 그대는 그렇게 하도록 하십시오.(진 태자 신생과 대부들과의 대화)***

4) 무릇 군주가 즉위하여 인척들과 잘 지내어서 혼인을 맺어 원비를 맞이하여 조상의 제사를 잘 받드는 것이 효다. 효는 예의 시작이다.(노 양중(襄仲)의 납폐에 대한 평가)****

---

* 『春秋左傳』隱公 元年, "潁考叔, 純孝也, 愛其母, 施及莊公."
** 『春秋左傳』隱公 3年, "君義, 臣行, 父慈, 子孝, 兄愛, 弟敬, 所謂六順也."
*** 『春秋左傳』閔公 2年, "專命則不孝, 且子懼不孝, 無懼弗得立, 死而不孝, 不如逃之, 不可, 違命不孝, 孝而安民, 子其圖之."
**** 『春秋左傳』文公 3年, "凡君卽位, 好舅甥, 修昏姻, 娶元妃以奉盛, 孝也. 孝, 禮之始也."

5) (돌아가신 선군께서) 아끼는 이를 세우면 바로 효이고 오랜 우호 관계를 잘 맺으면 즉 편안해집니다.(진 영공 즉위 때 조맹(趙孟)의 말)[*]

6) 효·경·충·신은 길덕이고 도·적·장·간은 흉덕이다.(공자복(公子僕) 시해 사건에 대한 계문자(季文子)의 평가)[**]

7) 이는 (군주가) 불효를 명하는 것입니다. 만약 불효를 제후들에게 명한다면 덕의 종류가 아니지 않겠습니까?(진이 제후(齊侯)의 모친 소동숙자(蕭同叔子)를 인질로 요구하자 이를 거절하는 제 빈미인(賓媚人)의 말)[***]

8) 경들의 자제에게 공·검·효·제를 가르친다.(진 도공(悼公) 즉위 때 기사)[****]

9) 사람의 자식으로 태어나서 불효를 근심해서 근심하지 않는 곳이 없어야 한다. 만약 효경할 수 있다면 계씨는 배로 번영할 수 있을 것이

---

[*] 『春秋左傳』文公 6年, "立愛則孝, 結舊則安."
[**] 『春秋左傳』文公 18年, "孝敬忠信爲吉德, 盜賊藏姦爲凶德."
[***] 『春秋左傳』成公 2年, "且是以不孝令也. 若以不孝令於諸侯, 其無乃非德類也乎?"
[****] 『春秋左傳』成公 18年, "使訓卿之子弟恭儉孝弟."

다.(노 계무자(季武子)의 아들 공과 민자건(閔子騫)의 대화)*

10) 자기가 죽어서 아비를 벗어나게 하면 효이고 공을 헤아려서 행하면 인이다.(초 오자서와 그 형 오상(吳尙)의 대화)**

11) 군주는 제대로 영을 내리고 신하는 공손하고 아비는 자애롭고 자식은 효를 하고 형은 아끼고 동생은 공경하며 남편은 화합하고 아내는 유순하며 시어미는 자애롭고 며느리는 말을 잘 듣는 것이 예이다.(제 경공과 안자(晏子)의 대화)***

12) 종족을 멸망시키고 제사를 없애는 것은 효가 아니다.(초 소왕을 살해하려는 투회(鬪懷)와 이를 말리는 형 투신(鬪辛)의 대화)****

이상『춘추좌전』의 12건 효사례 중 부모-자식 간의 윤리로 해석되는 사례는 1), 2), 3), 6), 7), 9), 10), 11)로 모두 8건이다. 특히 이중에서도 자식이 부친의 명령에 복종하는 것을 효라고 하는 경우는 3), 9), 10)이고, 부모에 대한 봉양을 의미하는 것은 1), 6), 7)이

* 『春秋左傳』襄公 23年, "爲人子者, 患不孝, 不患無所. 若能孝敬, 富倍季氏可也."
** 『春秋左傳』昭公 20年, "棄死免父, 孝也, 度功而行, 仁也."
*** 『春秋左傳』昭公 27年, "君令臣恭, 父慈子孝, 兄愛弟敬, 夫和妻柔, 姑慈婦聽, 禮也."
**** 『春秋左傳』定公 4年, "滅宗廢祀, 非孝也."

다. 2)와 11)은 가족 질서 내에서 자식 쪽의 윤리로 효를 열거하는 경우이다. 4)와 12)는 '조상제사'라는 효의 전통적인 의미를 담고 있다. 5)는 선대의 뜻을 후손이 잇는다는 의미이고 8)은 종족 내 자제들의 윤리로서 효를 제시하고 있다. 종합하면 『춘추좌전』 기사에서 효는 부모-자식의 관계에서 자식 쪽의 절대적인 복종 윤리로 제시되는 경우가 많으며, '조상제사'의 뜻이나 종족 내 윤리라는 전통적인 의미도 여전히 사용되고 있음을 알 수 있다.

그런데 『춘추좌전』에서 효가 자식 쪽의 순종 윤리로 제시되었을 때는 대개 부자간 격렬한 갈등 상황에 놓여 있는 경우가 많다. 즉, 1)의 정 장공이나 3)의 진 태자 신생의 경우를 보면 특히 후계 문제를 둘러싼 형제간의 투쟁과 이로 인해 부모와의 갈등이 매우 심각해진 상황에서 자식 쪽에서 취해야 할 태도로 효를 언급하고 있다. 이는 춘추시대에 이미 지배층 내에서 혈연 질서의 안팎을 구분하지 않고 치열한 갈등 국면에 들어간 상황이 잘 반영된 것으로 볼 수 있다. 그리고 이처럼 분명한 불효도 더는 서주 때처럼 무조건적인 '원악대대(元惡大憝)'의 큰 죄로 묻지 않고 어느 쪽에 잘못이 있는지 따지는 것도 춘추시대의 한 특징이라고 할 수 있다.* 그래서 위의 『춘추좌전』 기사는 실제 혈연 간의 갈등이 무력으로 해결되는 경

---

* 대표적으로 채 태자 반이나 초 태자 상신의 '시군살부(弑君殺父)'에 대한 당시의 반응을 보면, 일방적으로 자식의 행위에 대해서 비난을 하는 것이 아니라 군주이자 부친 쪽의 과실을 먼저 따지는 식이다.

우가 빈번한 상황에서, 또 그에 대한 평가나 해결책도 상황에 따라서 일정하지 않고 따라야 할 준거 기준이 명확하지 않은 상황에서, *하나의 해결책으로 '부친의 명령'에 절대적으로 복종해야 한다는 효개념이 제시된 것으로 보인다. 이는 사회 구성원 당사자 간에 직접적인 폭력으로 문제를 해결하는 방식이 특정 행동규범의 발달이라는 '문명화 과정'을 통해 자발적인 내면 통제의 방식으로 변화됨으로써 사회 내적 평화를 추구한다는 엘리아스의 설명과도 일맥상통한다고 할 수 있는 부분이다.

혈연집단 내에서의 대립이 이제는 일상적인 현실이 되어 버렸기 때문에, 종족 결합을 규율한다는 의미에서 기존의 종족을 포괄하는 범위의 효는 더는 기능하기 어려운 측면이 있었다. 그래서 금문 자료의 관용적인 표현에서는 여전히 효가 전통적인 '조상제사'의 의미로 사용되지만, 실제로는 춘추 시기 치열한 갈등 양상에 놓여 있었던 지배 종족 내에서 최소한의 혈연 질서로서 부자간의 권위만이라도 유지하기 위해 효를 내세울 필요가 있었다고 볼 수 있다. 따라서 서주 시기는 효가 종족 결합의 윤리이면서 주왕이나 종자와 같은 상위의 권력과 대비해서 오히려 부권을 억제하는 측면

---

* 신생의 경우 부친의 명에 따라 죽거나 아니면 죽는 것은 불효이므로 도망가야 하는 상황에서 어느 쪽이 효이고 불효인지 판단하기 어려운 가운데 대부들의 논쟁이 이어진다.

도 있었겠지만,* 춘추 이래 종족 질서의 이완과 혈연조직 내·외부의 치열한 투쟁이라는 시대 상황 속에서 효는 직계 부모에게 절대 복종하는 자식의 윤리로 그 범위가 축소되어 갔다고 할 수 있다.

이어서 춘추시대 실제 효의 변화와 맞물려서 진행되는 선진 제자백가들의 효에 대한 다양한 언설들을 살펴본다. 특히 기존 문헌 사료와 신 출토 자료의 내용을 함께 검토해서 선진 시기 효와 정치에 관한 다양한 사유를 정리해 보면, 효치로 대표되는 효의 이념화 과정을 이해하는 배경이 되리라고 생각한다.

선진 유가의 효사상과 효치

1) 공자의 효

선진 유가의 효사상을 살펴보기 위해서는 먼저 공자로부터 시작하지 않을 수 없다. 공자의 효는 기본적으로 공자의 언행을 기록한 『논어』를 중심으로 살펴보아야 한다. 『논어』에서 효에 관한 언급들을 찾아서 분석해 보면, 당시 시대 상황과 부합하면서 효에 일정한 의미를 부여하는 공자의 사고를 정리할 수 있다. 『논어』에서 직접 효를 언급한 부분은 전부 14군데 나온다. 그중 공자가 직접 말하고 대답하는 것이 12군데이며, 나머지 2곳은 제자인 증자와 유자의 말이다. 이밖에 직접 효를 말한 것은 아니지만 간접적으로 혈연

* 査昌國,「西周"孝"義試探」,『中國史硏究』1993-2, 145~148쪽.

질서나 의례에 관한 말로 효와 관련 있는 문장도 다수 있는데, 이는 논의 과정에서 함께 살펴보겠다.

공자 사상의 핵심이 '인'인 것은 『논어』에서 '인'을 이야기한 부분이 모두 100건이 넘을 정도이니 새삼 말할 필요도 없다. 그런데 공자의 '인'은 사람이 태어난 후 가장 먼저 맺게 되며 가장 상호 의존적인 인간관계인 부모-자식 간의 자연스러운 애정에서부터 시작해서 그 범위를 넓혀 나가게 된다.* 따라서 '인'이 시작되는 단초인 '친친(親親)'의 윤리가 매우 중요해져서,** '친친'의 감정에서 부모-자식 간에 부모의 '자(慈)'와 자식의 '효(孝)'라는 상대적인 덕목이 생겨난다. 하지만 공자 이래 유가는 이 상대적인 '친친'의 윤리에서 부모 쪽의 '자'보다는 자식 쪽의 효를 특별히 중시하게 되는데, 그것은 바로 궁극적 목표인 '인'에 도달하기 위한 수양의 방법론으로 효를 내세웠기 때문이다. 즉, '인'에 입문하기 위한 초보적인 단계로서 구체적이고 협소한 범위의 효에서 수양을 시작하여 점점 그 범위를 확충하여 '인'의 경지에 들게 하는 방법론을 제시한 것이다.*** 이러한 단계적 수양의 방법론은 아래의 말에 잘 표현되어 있다.

---

* 『論語』泰伯, "君子篤于親, 則民興于仁."
** 『禮記』中庸, "仁者人也, 親親爲大."
*** 주여동(周子同)은 일찍이 '인효인과론(仁孝因果論)'이라는 맥락에서 이러한 논의를 전개한 바 있다("孝"與"生殖器崇拜", 陳平原 主編, 『先秦儒家硏究』, 湖北敎育出版社, 2003, 147쪽).

공자가 말했다. "제자가 들어가면 효하고 나오면 제(悌)하며 부지런 하면서 믿음이 있고 널리 사람들을 아껴야 인에 가까워지니, 이를 행하 고도 남는 힘이 있으면, 즉 글을 배우는 것이다."*

여기서 '제자'는 당연히 '인'의 수양을 시작한 초학자를 지칭하는 것이겠지만, 먼저 들어가 효하고 나오면 '제'한다는 과정을 거쳐서 그런 후에 모든 사람에게로 널리 그 사랑이 미치는 정도가 되어야 비로소 '인'에 근접해 가는 것이다. 여기서 '입', '출'의 경계와 '효', '제'의 구별을 분명히 하기 위해서는 또 다음과 같은 『논어』의 내용 을 살펴볼 필요가 있다.

자공이 물었다. "어떻게 해야 사(士)라고 할 수 있습니까?" 공자가 말 했다. "행하는 데 이미 부끄러움이 있고 사방으로 사신으로 가서 군주 의 명을 욕되게 하지 않으면 사라고 할 만하다." 자공이 말했다. "그다 음의 경지를 여쭐 수 있는지요?" 공자가 말했다. "종족이 효를 칭찬하 고 향당이 제를 칭찬하는 것이다."**

---

* 『論語』學而, "子曰, '弟子入則孝, 出則悌, 謹而信, 泛愛衆, 而親仁, 行有餘力, 則以 學文.'"

** 『論語』子路, "子貢問曰, '何如斯可謂之士矣?' 子曰, '行己有恥, 使於四方, 不辱君 命, 可謂士矣.' 曰, '敢問其次.' 曰, '宗族稱孝焉, 鄕黨稱弟焉.'"

여기서 '사'의 경지를 묻는 자공의 질문에 공자는 먼저 스스로 반성할 줄 알면서도 사신으로 가서 군주를 욕되게 하지 않는 수준을 언급한 후, 다시 두 번째 대답으로 종족이 그 효를 칭찬하고 향당이 그 '제'를 칭찬하는 정도를 이야기하고 있다. 분명히 종족과 효, 향당과 '제'가 대비를 이루고 있어서, 이를 보면 앞서의 '입'은 종족 내부로, '출'은 종족의 범위를 벗어난 향당의 범위로 보는 것이 자연스럽다. 그리고 이 향당을 일종의 지역 공동체라고 한다면, '제'는 지역 공동체 내 연장자에 대한 공경의 윤리일 것이다. 이에 대비해서 효는 혈연 공동체인 종족 내 윤리라고 보면, 효와 '제'는 혈연·지연을 망라하는 기층의 수직적 질서에 순종하는 윤리를 포괄한다고 이해할 수 있다.

　하지만 앞서 살펴보았듯이, 서주 이래 종족 내를 포괄했던 전통적인 효가 춘추 이래 부모-자식 간으로 범위가 축소되고 자식의 부모에 대한 절대적 복종의 윤리가 강조되는 점을 고려할 때 조금 더 세심한 접근이 필요하다. 즉, 향당이 지역 공동체의 성격을 띠기는 하지만 중국 고대 지역 공동체의 성격이 완전히 혈연조직과 독립해서 존재했던 것이 아니라 혈연 공동체에 기반하는 지연의 형태를 가지고 있었다는 점을 생각할 때, 위에서 종족이 그 효를 칭찬한다는 말은 직계 부모에 대한 자식의 효를 보다 혈연적으로 밀접한 종족 내에서 평가를 하는 것이며, 향당이 그 제를 칭찬한다는 말은 혈연관계를 포함하기는 하지만 보다 폭넓은 사회적 범주의 지역 공동체 내 연장자에 대한 공경을 평가하는 것으로 보는 편이 보다 자연스럽다. 따라서 '입'의 범위는 직접적인 부모-자식 간으로 국한되고, '출'은 자신의 직계 존장을 벗어난 범위의 혈연·지연을 포괄한다고 볼 수 있다. 그래서 '인'의 경지에 접근하는 수양론의 차원에서 부모에 대한 자식의 효에서 시작하여 기층의 일반적인 사회관계를 포괄하는 제에 이르러서야 어느 정도 수양을 해서 인격을 갖춘 사라고 부를 수 있는 것이다. 그리고 이러한 기준에서 아래와 같이 효와 제가 함께 연용해서 제시되고 있다.

유자가 말했다. 그 사람됨이 효제하면서 윗사람을 침범하기를 좋아하는 경우는 드물다. 즐겨 윗사람을 범하지 않으면서 난을 일으키기 좋아하는 경우는 아직 없었다. 군자는 근본에 힘쓰니 근본이 세워지고서야 도가 생겨난다. 효제야말로 인의 근본이다.**

위의 내용은 효와 정치의 관계를 다룰 때 다시 언급하겠지만, 여기서는 일단 효제에 대해서만 이야기하고자 한다. 군자는 근본[本]에 힘쓰니 근본이 세워지면 도(道)가 생겨난다고 하는데, 이어지는

* 余英時, 『士与中國文化』, 上海人民出版社, 1987 참고.
** 『論語』學而, '有子曰, 其爲人也孝悌, 而好犯上者, 鮮矣. 不好犯上, 而好作亂者, 未之有也. 君子務本, 本立而道生. 孝悌也者, 其爲仁之本與.'

내용을 보면 이 근본은 바로 효제이며 도는 곧 '인'을 가리키는 것이 분명하다. 따라서 효제는 '인'의 근본이며 이 근본을 세워야만 도, 즉 '인'이 생겨난다고 했으니, 효제가 특히 효가 앞서 이야기했던 '인'으로 가기 위한 수양의 출발점이라는 것을 다시 확인시켜 준다. 이러한 인간 내면에 존재하는 보편적인 심성이자 궁극적인 경지로서의 '인'과 그에 도달하기 위한 방법론의 출발점에 효를 위치시킴으로써 공자는 서주 이래 행위규범으로서의 효의 성격에 중요한 변화를 가져왔다.

즉, 기존에 지배 종족의 행위규범이라는 성격을 가졌던 효에 인간 내면의 정신적 가치로서 '인'을 연결시킴으로써, 효는 신분에 관계없이 인간 일반이 따라야 할 보편 도덕의 가치를 가지게 되었다. 그리고 한편 궁극적인 목표인 '인'에 이르는 수양의 방법론으로 효를 제시하고 아울러 제와 함께 사용해서, 효가 단순히 혈연관계 내복종의 윤리에 그치는 것이 아니라 사회 일반의 질서에까지 적용될 수 있는 길을 열어 놓은 것이다. 이 점은 특히 혈연적 질서와 정치·사회적 질서가 일치했던 서주 시기에 비해 혈연 질서의 권위와 정치권력이 점차 서로 모순·갈등 관계에 놓이게 되는 춘추전국시대에 유가 나름의 사회론·국가론을 전개할 수 있는 단초를 제시했다고 할 수 있다.

이를 '문명화'의 관점에서 본다면, 본래 지배층의 권력 또는 위계

질서의 차이를 확인하고 자신들만의 차별적인 지표이자 형상으로서 만들어졌던 의례 양식이 아래로 중위계층의 모방을 거쳐 사회 최기층에까지 보급 전파되기 위해서는, 또 외면적인 행동 양식에서 인간 내면의 심성을 자율적으로 규율하는 통제 기제가 되기 위해서는, 인류 보편의 가치로 적용 가능한 어떤 추상화·사상화의 과정을 필요로 한다고 할 수 있다. 공자의 효에 관한 언급은 바로 이 점에서 선진 시기 효의 사상화 과정에 중요한 단초를 열었다는 의미를 가진다.

공자가 효를 '인'이라는 정신적 가치와 연결시키는 방법으로 제시하는 것이 몇 가지 있는데, 먼저 '경(敬)'의 강조가 있다. 기존의 효가 생사를 불문하고 부모 및 선조에 대한 물질적 봉양이 주된 내용이었다면, 공자는 이러한 물질적 봉양보다 정신적·내면적인 가치로서 아래와 같이 '경'의 태도를 언급하고 있다.

자유가 효를 물었다. 공자가 말했다. "지금의 효는 부모를 봉양할 수 있는 것을 말한다. 개나 말이라도 모두 사람이 기를 수 있으니 공경하지 않는다면 무슨 구별이 있겠는가?"*

* 『論語』 爲政. "子游問孝. 子曰 '今之孝者, 是謂能養. 至於犬馬, 皆能有養, 不敬, 何以別乎?'"

전통적인 의미에서 효의 '봉양'이라는 측면에 대해서, '경'의 요소가 없으면 자식의 효로 부족하다고 본 것이다. '경'은 부모에 대한 물질적 봉양과 분명히 구별되는 한편 '인'의 단초인 '친친'의 자연스러운 감정에서 수양의 단계로서, 효의 실천이 한 단계 더 나아간 형태이다. 공자는 삼년상의 근거로 '자생삼년, 연후면어부모지회(子生三年, 然後免於父母之懷)'라고 했지만, 부모가 자식을 기르고 걱정하는 마음은 이른바 '친친'의 감정에서 불변의 요소로 보고, 자식 쪽의 부모를 따르고 섬기는 마음은 이 '친친'의 감정에서 지속적으로 수양해야만 하는 불안정한 요소로 보았다. 따라서 '경'의 자세로 한편으로는 기꺼이 하면서 한편으로는 두려워하는 태도를 취해야 효라고 할 수 있다는 것이다. 근신과 순종의 '경'은 달리 말해서 자기 존재의 근원인 부모에 대한 효를 통해 개인의 행위규범을 수양하는 것이며, 또한 이러한 자기 수양은 온전히 부모에게 정신적으로 속박되어 개인의 자유의지는 완전히 부정되고 기존 질서에 순응하는 것으로 귀결된다고 볼 수도 있다.[*]

이어서 정신적 태도인 '경'을 구체적인 행동으로 드러내는 기준을 제시하게 된다. 이에 바로 '예'를 강조하면서, 특히 부모의 상례로 '삼년상'을 중시하고 있다.

---

[*] 地澤優, 『「孝」思想の宗教學的研究-古代中國における祖先崇拜の思想的發展』, 東京大學出版會, 2002, 152~156쪽 참조.

맹의자가 효를 물었다. 공자가 말했다. "어기지 않는 것이다." 돌아가는 길에 번지가 수레를 몰고 있었는데 공자가 번지에게 말했다. "맹손이 나에게 효를 물었는데 나는 대답하기를 어기지 말라고 했다." 번지가 말했다. "무슨 말입니까?" 공자가 말했다. "살아서는 예로써 부모를 섬기고, 돌아가시면 예로써 장례 지내고, 예로써 제사를 모시는 것이다."

여기서 '무위(無違)'라는 것은 앞서의 '경'을 달리 표현한 것인데, '무위'의 구체적인 실천은 바로 '예'를 통해서 나타나게 된다. 이러한 '예'는 '생-사-제(祭)'의 삼 단계로 이어져서, 부모에 대한 효는 조상제사로 연결되어 대대로 지속됨으로써 영속성을 확보하게 된다. '예'에 대한 공자의 입장은 기본적으로 부모에 대한 '애(愛)'의 감정에 충실해야 하며,** 여기에 바탕을 두고서 '경'과 '예'가 드러나고 표현될 수 있는 것이다. 효의 예적 표현에서 삼년상이 특히 중요하다. 그러한 입장의 근거는 앞서도 인용했던 다음의 말에서 잘 드러난다.

---

* 『論語』 爲政, "孟懿子問孝. 子曰, '無違.' 樊遲御, 子告之曰, '孟孫問孝於我, 我對曰 無違.' 樊遲曰 '何謂也?' 子曰, '生, 事之以禮. 死, 葬之以禮. 祭之以禮.'"

** 『論語』 八佾, "林放問禮之本. 子曰, '大哉問! 禮, 與其奢也, 寧儉. 喪, 與其易也, 寧戚.'"
『論語』 子張, "子張曰, '士見危致命, 見得思義, 祭思敬, 喪思哀, 其可已矣.'"

재아가 나가자 공자가 말했다. "여는 어질지 못하구나. 자식은 태어나서 삼 년이 지난 후에야 부모 품을 벗어날 수 있다. 대저 삼년상은 천하의 상례이다. 여는 부모에게 삼년상을 치르는 것을 아깝다고 하는구나!"

부모상으로 일 년이면 충분하다는 재아의 질문에 공자는 삼년상의 근거로 부모가 자식을 양육하는 삼 년의 은혜를 언급하는데, 여기서 부모의 자식을 낳고 기르는 삼 년의 '애'에 등치하는 자식의 삼년상이라는 '예'의 구도가 성립한다. 이는 바로 '친친'의 '애'가 '예'를 통해서 정확하게 표현되는 것임을 잘 보여 주는 것이다. 그리고 부모에 대한 삼년상이라는 '예'는 『논어』의 다른 말에서도 계속 확인할 수 있다.** 삼년상을 치르면서 생전의 부친이 펼쳐 놓은 방식을 바꾸지 않는다는 것은 자신에게로 이어져 있는 존재에 대한 애정과 경의의 표현이며 그를 통해서 살아 있을 때와 마찬가지인 효가 지속되며 또한 개인의 '인'을 향한 수양도 계속될 수 있는 것이다. 그래서 삼년상이라는 효의 예적 표현은 '인'의 수양의 정도를 평가할 수 있는 좋은 방법이 되기도 하는 것이다.

* 『論語』陽貨, "宰我出. 子曰, '予之不仁也. 子生三年, 然後免於父母之喪. 夫三年之喪, 天下之通喪也. 予也, 有三年之愛於其父母乎!'"
** 『論語』學而, "子曰 '父在, 觀其志, 父沒, 觀其行, 三年無改於父之道, 可謂孝矣.'"; 『論語』里仁, "子曰, '三年無改於父之道, 可謂孝矣.'"

따라서 『논어』에서 말하는 공자의 효는 다음과 같은 구도로 성립한다고 할 수 있다. 효는 최초의 단초인 '친친'의 감정('애')에서 출발하여 정신적·내면적 태도인 '경'을 갖추어야 하는데, 이는 구체적으로 '예'의 형식을 통해 표현된다. 효의 예적 표현은 삼년상으로 완성되며, 이는 다시 제사를 통해 영속적으로 발현되면서 '인'에 도달하기 위한 수양을 계속해 가는 도식이 만들어진다.

이러한 도식은 일찍이 주여동이 언급했던 '인효인과론(仁孝因果論)'에 다름 아니겠지만, 여기서 공자는 효에 또 다른 문제를 제기하고 있다. 즉, 춘추 이래 시대 변화와 밀접한 관련이 있는 것으로 공자는 부모에 대한 효와 관련해서 자식의 '기간(幾諫)'과 '상은(相隱)'의 문제를 제시하면서, 혈연 질서와 국가·사회 질서 사이에 긴장이 생길 때 자식의 부모에 대한 '애친(愛親)'의 감정을 손상해서는 안 된다는 원칙을 제시하였다. 앞서 살펴보았듯이 춘추시대는 서주 시기의 혈연 질서가 이완되어 부자간에도 치열한 갈등이 노출되었던 시기였다. 그래서 그 해결책의 하나로 부모에 대한 절대복종의 윤리로 효개념이 제시되는 상황을 살펴보았지만, 공자는 여기에 부모의 명령이나 행위가 일반적인 사회 질서나 정치 권위에 반하는 경우 자식이 어떠한 입장을 가져야 하는지 문제를 제기하고 있다. 공자의 문제 제기는 이후 중국 전통사회에서 충과 효의 충돌과 모순이라는 중요한 논쟁의 출발점이 된다. 아래에 그에 해당되는 문장을 인용한다.

공자가 말했다. "부모를 모시면서 완곡하게 간언하는데 그 뜻을 보고 자식의 간언을 따르지 않더라도 여전히 공경하면서 부모를 거스르지 않고 근심하면서도 화내지 않는다."

이 문장은 부모의 잘못된 행동에 대해 자식의 간언을 언급한 것으로, '기간(幾諫)'은 주석을 참고하면** 대개 '부모의 잘못이 아직 드러나지 않았을 때 간접적으로 돌려서 그 잘못을 간언한다는' 의미이다. 즉, 부모의 뜻이나 기분을 거슬리지 않는 범위에서 '공경하되 거스르지 않는[敬不違]' 태도를 견지하면서 그 잘못을 지적한다는 뜻으로 상당히 소극적인 태도로 보일 수도 있다. 하지만 춘추시대 부모-자식 간의 갈등 상황에서 자식의 절대복종이 하나의 해결책으로 제시되는 점을 생각한다면, 부모에 대한 자식의 간언을 주장한 것은 부모의 허물을 미연에 방지한다는 효의 적극적인 자세라고도 볼 수 있다.

그리고 『논어』에는 '상은'과 관련된 유명한 일화가 하나 나오고

---

* 『論語』里仁, "子曰, '事父母幾諫, 見志不從, 又敬不違, 勞而不怨.'"
** 劉寶楠 撰/高流水 點校, 『論語正義』, 中華書局, 1990, 155쪽. "[注]包曰, '幾者, 微也. 當微諫納善言於父母. 見志, 見父母志有不從已諫之色, 則又當恭敬, 不敢違父母意而遂已之諫.'"

있다. 이른바 '직궁(直躬)' 이야기이다.

　기공이 공자에게 말했다. "우리 마을에 직궁이라는 사람이 있는데 그 부모가 양을 훔치자 자식이 이를 증언했습니다." 공자가 말했다. "우리 마을에서 바른 사람은 이와는 다릅니다. 아비는 자식을 위해 감춰 주고 자식은 아비를 위해 감춰 주니 바름이 그 안에 있습니다."

'직궁' 이야기는 그 사실 여부와 상관없이 이후 전국시대 문헌에 계속 나오면서 충-효의 모순과 갈등 해소라는 중요한 논쟁의 대상이 되었다.** 그리고 "부위자은, 자위부은(父爲子隱, 子爲父隱)"이라는 원칙은 이후 한 선제 때 공식적으로 인정된 후,*** 중국 전통 왕조의 법적 보호를 받게 되었다는 점에서 그 중요성을 확인할 수 있다. '상은'의 원칙은 이른바 법가와 대비되는 유가 사상의 대표적인 특징 중 하나로 부모의 허물을 드러내지 않으려는 자식의 '기간'에도 여전히 부모가 국가·사회 질서에 반했을 때 자식이 가져야 하는 원

* 『論語』子路, "葉公語孔子, 曰, '吾黨有直躬者, 其父攘羊, 而子證之.' 孔子曰, '吾黨之直者, 異於是, 父爲子隱, 子爲父隱, 直在其中矣.'"

** '직궁(直躬)' 이야기는 『논어』 이후에 조금씩 이야기를 달리하면서 『한비자』, 『여씨춘추』, 『장자』, 『회남자』 등 여러 문헌에서도 언급되고 있어, 혈연 질서의 '효'와 군주 권력의 '충'이 충돌하는 상황과 그 해결책의 모색이라는 주제를 다룰 때 서로 비교하기에 좋은 내용이라고 할 수 있다.

*** 『漢書』 卷8, 宣帝紀, 251쪽. "自今子首匿父母, 妻匿夫, 孫匿大父母, 皆勿坐. 其父母匿子, 夫匿妻, 大父母匿孫, 罪殊死, 皆上請廷尉以聞."

칙을 제시한 것이다.

공자에게 중요한 것은 바로 '인'에 도달하기 위한 수행 과정이고 그러한 수행의 출발점인 '친친'의 감정을 손상시키는 행위는 그것이 아무리 법적·사회적으로 정당해도 용납할 수 없을 것이다. 따라서 '상은'을 주장하는 '직궁' 이야기에서 공자는 부자간의 질서를 국가권력의 법적 질서보다 더 높게 설정했다고도 볼 수 있다. 하지만 아직 공자 단계에서는 후대에 보이는 충-효 간의 모순·갈등 및 이를 해결하려는 통합적 사고가 분명하지는 않았다고 본다면,[*] 그렇게까지 적극적으로 해석할 필요는 없다고 생각한다. 다만 국가·사회 질서에 반하는 부모의 행위에 대한 자식의 입장을 원칙적으로 '친친'의 감정에 기반해서 제시하고 있을 뿐 양자가 모순된다고 보기는 어렵다. 즉, 공자의 정치에 대한 입장은 '친친'에 기반하는 부자간의 애정 및 혈연 질서를 근본으로 해서, '제'와 '충'의 윤리가 중심이 되는 사회 및 국가 질서로 확장하는 구조이다. 이러한 단계적 논리 구조에서 그 바탕이 되는 자식의 효가 먼저 우선시되었을 뿐, 국가·사회 질서와 대립·모순하는 상황까지 설정한 것은 아니라고 할 수 있다.

효에서 단계적으로 정치 영역까지 확장해 나가는 과정은 공자의

---

[*] 地澤優, 『「孝」思想の宗敎學的硏究-古代中國における祖先崇拜の思想的發展』, 東京大學出版會, 2002, 163~165쪽.

다음 말에서 확인할 수 있다.

계강자가 물었다. "백성들에게 공경하고 충하도록 권장하려면 어떻게 해야 합니까?" 공자가 말했다. "백성들에게 엄숙하게 임하면 공경할 것이고 효자(孝慈)하면 충을 할 것입니다."

어떤 사람이 공자에게 말했다. "그대는 어찌해서 정치를 하지 않습니까?" 공자가 말했다. "『서』에 말하길 '효를 하라! 효를 해야지만 형제에게 우애하고 정치에까지 미치게 된다'라고 했다. 이 또한 정치를 하는 것이니 어찌 구태여 정치를 하라는 것인가?"

본래 충의 의미는 사람의 독실하고 거짓 없는 태도를 지칭하는 것으로, 『논어』의 용례를 보면 효와 마찬가지로 '인'에 도달하기 위한 하나의 방법론으로 제시되고 있을 뿐이다. 정치와 관련해서도 군주의 입장에서 통치를 하는 마음가짐을 의미하고 있어서, 후

* 『論語』爲政, "季康子問, '使民敬, 忠以勸, 如之何?' 子曰, '臨之以莊則敬, 孝慈則忠.'"
** 『論語』爲政, "或謂孔子曰, '子奚不爲政.' 子曰, '『書』云"孝乎! 惟孝, 友于兄弟, 施於有政"是亦爲政, 奚其爲爲政?'"
*** 『論語』里仁, "子曰, '參乎, 吾道一以貫之.' 曾子曰, '唯.' 子出. 門人問曰, '何謂也?' 曾子曰, '夫子之道忠恕而已矣.'"; 『論語』學而, "子曰, '君子不重則不威. 學則不固. 主忠信無友不如己者. 過則勿憚改.'"
**** 『論語』顏淵, "子張問政. 子曰, '居之無倦, 行之以忠.'"

대에 보이는 충(국가 질서)-효(혈연 질서)의 대비 구조를 보이지는 않는다. 다만 위의 「위정」에서 계강자가 질문한 부분을 보면 군주의 엄격함[莊]으로 백성의 '경'을 이끌어 내어서 '효자(孝慈)'하게 되면 이것이 충으로 이어져 정치가 자연스레 이루어진다고 언급하고 있다. 이는 앞서 인용했던 「학이」에서 유자의 말과도 연결되는 것으로, '효(혈연 질서)-제(사회 질서)-충(국가 질서)'로 확장되는 틀을 기본적으로 제시하고 있는 것이다. 이처럼 효에서 충으로 나아가는 논리는 국가 통치의 근본을 혈연 질서에 두는 것으로 이후 유가의 국가론과 효치론의 가장 기본적인 틀이 된다고 할 수 있다.

이상 살펴본 공자의 효는 춘추 이래 기존 질서와 권위가 급변하는 과정에서 하나의 해결책을 모색하는 과도기적인 단계를 반영한다고 할 수 있다. 이는 이후 공자의 제자와 맹자·순자 등 전국시대 유가들이 계승해서 더욱 정교하게 발전시켜 유가 사상의 핵심이 된다. 이러한 유가 효사상의 전개는 공자의 효를 전문적으로 계승했다는 평가를 받는 증자부터 계속 살펴본다.

2) 증자의 효

앞서 『논어』의 효를 언급한 부분에 이미 증자의 언행이 나왔지만, 공자 제자 중 증자가 공자의 사상 중 특히 효를 전문적으로 계승 발전시켰다는 것은 잘 알려진 사실이다. 증자는 이름이 삼(參)이

고 자는 자여(子輿)로 노의 남무성(南武城) 사람으로 알려져 있다.[*]
증자는 자신의 효행 자체로도 유명하여 여러 일화를 남기고 있지
만, 완전히 신뢰하기에는 어려운 점이 있다. 또 그의 저술로『한서』
예문지에『증자』18편[**]이 있다고 하지만 지금 전해지지 않으며,『예
기』의『대학』및『효경』이 증자의 저술이라고는 하지만 이 또한 확
실하지 않다. 반면『대대례기』[***]에서 증자를 그 편명의 제목으로 하
는 10편은 증자의 언행 또는 증자 이후 증자 학파의 저술이라고 할
수 있다. 이 10편이『한서』예문지에서 언급하는『증자』18편에 포
함되는지는 불분명하지만, 후대의 고증에 의하면 전국시대 증자
학파의 언설을 모아 놓은 부분인 것은 확실하다.[****]

그중에서 특히 효에 관한 내용이 중심인 것은「증자본효(曾子本
孝)」,「증자입효(曾子入孝)」,「증자대효(曾子大孝)」,「증자사부모(曾子
事父母)」의 4편이다. 그리고『예기』「제의(祭義)」편 등이 문장이나
체례가 유사해서 역시 증자 학파의 언설이 남아 있는 것으로 보기

---

[*] 『史記』卷67, 仲尼弟子列傳, 2205쪽.

[**] 『漢書』卷30, 藝文志, 1724쪽.

[***] 『대대례기(大戴禮記)』의 원문과 그 주석은『大戴禮記彙校集注』(黃懷信 主撰/孔
德立 · 周海生 參撰, 三秦出版社, 2005) 참고.

[****] 최종적으로는 한 중기 대덕(戴德)이『대대례기』를 편찬하면서 이 편목들이 정리
되는 것이지만, 그 언설의 내용들은 전국 시기에 성립한 것으로 보는 것이 타당하
다고 한다. 구체적인 시기가『맹자』보다 앞서는지 뒤인지는 불확실하지만, 대체로
증자 이래 일련의 증자 제자들이 학파를 이루면서 체계화되었다고 보는 것이 합
리적일 것이다.

도 한다. 다만 문제는 『대대례기』의 증자 4편은 최종적으로 한 중기에 편집된 것으로, 전체적인 통일성이 결여되어 있다는 사실이다. 각 편이 어느 한 시기 동일한 작가에 의해 만들어진 것이 아니라 비교적 오랜 시기에 걸쳐 제각기 그 편의 내용이 구성되었으며, 또 후대 편집 과정에서 동일한 편 내에서도 논리의 일관성이 유지되지 않는 단락이 존재한다. 하지만 이러한 문제에도 증자 4편은 모두 증자 학파의 효사상을 드러낸다는 점에서는 별다른 의심이 없기 때문에, 일단 그 내용을 중심으로 『예기』 등의 다른 문장도 함께 살펴보면 어느 정도 증자 계열의 효사상은 정리할 수 있다.

증자 학파의 효사상은 공자의 효를 충실히 계승하면서 공자가 효를 '인'을 수양하기 위한 출발점으로 삼았던 것에 비해서, 증자는 효를 더욱 구체적으로 설명하면서 사상을 한층 체계화하고 있다. 그러한 증자의 효사상의 특징을 간략히 정리하면 다음의 네 가지로 정리할 수 있다.

첫째, 공자가 효를 '인'의 출발점에서 수양의 단계로 설명했지만, 증자는 더 나아가 효의 범위를 부자지간만이 아니라 인간세계의 모든 관계를 포괄하고 심지어 시공간을 망라하고 자연 만물에까지 그 효가 미치는 것으로 확장하여 천하의 '대경(大經)'으로 설정하고 있다.* 이러한 보편법칙으로서의 효는 이후 『효경』까지 그대로 이

---

* 『大戴禮記』曾子大孝, "夫孝者, 天下之大經也."; 『大戴禮記』曾子大孝, "夫孝, 置之

어져서 유가 효치론의 또 다른 이념적 토대가 된다.

두 번째로 증자는 효를 더욱 세밀하게 구분하여 효의 이상을 등급별로 나누어 제시하고 있다. 증자는 효의 실천자와 내용을 모두세 등급으로 나누어 설명하는데, 이상적인 유가 통치자로 군자(君子)를 두고 그 아래 사(신하)와 서민(일반백성)을 설정해서 그 효의실천 내용도 서로 달리하고 있다. 즉, 전통적인 효의 '봉양'이라는의미[庶人之孝]와 공자가 제시했던 '인'에 이르는 수양으로서의 효[士之孝]를 설정하고, 여기에 이미 '인'에 도달한 단계의 효인 '대효(大孝)'로 '불궤(不匱)'**와 '존친(尊親)'을 실현한 '군자지효(君子之孝)'라는 등급을 그 위에 제시했다. 이는 통치자인 군주의 효는 '인'을완성한 군자의 효[大孝]라는 효치의 이상적 형태를 하나의 이념형으로 제시한 것이라고 볼 수 있다.

세 번째는 증자의 효사상에서 가장 두드러진 특징이라고도 할수 있는데, 공자가 이미 제시했었던 '경'을 더욱 상세히 설명하면

而塞於天地, 衡之而衡於四海, 施諸後世, 而無朝夕, 推而放諸東海而準, 推而放諸西海而準, 推而放諸南海而準, 推而放諸北海而準. 詩云, '自西自東, 自南自北, 無思不服.' 此之謂也."; 『大戴禮記』曾子大孝, "草木以時伐焉, 禽獸以時殺焉. 夫子曰, '伐一木, 殺一獸, 不以其時, 非孝也.'"

* 『大戴禮記』曾子本孝, "君子之孝也, 以正致諫, 士之孝也, 以德從命, 庶人之孝也, 以力惡食."; 『大戴禮記』曾子大孝, "曾子曰, '孝有三, 大孝尊親, 其次不辱, 其下能養.'"; 『大戴禮記』曾子大孝, "孝有三, 大孝不匱, 中孝用勞, 小孝用力. 博施備物, 可謂不匱矣, 尊仁安義, 可謂用勞矣, 慈受忘勞, 可謂用力矣."

** '불궤(不匱)'는 『시』 대아 · 기취에 나오는 '효자불궤, 영석이류(孝子不匱, 永錫爾類)'을 보면 '불갈(不竭)', 즉 '다함이 없다'는 의미로 해석할 수 있는데, 여기서는군자의 통치가 '대효(大孝)'를 통해 천하에 골고루 미치는 상태라고 해석했다.

서, 여기에 '자기 신체의 온전함[全]'이라는 효의 중요한 목적을 제
시하고 있다.

몸은 부모의 유체이다. 부모의 유체를 움직이는데 감히 공경하지 않
을 수 있겠는가!

즉, 자신의 육체는 부모의 유체이므로 자기 마음대로 할 수 없으
니 마땅히 부모를 공경하듯이 해야 한다는 것이다. 따라서 모든 행
위를 삼가고 신중히 하여 신체를 온전히 보존하는 것을 효의 중요
한 실천으로 강조하고 있다. 예를 들어 증자의 임종 시 유명한 일화
를 보면 증자는 제자에게 자신의 손을 들어 보이면서 죽음으로써
만 그 신체를 보전해야 하는 효의 의무에서 벗어날 수 있음을 말하
고 자신의 실천적인 효행을 확인한다.** 또 증자의 제자로 추정되는
악정자춘(樂正子春)의 일화에서도 증자와 마찬가지로 신체를 보전
하기 위한 강한 의지를 확인할 수 있다.***

* 『大戴禮記』曾子大孝, "身者, 親之遺體也. 行親之遺體, 敢不敬乎!"
** 『論語』泰伯, "曾子有疾. 召門弟子, 曰, '啓予足, 啓予手.' 詩云, '戰戰兢兢, 如臨深淵,
如履薄氷', 而今以後, 吾知免夫小子.'"
*** 『大戴禮記』曾子大孝, "樂正子春下堂而傷其足, 傷瘳, 數月不出, 猶有憂色. 門弟子
曰, '夫子傷足瘳矣, 數月不出, 猶有憂色, 何也?' 樂正子春曰, '善, 如爾之問也. 吾聞
之曾子, 曾子聞諸夫子曰 "天之所生, 地之所養, 人爲大矣. 父母全而生之, 子全而歸
之, 可謂孝矣. 不虧其體, 可謂全矣. 故君子頃步之不敢忘也. 今予忘夫孝之道矣, 予
是以有憂色也. 故君子一擧足不敢忘父母, 一出言不敢忘父母. 一足不敢忘父母, 故

효의 중요한 목적으로 자기 신체의 온전함을 강조하는 사유에는 몇 가지 의미를 찾을 수 있다. 먼저 '육체의 영속성'을 통한 효의 완성이다. 부모의 존재는 죽음으로 소멸하거나 영적인 존재로만 남는 것이 아니라, 자식의 육체 속에 그대로 남아 있음으로써[遺體] 그 존재는 물질적으로도 계속 이어진다는 사고이다. 따라서 자식은 자신의 육체를 마음대로 할 수 있는 자유가 없으며 부모의 생사와 관계없이 평생에 걸쳐 그 신체의 온전함을 유지하는 것이야말로 효를 완성하는 가장 구체적인 표현이 된다. 이는 『효경』 개종명의장(開宗明義章)의 "신체발부는 부모로부터 받은 것이니 감히 훼손하지 않는 것이 효의 시작이다[身體髮膚, 受之父母, 不敢毀傷, 孝之始也]"라는 유명한 말로 그대로 이어지게 된다. 이처럼 자기 신체의 보전이 효와 연결되면서, 일종의 수양 방법이자 자율적인 통제 기제로서 자신의 신체를 대상으로 공경을 실천하는 것이다.

이어서 자기 신체를 부모의 유체와 동일시하여 온전히 한다는 것은 '육체의 영속성'이라는 관념적인 효의 실천인 동시에, 당시 신체의 훼손을 수반하는 육형(肉刑), 즉 형벌을 받지 않고 평생 자신의 신체와 신분을 보전한다는 구체적인 효의 실천이 표현된 것으로도 해석할 수 있다. 또한 개개인이 모두 자기 육신을 온전히 할

道而不徑, 舟而不游, 不敢以先父母之遺體行殆. 一出言不敢忘父母, 是故惡言不出於口, 忿言不及於己. 然後不辱其身, 不憂其親 , 則可謂孝矣"."

수 있다면 결국 서로 다른 사람의 육신도 온전히 해 주게 되어 사회는 근본적으로 충돌이나 희생이 없는 소극적이지만 이상적인 평화 상태에 도달한다는 해석도 가능하다. 따라서 효의 실천으로서 '자기 신체의 온전함'이라는 것은 자기 내면의 자율적인 통제 기제로서 기능할 뿐만 아니라, 이를 통해 사회의 내적 평화 상태에 도달할 수 있는 방법이 될 수도 있는 것이다. 역시 '문명화의 과정'으로 효의 사상화 과정에서 중요한 의미를 가지는 내용이라고 할 수 있다.

마지막 네 번째로, 증자는 효를 실천하는 자세로 충의 정신적 가치를 강조하고 있다.

증자가 말했다. "충이야말로 효의 근본이구나!"**

증자가 말했다. "군자가 효를 세우는데 충으로 행하고 예를 귀하게 한다."***

군자의 효는 충과 애로 공경한다. 이와 반대면 어지러워진다. 힘을

---

* 周予同, 「"孝"與"生殖器崇拜"」, 陳平原 主編, 『先秦儒家硏究』, 湖北敎育出版社, 2003, 142~160쪽.
** 『大戴禮記』曾子本孝, "曾子曰, '忠者, 其孝之本與!'"
*** 『大戴禮記』曾子入孝, "曾子曰, '君子立孝, 其忠之用, 禮之貴.'"

다하여 예가 있는데 엄격하고 공경해서 편안하게 한다.*

충은 본래 있는 그대로의 마음을 올곧게 다한다는 일종의 정신
적 가치를 의미한다. 충을 자식이 부모를 섬기는 데에서부터 발현
하여 실천하는 효자는 사회와 국가의 권위에도 그대로 충의 마음
을 실천하게 되며 최종적으로는 군주에 대한 충으로까지 확대할
수 있는 것이다. 그러므로 증자의 효는 그대로 군주에 대한 충의 가
치와 일체화할 수 있게 된다.

마지막으로 증자 효사상에도 간언의 문제가 있다. 특히 「증자사
부모(曾子事父母)」편이 간언의 문제를 많이 언급하고 있다.** 공자 이
래로 자식의 부모에 대한 간언이라는 주제는 매우 중요하게 다루
어진다. 이는 춘추전국의 시대 상황이 갈수록 사회의 여러 권위와
질서들을 서로 분리하고 갈등 상황에 놓이게 하기 때문이다. 즉, 군
주 권력으로 대표되는 국가권력이 그 법적·이념적 힘을 강하게 투
사하면서 직접적으로 혈연 질서에 기반하는 지역 공동체를 재편하

---

* 『大戴禮記』曾子立孝, "君子之孝也, 忠愛以敬. 反是, 亂也. 盡力而有禮, 莊
敬而安之."

** 『大戴禮記』曾子入孝, "微諫不倦, 聽從而不怠, 懽欣忠信, 咎故不生, 可謂孝矣.";
『大戴禮記』曾子事父母, "曾子曰, '有. 愛而敬. 父母之行, 若中道則從, 若不中道則
諫. 諫而不用, 行之如由己.'"; 『大戴禮記』曾子事父母, "從而不諫, 亦非孝也, 諫而不
從, 亦非孝也."; 『大戴禮記』曾子事父母, "孝子之諫, 達善而不敢爭辨. 爭辨者, 作亂
之所由興也."

는 가운데 혈연조직 내 부모가 사회 질서나 국가의 법적 지배에 반하는 경우 자식은 어떻게 이를 바로잡을 것인가의 문제가 바로 간언이라는 주제를 통해서 논의되는 것이다.

증자는 기본적으로 간언을 하되 부모에 대한 '경(敬)'을 잃어서는 안 된다고 했던 공자의 '기간(幾諫)'을 따르면서, 특히 간언이 받아들여지지 않으면 그 허물을 자식이 대신해야 한다는 점과 부모와 잘잘못을 따져서 다투어서는[爭辨] 안 된다는 점을 강조한다. 즉, 당시 시대 상황을 반영하여 더욱 비중 있게 간언의 문제를 다루지만, 이러한 문제가 효에 어긋나지 않고 오히려 적극적으로 효를 실천하는 방법이 되도록 논리를 조화시키고 있다.

3) 맹자의 효

증자의 효사상에 이어서 전국시대 대표적인 유가인 맹자와 순자의 효에 대한 입장을 살펴본다. 맹자와 순자는 서로 전혀 상반된 입장에 있으면서, 이후 효사상의 전개에 중요한 영향을 주기 때문에 이들의 효에 대한 언설을 살펴볼 필요가 있다.

전국 중기 맹자의 효는 다음과 같은 특징이 있다. 맹자는 인간의 본성 자체를 선한 것으로 긍정하면서 이를 잘 보전하여 성인(聖人)이 되는 방법으로 인의와 동일시되는 효제를 이야기하며 그 내면적·정신적 가치를 매우 높이고 있다. 그런데 맹자는 효제를 실천한 인물로 특히 순(舜)임금을 자주 언급하면서 강조하고 있다. 이처럼 성인에 가탁한 설명은 전국시대에 일반적으로 사용되던 방법인데, 이는 일종의 '성인숭배'의 성격을 가지면서 구세론의 제시라고도 할 수 있다. 맹자는 성인구세론을 체계적으로 제시하는데, 일련의 성왕의 계보를 요-순-우-탕-문왕-무왕-공자로 연결시키면서 자신의 주장을 정당화하고 있다.[*] 이렇게 인간 본성으로서 성선(性善)→효제→인의→성인으로 확장하면서 결국 일체화한다. 공자의 '인'에 도달하는 방법으로서 효와 비교하면 맹자의 효는 '인'과 동일시되는 보다 본질적인 성격을 가지게 된다.

이는 천하의 대도(大道)로 효를 파악하는 증자와 입장과 비슷하면서도, 좀 더 내면적인 정신적 가치인 '친친'의 '애'를 무엇보다도 우선시하는 것이다. 즉, 맹자는 순의 일화를 통해서 어떠한 상황에서도 부모에 대한 애정을 잃지 않고 효를 다해야 하며, 심지어 부모가 반사회적 행위를 하더라도 천하를 버릴지언정 부모를 우선해야 한다는 극단적인 주장까지 하고 있다.[**] 따라서 맹자의 효는 국가권력의 질서보다 더 높은 가치를 부여하는 것으로 인식되기도 한다.[***]

---

[*] 서복관은 맹자의 '성왕구세론'을 '인(仁)의 역사철학'이라고 하고 있다(『中國經學史的基礎』, 臺灣學生書局, 1982, 31~32쪽).

[**] 『孟子』盡心上, "桃應問曰, '舜爲天子, 皐陶爲士, 瞽瞍殺人, 則如之何.' 孟子曰, '執之而已矣. 然則舜不禁與.' 曰, '夫舜惡得而禁之, 夫有所受之也. 然則舜如之何.' 曰, '舜視棄天下猶棄敝蹝也. 竊負而逃, 遵海濱而處, 終身訢然, 樂而忘天下.'"

[***] 板野長八, 『儒教成立史の研究』, 岩波書店, 1995, 261~265쪽 참고.

그런데 맹자의 효는 정치론의 관점에서 약간 달리 살펴볼 필요가 있다. 『맹자』의 많은 내용은 당시 군주에게 유세하는 내용으로, 맹자의 이상적인 정치론은 인정이라는 말로 귀결된다. 맹자는 효제를 인의와 동일시하면서 그가 주장하는 인정의 바탕으로 삼으려 했다. 즉, 맹자의 인정은 바로 효제를 실천하는 데 다름 아닌 것으로 물론 일반 백성들에게 효제를 권장하여 인정이 이루어진다는 측면도 있지만, 특히 순임금의 예를 들면서 맹자가 강조하는 것은 군주 자신이 실천하는 효제라고 할 수 있다.* 군주는 지극한 인륜을 실천한 성인인 요순을 본받아야 하는데, 요순의 도는 바로 효제에 있으며, 또한 순의 예를 들어서 스스로 대효(大孝)를 실천하면 천하가 기뻐하며 따를 것이라는 맹자 특유의 이상적인 인정론을 전개하는 것이다. 이러한 논리의 연장에서 맹자는 군주에게 혈연 질서의 부모가 사회와 국가로 확대된 '민지부모(民之父母)'의 상을 요구하게 된다. 이는 통치의 근원이 되는 군주에게 엄격한 도덕성을 요구하는 한편으로, 군주의 이상적인 통치를 통해 부자간의 윤리인 효가 사회의 모든 방면에 걸쳐서 구현되어 바로 효제가 인의와 다름없는 이상적인 상태를 현실 세계에서 추구한 것이라고 할 수 있다.

* 『孟子』離婁上, "孟子曰, '天下大悅而將歸己, 視天下悅而歸己, 猶草芥也, 惟舜爲然. 不得乎親, 不可以爲人, 不順乎親, 不可以爲子. 舜盡事親之道, 而瞽瞍厎豫. 瞽瞍厎豫而天下化, 瞽瞍厎豫而天下之爲父子者定. 此之謂大孝.'"

그리고 인정은 바로 군주 자신의 부모에 대한 효를 통해 본보기가 되며, 그 가장 지극한 형태는 '존친(尊親)'의 모습으로 나타난다.

지극한 효자는 부모를 높이는 것보다 큰 것은 없다. 부모를 높이는 것의 지극함은 천하를 봉양하는 것보다 큰 것은 없다. 천자의 아비가 되는 것은 지극한 존귀함이고 천하를 봉양하는 것은 기르는 것의 지극함이다.[*]

위의 내용은 효의 최고 경지를 군주의 입장에서 부모를 존귀하게 높이는 것에 두면서 이를 바로 이상적인 천하의 통치 상태와 직접 연결시키는 것이다. 이와 같은 맹자의 효는 『맹자』전반에 걸쳐서 사상의 핵심 토대를 이루는 것으로, 인간 내심의 타고난 '불인지심(不忍之心)'을 효제의 실천을 통해서 인의라는 최종적인 덕목과 일치시키면서, 한편 개인의 수양뿐만이 아니라 통치자의 '대효'를 통해 천하에 골고루 미쳐서 인정이라는 이상 정치를 구현하게 되는 것이다. 그래서 맹자의 효는 인간의 본성을 선한 것으로 긍정하는 가운데 실제 효의 실천행위에서 '친친'의 애정을 우선시하는 점과 효의 실천 중 통치자의 '대효'를 이상적인 정치 실현의 출발점으

---

[*] 『孟子』萬章上, "孝子之至, 莫大乎尊親, 尊親之至, 莫大乎以天下養. 爲天子父, 尊之至也, 以天下養, 養之至也."

로 보았다는 점이 중요하다. 특히 통치자의 '대효'는 '민지부모'라는 유가의 이상적 통치자상으로 제시된 것이다. 이는 『효경』에서 '천자의 효'라는 주제와도 직접 연결되면서 중국의 전통 정치에서 통치자에 대한 중요한 판단 기준이 되는 것이다.

4) 순자의 효

순자의 효는 맹자와 같이 효를 절대적으로 중시하지는 않지만, 그래도 『순자』 내에는 효에 관한 언급이 다수 있어서 나름의 특징을 찾을 수 있다. 순자는 내면적·정신적 가치를 중시했던 맹자와 대비해서 외면적인 사회규범 및 예를 중시하는 경향이 두드러진다. 순자는 특히 진시황의 통일로 이어지는 전국말을 살면서, 통일 왕조의 제국 질서가 현실화되는 상황을 직접 목격하였고, 따라서 그러한 질서에 부응하는 유가 내 예적 질서를 체계화·논리화하려고 했다. 따라서 효에 관한 입장도 국가권력과 예적 질서를 조화시키는 속에서 정리하고 있다.

순자의 인성론은 맹자의 성선설과 대비해서 보통 성악설로 많이 이야기하지만, 순자가 말하는 '인지성악(人之性惡)'은 사실 선악의 가치판단이 개입하기 이전 인간의 타고난 욕망 자체를 말하는 것이다. 그래서 모든 사람이 아무런 제약 없이 본성의 욕망에 따른다면 반드시 다툼이 생기고 어지러워져서 결국 막다른 상황에 이르게 되니, 성인은 이러한 상황을 막고자 예의를 만들어 적절히 그 인간의 욕망을 통제한다는 것이다. 인간의 본성을 욕망이라고 보면서도 이를 완전히 부정하는 것이 아니라 인위적인 예의를 통해 적절히 통제하면서 인간의 성정을 충족시킨다는 의미라고 볼 수 있다. 따라서 순자는 예의법도를 중시하고 등급에 따른 외면적인 규제와 질서를 강조하게 되는데, 이는 효와 관련해서도 마찬가지이다.

순자는 맹자와 달리 효에 어떤 정신적 가치를 강조하지 않으며, 오로지 예의 범주 내에서 효를 설정하고 그 역할과 기능을 설명하고 있다. 그런 측면에서 순자는 특히 상례와 제사의 중요성을 강조하는데, 『순자』예운편(禮運篇)에 그러한 설명이 잘 나와 있다.* 즉, 우선 예에는 외재적 형식인 '문리(文理)'와 내재적 감정인 '정용(情用)'이 모두 포함되어 있다고 하면서, 두 가지 요소 중 어느 한쪽에 치우치지 않는 중도를 강조하면서도 또한 '정용'은 상황에 따라 쉽게 변할 수 있는 매우 불안정한 요소라고 인식한다.** 그래서 불안정하면서도 예의법도의 중요한 요소인 '정용'이 파괴되지 않으려

---

* 『荀子』禮運篇, "禮者, 以財物爲用, 以貴賤賤爲文, 以多少爲異, 以隆殺爲要. 文理繁, 情用省, 是禮之隆也. 文理省, 情用繁, 是禮之殺也. 文理情用相爲內外表裏, 并行而雜, 是禮之中流也. 故君子上致其隆, 下盡盡其殺, 而中處其中."

** 『荀子』性惡篇, "堯問於舜曰, '人情何如?' 舜對曰, '人情甚不美, 又何問焉! 妻子具而孝衰於親, 嗜欲得而信衰於友, 爵祿盈而忠衰於君. 人之情乎! 人之情乎! 甚不美, 又何問焉!"

면, 외재적 형식인 '문리'를 통해서 규제하지 않으면 안 된다는 것이다. 이렇게 볼 때 순자의 예는 내재적 감정인 '정용'을 부정하고 엄격한 형식의 규범만을 강조한 것이 아니라, 가변적인 요소인 감정을 적절한 수단으로 통제하여 그 본성의 가고자 하는 방향을 사회 질서에 부합되게 이끄는 역할을 하고 있음을 알 수 있다.

그래서 순자는 예의 내용을 전체 사회 질서를 포괄하는 것으로 규정하면서, 특히 효의 예적 표현인 '상례'와 '제사'에서 감정 표현이 예의 범위 내에서 통제 가능해야 한다는 점을 강조한다. 그러한 사고는 효에 있어서 '친친'의 '애'를 강조한 맹자에 비해 외면적인 규범에 따르는 '경'을 보다 더 강조한 것이라고 할 수 있다. '경'의 강조는 장례와 제사의 예를 통해서 일상적인 사회규범의 형태가 되는데, 즉 성인이 제정하고 사군자(士君子)가 이를 잘 시행하며 관인(官人)이 그 규범을 지켜서 사회에서 하나의 풍속이 된다는 것이다.*

결국 이는 국가와 사회 전체를 포괄하는 예의 통치를 말하는 것으로, 바로 군주에 대한 충의 가치와 바로 연결된다. 물론 공자 이래 다른 유가들도 효와 정치의 관계를 설정하고 그 중요성을 언급하지만, 순자의 경우는 군주를 혈연의 부모가 하는 '생육(生育)'과 '교회(敎誨)'의 역할을 아우르는 존재이자 모든 사회 규범과 질서의

---

* 『荀子』禮運篇, "祭者, 志意思慕之情也. 忠信愛敬之至矣, 禮節文貌之盛矣, 苟非聖人, 莫之能知也. 聖人明知之, 士君子安行之, 官人以爲守, 百姓以成俗, 其在君子以爲人道也, 其在百姓以爲鬼事也."

귀결점으로 설정해서, 삼년상을 치르는 대상으로 부모에 대한 효와 군주에 대한 충을 연결시키고 있다.[*] 이는 충이 효의 상위 개념으로 설정되어 부모에 대한 효가 군주에 대한 충으로 수렴되는 형태로 해석할 수도 있어서,[**] 감정과 혈연 질서를 우선시했던 맹자와 비교하면 확실한 차이를 보여 준다.

하지만 군주에 대한 충의 강조도 『순자』에서도 나오는 간언의 주제를 보면 절대적인 것이 아니라 도의에 부합해야 한다는 단서가 있다.

> 효자가 부모의 명을 따르지 않을 수 있는 경우가 세 가지 있다. 명을 따르면 부모가 위태롭고 명을 따르지 않으면 부모가 편안해진다면 효자가 명을 따르지 않아야 부모에게 진심을 다하는 것이다. 명을 따르면 부모를 욕되게 하고 명을 따르지 않으면 부모가 영예로우면 효자는 명을 따르지 않아야 부모에게 의로운 것이다. 명을 따르면 부모가 금수가 되고 명을 따르지 않으면 부모의 체면이 선다면 효자는 명을 따르지 않아야 부모에게 공경하는 것이다.……, 전에 "도에 따르고 군주를 따르

---

[*] 『荀子』禮運篇, "三年之喪, 何也? 曰, '稱情而立文, 因以飾群, 別親疏貴賤之節, 而不可益損也.' 故曰, '无適不易之術也. 君之喪, 所以取三年, 何也?' 曰, '君者, 治辨之主也, 文理之原也, 情貌之盡也, 相率而致隆之, 不亦可乎? 詩曰, "愷悌君子, 民之父母." 彼君子者, 固有爲民父母之說焉. 父能生之, 不能養之, 母能食之, 不能教誨之. 君者, 已能食之矣, 又善教誨之者也. 三年畢矣哉!'"

[**] 下見隆雄, 『孝と母性のメカニズム 中國女性史の視座』, 研文出版, 1997, 208쪽.

지 않으며 의에 따르며 아비를 따르지 않는다"라는 것은 이를 말한 것
이다.*

위의 문장은 『순자』에 나오는 '부종명(不從命)'의 명제를 논한 부
분이다. 공자 이후 맹자까지 다른 유가도 자식의 의무로 간언을 강
조하고 중요한 주제로 다루지만, 어디까지나 부모를 거스르지 않
는 범위에서의 간언을 말한 것이었다. 간언이 받아들여지지 않으
면 그 허물을 자식이 대신해야 한다든지, 부모의 잘못을 간언하지
않는 것은 부모에 대한 애정이 소원한 것이라든지 하는 식이어서,
혈연 질서를 상징하는 부모와 사회 규범 사이에 모순이 있을 때 이
를 완전히 조화시키는 정도로 논리를 전개하지는 못하고 있다. 순
자는 이러한 모순이 발생했을 때 자식의 의무를 도에 입각해서 행
하는 것이야말로 '대행(大行)'이라고 하면서, 맹자가 강조했던 효제
를 '소행(小行)'이라고 하여 분명하게 대비하고 있다. 부모의 명을
따르지 않아도 되는 경우[不從命]는 구체적으로 그 명을 따를 경
우 부모가 위험해지거나 욕되거나 금수와도 같아지는 상황으로,
이러한 때에는 자식이 간언해야 한다는 것은 공자, 맹자 등 기존의
유가들과 다를 것이 없다. 다만 순자는 여기에서 더 적극적으로 도

---

* 『荀子』子道篇, "孝子所以不從命有三, 從命則親危, 不從命則親安, 孝子不從命乃
衷. 從命則親辱, 不從命則親榮, 孝子不從命乃義. 從命則禽獸, 不從命則脩飾, 孝子
不從命乃敬. ……, 傳曰, '從道不從君, 從義不從父.' 此之謂也."

의에 따르면서 부모의 명을 따르지 않는 자식의 능동적인 행위를 강조한다. 즉, 순자는 부모를 거스르지 않고['無違'] 잘잘못을 따져 다투어서는['爭辨'] 안 된다는 기존 유가의 입장에서 더 나아가 부모의 잘못을 바로잡기 위해서는 부모와 다툴 수도 있다는 '쟁자(爭子)'를 주장한다.* 여기서 '쟁자'의 의미는 논자마다 차이가 있지만, 간언과 동일한 의미로만 해석하면 그 의미가 분명하지 않다. 앞서 『대대예기』「증자사부모」의 "효자지간, 달선이불감쟁변(孝子之諫, 達善而不敢爭辨)"에서 '쟁변'은 단순히 간언이라기보다는 적극적으로 상대방과 시비를 가려서 분별한다는 의미라고 할 수 있다. 따라서 '쟁'은 '종의부종명(從義不從命)'과 바로 연결되어서 부모 또는 군주의 권위라도 도의에 어긋나면 자식이나 신하의 입장에서 적극적으로 바로잡는 행위인 것이다. 이는 공자 이래의 유가 입장에서 본다면 불효라고도 볼 수 있는 행위이다. 하지만 순자는 비록 부모가 위험해지거나 욕되거나 금수와도 같아지는이라는 단서를 달지만, 혈연 질서의 효와 국가권력에 대한 충을 도의라는 틀 아래로 제한시켰다고 할 수 있다. 순자에게 도의는 바로 예의법도에 다름 아니므로, 결국 인간세계의 모든 규범과 질서는 예의법도에 따라서 재

---

* 『荀子』子道篇, "孔子曰, '小人哉! 賜不識也. 昔萬乘之國, 有爭臣四人, 則封疆不削, 千乘之國, 有爭臣三人, 則社稷不危, 百乘之家, 有爭臣二人, 則宗廟不毁. 父有爭子, 不行無禮, 士有爭友, 不爲不義. 故子從父, 奚子孝? 臣從君, 奚臣貞? 審其所以從之之謂孝之謂貞也.'"

단되어야 한다는 것을 의미한다. 그리고 예의법도의 원천이자 주재자는 결국 군주 권력으로 귀결되므로["君者, 治辨之主也, 文理之原也, 情貌之盡也, 相率而致隆之"], 실제 현실에서의 질서는 군주에 대한 충으로 포괄된다고 할 수 있다. 즉, 혈연 질서의 효를 이념적으로는 예의법도로 수렴하는 형태이지만, 현실에서 예의법도를 체현하는 주체는 결국 군주이므로 효를 군주의 권위 아래로 제한한다는 의미이다. 따라서 순자의 효는 공자나 맹자와는 달리 군권의 '전제성(專制性)'을 한층 강화하는 것으로, 사회 기층질서가 국가권력의 편제 내로 일괄 포섭되어지는 전국말의 상황을 직접적으로 반영하고 있다고 할 수 있다.

순자는 전국시대가 거의 끝나갈 때 국가권력이 사회 전체를 일괄적으로 통합해 가는 상황을 목도하면서, 이를 이념적으로 예의법도에 따른 질서와 조화시켜 나갔다. 전란이 끊이지 않던 전국시대는 순자의 시각에서 보면 인간의 본성을 올바르게 이끄는 성인의 예가 붕괴된 것에 그 원인이 있는 것으로, 예적 질서를 다시 세워야지만 사회의 어지러움을 극복하고 인간의 본성인 '욕(欲)'을 바르게 이끌어 낼 수 있는 것이었다. 그리고 순자는 그러한 예적 질서의 회복은 전적으로 도의에 기반하는 군주에 달려 있다고 보았다. 따라서 순자에게 효는 공자 이래 전통적인 유가의 입장과는 달리 예적 질서 내에 포괄되는 하나의 규범 질서로 제한되며, 또한 이는 보다 상위의 권위로 설정된 군주 권력 아래에 위치하였다. 이러한 순자의 효는 이후 진한 시기 황제 권력의 제국 질서를 옹호하는 『효경』의 이념에도 일정한 영향을 끼쳤다고 볼 수 있다.

지금까지 공자 이래 증자, 맹자, 순자로 이어지는 선진시대 유가의 효사상을 살펴보았다. 마지막으로 다시 강조하자면 일련의 사상이 전개되고 체계화되는 과정은 현실의 사회 변화와 서로 밀접한 관련을 가진다는 점이다. 실제 중국 고대사회는 서주 이래 춘추전국시대에 강고한 혈연조직의 결합이 지속적으로 이완되어 가면서 그 결합력이 미치는 범위는 축소되어 간다. 이러한 혈연조직의 이완은 급변하는 정치·사회적 환경 속에서 외재하는 국가권력의 강화에 수반하여 점차 혈연조직 내 부권으로 상징되는 권위의 위기를 가져왔다. 혈연조직 내부의 권위의 위기는 밖으로는 국가권력과의 상대적인 길항작용으로 나타났으며, 안으로는 수평-수직적 질서 사이의 갈등과 대립의 모습으로 노출되었다고 할 수 있다.

유가 효사상의 전개는 바로 이러한 상황에 대한 유가의 사상적인 대응이라고 할 수 있다. 공자에서 증자, 맹자, 순자로 이어지는 과정은 연속적으로 전개되면서도 서로 상반되는 측면도 존재한다. 특히 맹자는 극단적으로 '친친'의 감정인 '애'를 중시하는 반면, 순자는 이에 비해 불안정한 요소인 감정을 통제할 수 있는 외재적 규범으로서 예를 강조하고 있다. 이처럼 선진 시기 유가 내부에서도 효에 관한 다양한 사고가 전개되었고, 이러한 흐름은 최종적으로 『효경』으로 수렴되어 한제국의 통치 이념으로 채택되기에 이른다.

선진 제자의 효에 관한 언설과 정치

선진 시기 유가 이외의 다른 제자들은 유가에 비해 상대적으로 효에 관한 사유가 체계적이진 않다. 그럼에도 효는 당시 국가권력과의 상대적인 관계 속에서 근본적인 변화를 하고 있던 혈연조직의 질서와 관련해서 어떤 식이든지 언급하지 않으면 안 되는 문제였기 때문에, 제각기 효에 대해서 나름의 고유한 입장들을 제시하고 있다. 그리고 이러한 제자들의 효에 관한 사유와 논리 전개는 다시 유가 효사상에도 일정 부분 영향을 주면서 중국 고대 효의 사상화 과정에 각기 나름의 역할을 했다고 할 수 있다. 따라서 유가 이외의 다른 선진 제자의 효에 관한 언설도 확인해 볼 필요가 있는데, 여기서는 일단 묵가와 법가의 효에 관한 언설을 효와 정치와의 관계를 중심으로 살펴본다. 아울러 효의 사상화 과정에도 선진 제자 간의 종합과 절충의 흐름을 찾아볼 수 있는지, 전국말 제자백가를 종합·절충하는 경향의 문헌으로 잘 알려진 『여씨춘추』를 통해서 확인해 본다.

1) 묵가의 효와 정치: 천하의 이로움

묵가는 일종의 공리주의라고 할 수 있는 '이(利)'가 사상의 근원이라고 할 수 있다. 그래서 이른바 '흥천하지리, 제천하지해(興天下之利, 除天下之害)'에 근거해서 '겸애(兼愛)', '비공(非攻)', '비락(非樂)', '상동(尙同)', '천지(天志)' 등 묵가의 고유한 개념들이 제시되고 있다. 이 중 효와 관련되는 개념은 '겸애'이다. 묵가의 '겸애'는 친소와 존비에 따라서 차별적인 애정을 이야기하는 유가와는 달리 신분과 혈연에 상관없는 무차별의 애정이다. 따라서 당연히 혈연 질서 내의 효는 '겸애'의 범위 내에 존재하는 자연스러운 애정의 한 형태일 뿐, 사회 다른 윤리 규범과 비교해서 효가 특별한 위치에 있지는 않는다.* 즉, 묵가의 효는 '겸상애(兼相愛)'라는 보편적인 무차별의 윤리 내의 하나일 뿐이다.

그래서 자식의 효는 부모의 '자(慈)'와 연결되어, 군신 관계를 지칭하는 '혜(惠)-충(忠)', 형제 관계를 지칭하는 '우(友)-제(悌)'와 함께 '효(孝)-자(慈)'라는 '겸애' 내의 상대적인 덕목으로만 제시된다. 효는 천하의 이로움을 가져오기 위한 '겸애'의 실천으로 혈연 질서 내의 윤리만으로 국한될 뿐, 효의 정신이 사회·국가로 확장해 가고

---

* 『墨子』兼愛上, "若使天下兼相愛, 國與國不相攻, 家與家不相亂, 盜賊無有, 君臣父子皆能孝慈, 若此則天下治."; 『墨子』兼愛中, "君臣不惠忠, 父子不慈孝, 兄弟不和調, 此則天下之害也."; 『墨子』兼愛下, "爲人君必惠, 爲人臣必忠, 爲人父必慈, 爲人子必孝, 爲人兄必友, 爲人弟必悌."

인의의 근본이 된다는 유가 식의 인식은 없다.

묵가의 효가 보여 주는 특징은 다음과 같다. 묵가에게 '이'란 결국 천하의 이로움을 말한 것이며 반대로 천하의 '해(害)'를 제거하는 것은 바로 '이'와 직결되는 문제이다. 천하의 '해' 중 가장 큰 것 중 하나로 부자가 서로 '자효'하지 못하는 것을 들면서,* 이는 서로 사랑하지 않고[不相愛] 자기 이익만을 추구하는데 원인이 있다는 것이다.** 이처럼 묵가는 '자리(自利)'를 천하의 '해'를 불러오는 원인으로 보고, 이를 극복하는 방법으로 자기를 아끼듯 다른 사람을 아끼는[愛人若愛其身] '겸상애'가 실천되면 자식의 '불효(不孝)'와 부모의 '부자(不慈)'가 모두 없어진다고 한다. 그리고 '겸상애'는 부자간의 직접적인 '효자'만이 아니라 타인의 부모를 아끼고 이롭게 함으로써[愛利人之親], 자신의 부모에게로 보답이 돌아온다는 논리로 이어져서 전체 사회에 골고루 구현되는 '겸애'의 한 모습으로 효의 이로운[利] 효과를 설명하고 있다.***

* 『墨子』兼愛上, "子墨子言曰, '仁, 人之所以爲事者, 必興天下之利, 除去天下之害, 以此爲事者也. 然則天下之利何也? 天下之害何也?' 子墨子言曰, '今若國之與國之相攻, 家之與家之相簒, 人之與人之相賊, 君臣不惠忠, 父子不慈孝, 兄弟不和調, 此則天下之害也. 父者之不慈孝, 子者之不孝也, 此又天下之害也.'"
** 『墨子』兼愛上, "父自愛也不愛子, 故虧子而自利, 兄自愛也不愛弟, 故虧弟而自利, 君自愛也不愛臣, 故虧臣而自利. 是何也? 皆起不相愛."
*** 『墨子』兼愛上, "若使天下兼相愛, 愛人若愛其身, 猶有不孝者乎? 視父兄與君若其身, 惡施不孝? 猶有不慈者乎? 視弟子與臣若其身, 惡施不慈? 故不孝不慈亡有."; 『墨子』兼愛下, "即必吾先從事乎愛利人之親, 然後人報我以愛利吾親也."

이러한 '이'의 관점은 후기 묵가에서는 더욱 명확하게 강조되고 있다. 부모에 대한 애정으로 자신이 아니라 부모를 이롭게 하는 것이 효의 본질이며,* 이는 바로 천하에 대한 애정으로 천하를 이롭게 하는 '의(義)'와 동일하게 규정하고 있다.** 따라서 '애'='효'='이'='의'의 구도는 모두 '겸애'라는 개념 아래로 포괄되는데, 그러한 논리 구조는 맹자의 '애'='효'='인의'와 동일한 형태여서 맹자에 묵가의 영향이 어느 정도 있었다고 짐작할 수 있는 부분이기도 하다.***

묵가는 '이'의 관점에서 효를 인식해서, 유가가 중시하는 '후장(厚葬)'을 반대하고 '절장(節葬)'을 주장한 것은 잘 알려진 사실이다. 묵가는 '후장'이 궁핍을 초래하여 오히려 부자간의 애정을 파괴하고 서로 원망하는 원인이 된다고 보았다.**** 그래서 '후장구상(厚葬久喪)'은 성왕의 도가 아니며 '인의'도 아니어서 효자가 해야 할 일이 아니라고 강하게 비판한다.***** 대신에 묵가는 지역과 나라에 따

---

* 『墨子』經上, "孝 , 利親也."; 『墨子』經說上, "孝, 以親爲愛, 而能能利親, 不必得."
** 『墨子』經上, "義, 利也."; 『墨子』經說上, "義, 志以天下爲芬, 以能能利之, 不必用."
*** 下見隆雄, 『孝と母性のメカニズム 中國女性史の視座』, 硏文出版, 1997, 199~205쪽.
**** 『墨子』節葬下, "今唯無以厚葬久喪者爲政, 國家必貧, 人民必寡, 刑政必亂……, 上不聽治, 刑政必亂, 下不從事, 衣食之財必不足. 若苟不足, 爲人弟者, 求其兄而不得, 不弟弟必將怨其兄矣. 爲人子者, 求其親而不得, 不孝子必是怨其親矣."
***** 『墨子』節葬下, "厚葬久喪, 果非聖王之道."; 『墨子』節葬下, "若人厚葬久喪, 實不可以富貧衆寡, 定危治亂乎, 則非仁也, 非義也, 非孝子之事也."

라 익숙한 습속에 따라 장례의 기준이 다르다고 하면서, 의식이라는 삶의 이로움과 매장이라는 죽음의 이로움을 모두 잃지 않는 수준의 '절장'[薄葬短喪]을 제시한다. 묵가의 '절장'은 '후장'을 통한 효를 주장하는 유가를 정면으로 비판하는 동시에, 부모에 대한 효를 생사의 이로움으로 구분해서 실천할 것을 주장했다는 점에서 묵가 사상의 근본인 '천하의 이로움'이라는 입장이 충실히 반영되어 있다.

2) 법가의 효와 전국말 『여씨춘추』

법가류로 분류되는 선진 문헌에서도 효는 다른 제자들과 마찬가지로 부모와 자식 간 '애친(愛親)'의 감정 자체는 인정하고 있다. 하지만 그러한 혈연 질서의 감정은 '이해(利害)'에 좌우된다고 해서 군주의 법에 의한 통치를 주장하는 법가에게 효는 하나의 통제해야 하는 대상일 뿐이었다. 법가의 효에 대한 인식을 『관자(管子)』, 『상군서(商君書)』, 『한비자(韓非子)』 등을 통해 확인해 본다.

『관자』는 표면적으로는 춘추 시기 제 환공의 패업을 보좌했던 관중의 저작이라고 하지만, 대체로 전국 중기 이후 제 지역의 법가

---

* 『墨子』節葬下, "此所謂便其習而義其俗者也……, 故衣食者, 人之生利也, 然且猶尙有節, 葬埋者, 人之死利也, 夫何獨無節於此乎.……, 故曰子墨子之法, 不失死生之利者, 此也."

적 성향을 가진 이들에 의해 만들어진 것으로 추정된다.'『관자』에서 효와 관련해서 중요한 부분은 인간의 욕망을 인정하고 정치는 그러한 욕망에 부응해야 한다고 하는 '순인심(順人心)'의 사고를 들 수 있다. 즉, 인간은 '일락(佚樂)', '부귀(富貴)', '존안(存安)', '생육(生育)'이라는 네 가지 욕망을 가지고 있고, 통치자는 이를 거스르지 않는 정치를 해야 한다고 주장한다." 인간의 고유한 욕망을 충족시키기 위한 여러 내용을 체계적으로 제시하고 있는데, 그중 효와 관련한 언급은『관자』에 30건 전후 나온다. 그 특징을 간략히 정리하면 다음과 같다.

『관자』에서 효는 아름다운 이름[美名]을 얻게 되는 자식 쪽의 이로움이라는 관점에서 언급되면서,*** 이를 이끌어 내는 부모의 '자(慈)'와 서로 상대적으로 병렬되어 있다. 즉, 인간은 '욕망'의 존재로 필연적으로 이해관계에 좌우될 수밖에 없다고 보는 사고이다. 그러면서『관자』에서는 효를 이끌어 내는 '자'라는 부모 쪽의 역할과

---

* 『관자(管子)』의 성립과 작자 및 그 사상의 분류에 대해서는 상당한 논란이 있었다. 특히 기존의 일반적인 인식에서 법가로 분류하기에는 이질적인 요소가 많이 포함되어 있기 때문이다. 선진 제자 사상에서 지역적인 차이도 중요한 부분의 하나라고 본다면, 법가적 경향의 사상에서 삼진(三晋)·진(秦) 지역과 제(齊)·연(燕) 지역으로 지역을 구분해서 그 차이를 살펴보는 것도 흥미로운 주제이다.

** 『管子』牧民, "政之所興, 在順民心. 政之所廢, 在逆民心. 民惡憂勞, 我佚樂之. 民惡貧賤, 我富貴之. 民惡危墜, 我存安之. 民惡滅絶, 我生育之……, 故從其四欲, 則遠者自親, 行其四惡, 則近者叛之. 故知予之爲取者, 政之寶也."

*** 『管子』形勢解, "孝者, 子婦之高行也……, 子婦孝而不解, 則美名附."

신하의 충을 이끌어 내는 군주의 '혜'가 서로 대칭되며, 또 효·제·충·신을 세상의 네 가지 큰 법도로 꼽으면서 그중 효제에 대해서는 인의 근본[祖]으로 높여 개인이 체현해야만 하는 윤리 규범으로 규정한다.*

이어서 『관자』에는 효제를 주로 국가의 통치 질서라는 측면에서 정책적으로 권장하는 내용이 다수 나오고 있다. 결국 『관자』의 효는 국가권력의 통치라는 측면에서 '치술(治術)'의 일환으로 국가권력의 '호령(號令)'을 통해서 혈연 질서 내 효를 체현하는 방식이라고 할 수 있다. 그리고 이를 신하에 대한 평가에도 적용함으로써 군주는 향촌을 지배하게 될 뿐만 아니라 관리를 통어하는 한 수단을 가지게 된다고 할 수 있다. 『관자』에서 인간의 욕망을 모든 인간관계의 동인으로 파악한다는 점, 통치자의 권위를 위한 '세'와 통치의 수단으로 '법'을 강조한 점 등은 전형적인 법가의 모습이라고 할 수 있다. 그러면서도 자발적인 순종을 이끌어 내기 위해 '혜'와 '자'라는 통치자의 덕목을 제시한 것은 『상군서』, 『한비자』와 같은 다른 법가 경향의 문헌과 비교되는 지점이라고 할 수 있다.

『상군서』는 전국시대 진 효공을 보좌하여 변법을 추진했던 상앙의 저작으로 알려져 있지만, 여기서는 상앙 변법과 관련해서 이른

---

* 『管子』戒, "孝弟者, 仁之祖也. 忠信者, 交之慶也. 內不考孝弟, 外不正忠信, 澤其四經而誦學者, 是亡其身者也."

바 전국시대 변법에서 효가 어떤 의미였는지 간단히 확인해 본다.

춘추 이래 격심한 변화를 거치면서 중국 고대사회는 국가와 기층 혈연조직에 이르기까지 기존의 전통적인 질서가 상당히 이완되고 혼란스러운 상태였다. 그러면서도 서주 이래의 종족 질서는 각국의 지배층을 중심으로 여전히 강고한 세력을 형성하고 있었던 것도 사실이다. 이러한 상황 속에서 전국시대 각국은 우선 상호 병탄의 치열한 무력 경쟁에서 생존하고 우위를 차지해야 하는 문제에 직면해 있었다. 이를 해결하기 실시된 각국의 변법은 군주 권력을 중심으로 집권적 정치 질서를 확립해서 지배영역 내 최대한의 인적·물적 자원을 효율적으로 동원하여 현실의 가혹한 경쟁에서 승리하고자 했다. 그런 측면에서 여전히 강한 힘을 가지고 있는 지배층의 봉건적인 종족 질서는 변법이 타파해야 하는 우선적인 목표가 될 수밖에 없었다.

그래서 『상군서』에 따르면 아직도 전통적인 종족 질서가 잔존해서 종족 전체가 종주 아래로 포섭되어 국가권력에 노출되지 않은 지배 종족의 '여자(餘子)'와 같은 인적 자원은 철저히 파악해서 국가의 법 아래 일률적인 지배를 받도록 해야 했다.* 반면 향촌에서는 농민이 부모를 봉양할 수 있을 정도로 안정되어야지만, 비로소

---

* 『商君書』墾令, "均出餘子之使令, 以世使之, 又高其解舍, 令有甬官食, 槪不可以役, 而大官未可必得也, 則餘子不游事人, 則必農. 農, 則草必墾矣."

군사에 동원 가능하다고 해서 농업의 장려와 향촌 사회의 안정을 매우 중시하고 있다. 이를 보면 효의 가장 기본적인 '봉양'의 역할을 인정하고 있음을 알 수 있다.

농민이 고향을 떠나지 않으면 양친을 봉양하고 군사 일을 익히기에 충분하다.*

상앙 변법은 기본적으로 전국 당시의 시대적인 현실에 부응하여 부국강병이라는 당면한 목표를 실현하는 데 모든 노력을 집중했던 것으로, 핵심은 말 그대로 기존 가치체계를 이른바 국가권력의 법 아래로 모두 바꾸는 것이었다고 할 수 있다. 즉, 세상의 변화[世事變]에 맞추어 시행해야 하는 법도도 달라질 수밖에 없다는 것[行道異]은 전국시대 변법의 출발점이라고 할 수 있는 인식이다.** 이른바 인의예악과 같이 유가에서 말하는 복고의 가치들은 현재의 실정에 맞지 않을 뿐만 아니라 잔존하는 구질서를 옹호하고 있어서 새롭게 군주 권력 아래 일원적인 법질서를 확립하는 데 방해가 될 뿐이었다.

* 『商君書』君臣, "農不離壥者, 足以養二親, 治軍事."
** 『商君書』開塞, "上賢者, 以道相出也, 而立君者, 使賢無用也. 親親者, 以私爲道也, 而中正者, 使私無行也. 此三者, 非事相反也, 民道弊而所重易也, 世事變而行道異也."

그래서 『상군서』는 기존의 전통적 가치들을 구체적으로 나열하면서 국가의 근본인 '농전(農戰)'을 약화시킨다고 비판하고 있다.* 즉, 상앙과 같은 변법가에게 '예악', '시서', '수선', '효제' 등의 가치들은 사회의 사사로운 인간관계에 얽매이게 함으로써 국가 법질서를 약화시키는 존재로 인식될 뿐이었다. 이러한 비판적 인식에서 자연히 전통적인 효의 가치는 부정될 수밖에 없다. 효자라도 과오가 있으면 '형무등급(刑無等級)'의 원칙에 따라서 차별 없이 엄격하게 처벌해야 한다고 하면서, 효의 가치에 어떤 혜택이나 우월성을 인정하지 않고 있다.

이른바 형을 하나로 한다는 것은 형에 등급이 없는 것이다. 경·상·장군에서 대부·서인에 이르기까지 왕령에 따르지 않으면, ……, 충신·효자라도 잘못이 있으면 반드시 죄를 처벌해야 한다.**

그리고 더 나아가 사회의 전통적인 윤리 및 그 평가가 중시하면 상대적으로 국가의 상벌은 경시되므로 국가의 권위가 훼손되어 통

---

* 『商君書』靳令, "六蝨, 曰禮樂, 曰詩書, 曰修善, 曰孝弟, 曰誠信, 曰貞廉, 曰仁義, 曰非兵, 曰羞戰. 國有十二者, 上無使農戰, 必貧至削. 十二者成群, 此謂君之治不勝其臣, 官之治不勝其民, 此謂六蝨勝甘政也."; 『商君書』愼法, "使民之所苦者無耕, 危者無戰. 二者, 孝子難以爲其親, 忠臣難以爲其君."

** 『商君書』賞刑, "所謂壹刑者刑無等級. 自卿相將軍以至大夫庶人, 有不從王令,……, 忠臣孝子有過, 必以其數斷."

치가 어려워지게 된다고 본다. 그래서 효와 충과 같은 가치를 개개의 사람들이 평가해서 차별적으로 사회 질서 내에 사사로이 위치하는 것을 인정하지 않고, 오로지 국가의 법을 통해서만 그러한 가치를 평가하고 실현해야 한다고 주장한다.[*]

상앙의 인식은 매우 현실적인 것으로 세상의 변화에 부응하는 새로운 법도를 제정하는 것이었다. 그래서 기존의 전통적인 가치는 구질서를 옹호한다는 측면에서 일단 강력하게 비판하고 배제하지만, 효가 사회 기층의 생산 능력을 안정시킨다는 의미에서 '봉양'의 기본적인 역할은 인정하고 국가의 법을 통해 이를 실현할 것을 주장한다. 효의 가치를 인의의 근본으로 확대 발전시키고 통치와 교화의 근본으로 삼는 유가와는 대조적으로, 상앙의 효는 '봉양'이라는 현실적인 사회 유지 기능만으로 국한한 것이다. 혈연 질서 내 효의 윤리성은 고려하지 않고 국가의 법을 통한 일종의 기능주의적 접근으로 일관하는 특징을 찾을 수 있는 것이다.

상앙을 비롯해서 전국시대 변법을 이론적으로 뒷받침하는 사고의 흐름은 전국말 한비에 의해 체계화된다. 그중에서 『한비자』 충효편은 유가의 영향을 강하게 받았다고 해서 한비 본인의 저술이

---

[*] 『商君書』畵策, "是以知仁義之不足以治天下也. 聖人有必信之性, 又有使天下不得不信之法. 所謂義者, 爲人臣忠, 爲人子孝, 少長有禮, 男女有別, 非其義也, 餓不苟食, 死不苟生. 此乃有法之常也. 聖王者, 不貴義而貴法, 法必明, 令必行, 則已矣."

아니라고도 하지만, 특히 효에 대해서 집중적으로 논의하고 있어
서 살펴볼 필요가 있다.

『한비자』도 앞서『관자』와 마찬가지로 인간의 본성을 '욕망'의
존재로 보고, 인간관계는 모두 이해관계에 좌우된다는 인식에 기
반한다. 그래서 인간의 가장 기본적인 관계인 부모 자식도 이러한
각자의 이해에 좌우된다고 보고 있다. 그런데『관자』에서는 자식
의 효를 이끌어 내는 부모의 '자'를 긍정적으로 강조한 것에 비해,
『한비자』는 자신의 이해득실에 따라 서로 원망하고 다투게 된다고
해서 부모 자식 간의 양방향적인 '효자(孝慈)'의 덕목을 완전히 부
정하고 있다. 즉, 가장 기본적인 부모 자식 사이의 애정도 철저히
자신의 이익에 따르는 것으로, 심지어 부모가 자식을 낳을 때도 장
래의 이익을 생각하며 자식도 죽음을 무릅쓰고 부모의 위험을 구
하는 이는 드물다고 보는『한비자』의 인식에는 효의 어떠한 도덕

---

* 『한비자』 충효편의 내용과 작자에 대해서는 여러 가지로 논란이 있지만, 본고는
『한비자』 내의 전체적인 문맥과 크게 모순되지 않는다고 보고 한비 본인 또는 한
비 이후 한초 법가 계통의 저술로 보는 입장이다.

** 『韓非子』 難二, "好利惡害, 夫人之所有也."; 『韓非子』 難二, "喜利畏罪, 人莫不然."

*** 『韓非子』 外諸說左上, "人爲嬰兒也, 父母養之簡, 子長而怨, 子盛壯成人, 其供養薄,
父母怒而誚之. 子父至親也, 而或誚或怨者, 皆挾相爲, 而不周于爲己也."

**** 『韓非子』 六反, "且父母之于子也, 産男則相賀, 産女則殺之. 此俱出父母之
懷衽, 然男子相賀, 女子殺之者, 慮其後便, 計之長利也. 故父母之于子也, 猶用計算
之心以相待也, 而況無父母之澤乎!"; 『韓非子』 難二, "嚴親在圍, 輕犯矢石, 孝子之
所愛親也. 孝子愛親, 百數之一也. 今以爲身處危而人尙可戰, 是以百族之子於上皆
若孝子之愛親也."

적 가치도 찾아볼 수 없다. 심지어 여기에는 『상군서』에서도 인정하고 있는 '봉양'이라는 효의 기본적인 사회 유지 기능조차 고려되지 않는다.

한편 『논어』에 나왔던 '직궁'의 일화는 『한비자』에 다시 나온다.

초나라에 직궁이라는 사람이 있었는데 그 아비가 양을 훔치자 관리에게 고발했다. 영윤이 말하기를 "죽여라"라고 하고는 직궁이 군주에게 정직하지만 아비에 대해서는 비뚤어졌다고 해서 왕에게 보고하고 죄를 주었다. 이로써 보건대 대저 군주의 직신은 아비의 난폭한 아들이다. 노나라 사람이 군주를 따라서 전쟁에 나갔는데 세 번 전투에서 도망쳤다. 공자가 그 까닭을 물으니 대답하기를 "제게는 늙은 아비가 있어 제가 죽으면 봉양할 수 없습니다"라고 했다. 공자가 효성스럽다고 여기고 뽑아서 올렸다. 이로써 보건대 대저 아비의 효자는 군주를 배신하는 신하이다. 그래서 영윤이 자식을 주살하자 초에는 간사한 무리를 보고하지 않게 되었고, 공자가 상을 주자 노나라 백성들은 쉽사리 항복하고 도망하였다.*

---

* 『韓非子』五蠹, "楚之有直躬, 其父竊羊而謁之吏, 令尹曰, '殺之.' 以爲直於君而曲於父, 報而罪之. 以是觀之, 夫君之直臣, 父之暴子也. 魯人從君戰, 三戰三北, 仲尼問其故, 對曰, '吾有老父, 身死莫之養也.' 仲尼以爲孝, 擧而上之. 以是觀之, 夫父之孝子, 君之背臣也. 故令尹誅而楚姦不上聞, 仲尼賞而魯民易降北."

'직궁' 일화에서 공자는 국가권력과 부모의 권위가 충돌할 때 자식은 부모의 허물을 드러내어서는 안 된다는 '상은(相隱)'의 원칙을 제시하면서 직궁을 비판했었다. 이에 반해 『한비자』는 거의 동일한 일화를 가지고 초의 영윤이 직궁을 처벌한 것은 잘못되었다고 비판하고 있다. 여기에 더해 부모 봉양을 핑계로 전쟁터에서 도망친 사람을 공자가 효자라고 칭찬하는 일화를 함께 소개하는데, 이에 대해 반대로 군주를 배신하는 행위라고 하면서 사적 영역의 효가 공적 영역의 법과 충을 위협할 때는 배제해야 한다는 주장을 펴고 있다.*

그리고 충과 효의 문제에 대해서는 『한비자』 「충효편」에서 더욱 자세히 다루고 있다. 「충효편」은 효·제·충·순의 도를 중시하는 유가의 모순점을 지적하고 나라를 다스리는 데 필요한 것은 법술과 상벌이라는 점을 명확히 하면서, 유가에서 주장하는 충효의 논리적 모순과 불철저함을 비판하고 있다. 즉, 유가에서 효·제·충·순의 도를 실현한 인물로 숭상하는 요·순·탕·무왕은 실제로는 군신·부자의 도를 어지럽힌 인물로 오히려 혼란의 원인이라고 한다. 그래서 한비는 공자가 효·제·충·순의 도를 제대로 알지 못했다고 강하게 비판하는데,** 「충효편」에서 충과 효를 서로 대응해서 설명하는

---

* 福田芳典, 「孝重視の思想についての一考察(一)-中國古代「直躬」例話の容隱をてがかりに-」, 『學海』10, 1994.

** 『韓非子』 忠孝, "天下皆以孝悌忠順之道爲是也, 而莫知察孝悌忠順之道而審行之,

부분을 좀 더 살펴본다.

　이른바 충신은 그 군주를 위태롭게 하지 않고, 효자는 그 부모를 비
방하지 않는다.*

　효자가 아비를 섬길 때 아버지의 집안을 차지하려고 다투지 않으며,
충신이 군주를 섬길 때는 군주의 나라를 차지하려고 다투지 않는다.**

　그 부모를 비방하는 것은 불효라는 것을 알면서, 군주를 비방하는 경
우는 천하가 모두 현명하다고 한다.***

　신하의 윤리로서 충이 온 마음을 다해서 군주를 섬기는 것이라
고 한다면,**** 마찬가지로 효도 자식이 부모에게 순종하는 의미로 강

是以天下亂. 皆以堯·舜之道爲是而法之, 是以有弑君, 有曲於父. 堯·舜·湯·武,
或反君臣之義, 亂後世之敎者也. 堯爲人君而君其臣, 舜爲人臣而臣其君, 湯·武爲
人臣而弑其主, 刑其尸, 而天下譽之, 此天下所以至今不治者也.";『韓非子』忠孝,
"孔子曰, '當是時也, 危哉! 天下岌岌, 有道者, 父固不得而子, 君固不得而臣也.' 臣
曰, '孔子本未知孝悌忠順之道也.'"
* 『韓非子』忠孝, "所謂忠臣, 不危其君, 孝子不非其親."
** 『韓非子』忠孝, "孝子之事父也, 非競取父之家也. 忠臣之事君也, 非競取君之國也."
*** 『韓非子』忠孝, "非其親者, 知謂之不孝, 而非其君者, 天下皆賢之."
**** 　　　『韓非子』忠孝, "故人臣, 毋稱堯舜之賢, 毋譽湯武之伐, 毋言烈士之高, 盡力
守法, 專心於事主者爲忠臣."

조되고 있다. 그래서 효와 충은 서로 대응 관계를 이루면서, 아버지와 군주는 각각 가족과 국가의 절대 권력자가 되고 자식과 신하는 오로지 복종만을 해야 하고 다툴 수 없다. 「충효편」에서 절대적 복종의 의미로 효를 언급하는데, 가내에서부터 상하 관계의 절대성을 주장하는 것은 법에 따른 군주의 일원적 지배를 추구하는 법가의 입장에서 당연한 논리라고 할 수 있다. 하지만 중점은 군주 권력의 절대성에 있는 것으로 부모에 대한 복종의 효와 대비해서 군주에 대한 충을 강조하기 위한 수사적 표현의 의미가 강하다고도 볼 수 있다.

『한비자』에서 효 그 자체는 어떤 다른 도덕적 가치를 지니지 못하며, 오히려 국가의 일원적 법질서 확립을 방해하는 사사로운 가치의 하나로 부정되는 요소일 뿐이다. 다만 군주 권력의 절대성을 강조하기 위한 목적에서 이와 대비되는 부모의 권위에 절대적으로 순종하는 자식의 효에 의미를 부여할 뿐이라고 할 수 있다. 『한비자』에 나오는 절대복종의 효는 전국말 진제국의 등장을 목전에 둔 상황에서 서주 이래 봉건적 질서와 가치를 완전히 부정하고 중앙집권의 전제권력을 강력하게 옹호하기 위한 논리라고 할 수 있다. 그래서 이후 『효경』으로 대표되는 한제국의 효치 통치 이념이 분명 유가적인 효의 가치를 수용해서 장려하고 있지만, 한편 황제 권력의 절대성을 옹호하는 『한비자』의 법가적인 효의 성격도 일정 정도 포함하고 있다고 볼 수 있는 것이다.*

　선진 제자의 효 인식에서 마지막으로『한비자』와 비슷한 전국말에 성립하는『여씨춘추』의 내용을 살펴본다.『여씨춘추』는 전국말 대상인 출신으로 진의 정권을 장악했던 여불위가 휘하의 빈객들을 시켜 편찬했다는 사실은 이미 잘 알려져 있다.**『여씨춘추』는 잡가로 분류될 정도로 특정 학파의 사상만이 아닌 선진 제자들의 사고를 종합·절충하는 특징이 있으며, 어떤 의미에서는 유가 사상의 경향이 강하게 나타나기도 한다. 특히『여씨춘추』는 그 편찬 시기가 비교적 분명하기 때문에, 내용을 비교해서 다른 선진 문헌의 성립 시기를 확인할 수 있는 지표의 역할을 하기도 해서,***『효경』의 성립을 둘러싼 논의에서도 빠지지 않고 거론되는 문헌이다.

---

* 『효경』에서 황제 권력의 절대성을 옹호하는 언급들을 보면 단순히 유가적 논리로만 설명하기에는 어렵고, 분명히 지금까지 살펴본 법가의 효 인식이 영향을 주었다고 보아야 할 것이다. 한대 효치와『효경』에 담긴 법가적 효의 성격에 대해서는 李成珪, 「漢代『孝經』의 普及과 그 理念」,『韓國思想史學』제10집, 1998, 211~214쪽 참조.

** 『史記』卷85, 呂不韋列傳, 2510쪽. "是時諸侯多辯士, 如荀卿之徒, 著書布天下. 呂不韋乃使其客人人著所聞, 集論以爲八覽·六論·十二紀, 二十餘萬言, 以爲備天地萬物古今之事, 號曰呂氏春秋."

*** 『여씨춘추』는 여불위 사후 그의 식객들이 일부분 보충했다고 하더라도 진시황의 이른바 '분서갱유'가 이루어지는 시기를 넘을 수는 없다. 따라서 논자마다『여씨춘추』의 완성 시기에 다소 차이가 있지만, 여불위가 진의 정권을 잡는 장양왕(莊襄王) 원년(기원전 249년)에서 여불위가 사망하는 진시황 9년(기원전 239년) 사이 일단『여씨춘추』의 편찬이 이루어졌다고 보는 것이 자연스럽다. 그리고 아무리 시기를 늦게 잡더라도 분서갱유가 일어나는 진시황 34년·35년(기원전 213~212년)을 넘지는 않는다고 할 수 있다.

『여씨춘추』에서 효에 대한 언급은 전부 24건의 기사가 있다. 그
중에서도 「효행람(孝行覽)」은 효를 전문적으로 설명한 부분인데,
전국말까지 전개되어 온 효사상을 정리하면서 이후 한대 효치 이
념에도 일정 부분 영향을 주었다고 할 수 있다. 「효행람」은 많은 부
분이 대개 앞서 살펴보았던 유가의 효와 비슷한 모습을 보여 주는
데, 특히 『대대례기』 증자대효편과 『예기』 제의편과는 문장이 거의
똑같은 부분이 많아서 서로 밀접한 관계라는 점은 명백하다. 이 세
문헌에 대한 비교는 이미 이케자와 마사루가 잘 정리해 놓았지만,*
그 공통된 내용을 보면 전국시대에 효와 관련한 몇 가지 언설이 이
미 광범위하게 공유되고 있었음을 알 수 있다.

『여씨춘추』에는 지금까지 논의해 왔던 효의 주요한 주제들이 대
부분 나오지만, 특히 충과 효의 관계 및 '장례(葬禮)' 등의 문제를 중
요하게 다루고 있다. 『여씨춘추』는 이러한 주제들을 기본적으로
유가의 입장에서 논하고 있는데, '장례'와 관련해서는 당시 경쟁 관
계에 있던 묵가로부터 특히 비판을 받는 부분이기 때문에 그 당위
성을 특별히 강조하고 있다.**

---

* 地澤優, 『「孝」思想の宗教學的硏究-古代中國における祖先崇拜の思想的發展』, 東
京大學出版會, 2002, 251~262쪽 참고.

** '장례(葬禮)'에 관한 대표적 문장을 하나 예로 들면 다음과 같다. 『呂氏春秋』 孟冬
紀, "凡生於天地之間, 其必有死, 所不免也. 孝子之重其親也, 慈親之愛其子也, 痛於
肌骨, 性也. 所重所愛, 死而棄之溝壑, 人之情不忍爲也, 故有葬死之義. 葬也者, 藏
也, 慈親孝子之所愼也. 愼之者, 以生人之心慮."

효와 충의 관계에 대해서는 앞서의 '직궁' 일화가 『여씨춘추』에
도 다시 나오는데, 『논어』와 『한비자』와는 또 다른 내용과 결론을
보여 주고 있어 비교해 볼 만하다. 이처럼 세 문헌에 동일하게 나
오는 '직궁' 일화가 제각기 조금씩 내용이 다르다는 것은 이 일화가
담고 있는 효와 충이 서로 갈등하는 상황에서 해답을 찾기도 어렵
지만, 각각의 문헌들이 직면했던 시대적 상황이 서로 달랐고 또 각
사상의 기본 입장에서 해법이 다를 수밖에 없었기 때문으로 생각
된다. 즉, 공자는 '직궁'에 대해 부모의 허물을 감추어야 하는 자식
의 입장을 말했지만, 아직은 그렇게 군주 권력과 심한 충돌을 보이
지는 않고 소극적으로 회피하는 정도에 불과했다. 반면 한비는 법
가의 입장에서 군주 권력의 일률적인 법을 기준으로 사사로운 효
의 가치를 비판한 것이다. 공자와 한비의 입장은 각각 가족 내 혈연
질서의 효와 군주에 대한 충 어느 한쪽으로 치우친 것으로, 효와 충
양자 간의 충돌과 모순을 조화롭게 해결하지는 못하고 있다.

초나라에 직궁이라는 사람이 있었는데 그 아비가 양을 훔쳐서 아비
를 관부에 고발하였다. 관부에서 아비를 붙잡아서 주살하고자 한 직궁
이 아비를 대신하여 벌을 받기를 청하였다. 주살하고 하니 관리에게 고
하여 말하기를 "아비가 양을 훔친 것을 고발했으니 또한 믿을 만하지
않습니까? 아비가 주살되는 데 대신하고자 하니 또한 효성스럽지 않습

니까? 믿을 만하고 효성스러운데도 주살한다면, 나라에 장차 주살되지 않는 이가 있겠습니까?" 초 장왕이 이를 듣고는 죽이지 않았다. 공자가 이를 듣고는 말하기를 "괴이하구나, 직궁이 믿음을 얻는 방법이. 자기 아비를 가지고 이름을 얻은 것이다"라고 했다. 고로 직궁의 믿음은 믿음이 없는 것만 못하다.*

이에 비해서 위의 『여씨춘추』에 나오는 '직궁' 일화는 동일한 이야기 형식이지만, 직궁이 부모를 고발한 후 그 죄를 대신 받기를 원함으로써 효와 충을 동시에 만족시키고 있고 결과적으로 군주는 직궁을 처벌하지 않는 것으로 화답하고 있다. 『여씨춘추』는 '직궁' 일화의 결론에서는 공자의 말을 빌려 직궁의 행위를 부정적으로 평가하지만, 같은 『여씨춘추』에 나오는 석저(石渚)의 일화를 보면 충과 효의 충돌을 해결하는 해법으로 동일한 전개 과정이어서 참고할 만하다.** 석저의 일화는 순임금의 예를 들어 살인을 저지른

---

* 『呂氏春秋』仲冬紀, "楚有直躬者, 其父竊羊而謁之上, 上執而將誅之. 直躬者請代之, 將誅矣, 告吏曰, '父竊羊而謁之, 不亦信乎? 父誅而代之, 不亦孝乎? 信且孝而誅之, 國將有不誅者乎?' 荊王聞之, 乃不誅也. 孔子聞之曰, '異哉直躬之爲信也, 一父而載取名焉.' 故直躬之信, 不若無信."

** 『呂氏春秋』離俗覽, "昭王之時, 有士焉曰石渚. 其爲人也, 公直無私, 王使爲政廷. 有殺人者, 石渚追之, 則其父也. 還車而反, 立於廷曰, '殺人者, 僕之父也. 以父行法, 不忍, 阿有罪, 廢國法, 不可. 失法伏罪, 人臣之義也.' 於是乎伏斧鑕, 請死於王. 王曰, '追而不及, 豈必伏罪哉? 子復事矣.' 石渚辭曰, '不私其親, 不可謂孝子. 事君枉法, 不可謂忠臣. 君令赦之, 上之惠也. 不敢廢法, 臣之行也.' 不去斧鑕, 歿頭乎王廷. 正法枉必死, 父犯法而不忍, 王赦之而不肯, 石渚之爲人臣也, 可謂忠且孝矣."

아버지를 위해 천하를 버리고 도망간다는『맹자』의 절대적인 효와
도 잘 대비가 되는 이야기이다. 석저도 왕법을 수행하는 관원의 입
장[忠]과 부모를 보호해야 하는 자식의 입장[孝]이 극단적으로 충
돌을 일으키는 상황에 직면하고 있다. 여기서 석저는 죄를 지은 아
버지를 차마 붙잡지 못하고 돌아오는데, 군주가 사면했음에도 스
스로 죽음을 선택해서 이러한 모순을 해결하고 있다. 이런 식의 해
법은 '직궁' 일화와 동일한 문제 해결 구조라고 할 수 있다. 즉, 국가
의 법을 어긴 부친 → 이를 인지한 자식의 고발 또는 체포[忠 또는
直] → 자식의 대죄(代罪)[孝] → 군주의 사면[惠] → 충과 효의 모순
해결이라는 과정이다. 여기서 중요한 것은 충과 효 사이의 모순된
상황에 직면한 자식이 우선 국가권력의 법질서에 순응하면서 부모
의 죄를 스스로 대신하는 적극적인 효의 행위를 하고, 이에 대해 최
종적으로 군주 쪽에서 사면의 은혜를 베풀어 충과 효의 갈등을 해
소하지만 그럼에도 자식이자 신하인 석저는 스스로 죽음을 선택해
서 충과 효 양자를 동시에 완성한다는 것이다. 이는『여씨춘추』가
유가의 효를 상당 부분 받아들이면서도, 공자나 맹자보다 국가권
력의 법질서를 한층 더 의식하고 있음을 보여 주는 것이다. 그리고
엄격한 법질서의 집행을 요구하는『한비자』와 비교하면, 이는 군
주의 은혜[惠]라는 요소를 도입하여 효와 충의 대립을 해소시키는
절충적인 입장이라고 할 수 있다. 이는 전국시대 군주 권력의 강화

라는 시대 상황에 직면하여 이를 철저히 옹호하는 법가 논리에 대응하는 유가의 한 반응으로도 볼 수 있다.

다만 동일한 이야기 구조이기는 하지만, 직궁과 석저에 대한 『여씨춘추』의 평가가 정반대인 것은 직궁이 고의적으로 군주의 사면을 계산하고 죄를 피했던 반면 석저는 군주의 은혜를 받았음에도 자신의 죽음으로 충과 효를 모두 완성한다는 결말이 서로 달랐기 때문이다. 『여씨춘추』의 이러한 방식은 이후 중국 전통시대 법질서와 관련해서 중요한 논쟁의 대상이 되는 효와 충이 충돌될 때의 해결책 중 하나이며, 효는 선양하되 죄는 처벌한다는 절충적인 방식이 제시되었다는 점에서 중요한 의의가 있다고 할 수 있다.

『여씨춘추』에서 효는 군주의 통치라는 측면에서 사고하는 시각이 두드러진다. 즉, 통치의 근본으로서 효를 제시하고 먼저 이를 실현하는 궁극적인 존재로 '천자의 효'를 언급한 후 인재를 등용하는 기준이자 교화의 방법으로 효를 충에 바로 연결하는 것이다.* 그래서 『여씨춘추』는 전국말 국가권력을 철저히 옹호하는 법가의 논리에 맞서 기층 혈연 질서의 효와 군주 권력에 대한 충을 절충하려고 했던 전국말 유가의 사유가 일정 부분 반영되었다고 볼 수 있다.

---

* 『呂氏春秋』 孝行覽, "務本莫貴於孝.……, 夫孝, 三皇五帝之本務, 而萬事之紀也."; 『呂氏春秋』 孝行覽, "則是篤謹孝道, 先王之所以治天下也. 故愛其親, 不敢惡人, 敬其親, 不敢慢人. 愛敬盡於事親, 光耀加於百姓, 究於四海, 此天子之孝也."; 『呂氏春秋』 孟夏紀, "勸學二曰, 先王之敎, 莫榮於孝, 莫顯於忠."

그리고 이와 같이 충과 효를 결합하는 사유는 전국말 『대대예기』,
『예기』, 『여씨춘추』 등의 문헌들이 서로 공유하고 있고,[*] 이는 결국
최종적으로 『효경』으로 수렴되어 '이효치천하'라는 한제국의 통치
이념으로 수용된다.

『곽점초간』 내 효치론

『곽점초간(郭店楚簡)』은 1993년 중국 호북성 형문시(荊門市)의 곽
점(郭店) 1호 초묘(楚墓)에서 나온 죽간이다. 모두 804매가 나왔지
만, 그중 문자가 있는 죽간은 730매로 13,000여 자에 달한다. 죽간
의 길이는 15cm부터 32.4cm까지 다양하고 너비는 0.45~0.65cm
정도이다. 곽점 1호묘는 전형적인 전국시대 초나라 상층 지배층의
무덤으로, 시대는 대략 전국 중기(기원전 300년 전후)로 비정된다.[**]

『곽점초간』은 크게 도가 계열의 문장과 유가 계열의 문장으로
구분할 수 있는데, 도가 계열('도간(道簡)'으로 지칭)은 「노자」 갑·을·
병과 「태일생수(太一生水)」, 유가 계열('유간(儒簡)'으로 지칭)은 「치의
(緇衣)」, 「노목공문자사(魯穆公問子思)」, 「궁달이시(窮達以時)」, 「오행

---

[*] 池澤優, 「中國戰國時代末期の「孝」思想の諸文獻-孝の宗教學·その三-」, 筑波大
學 『地域研究』 11, 1993.

[**] 『곽점초간(郭店楚簡)』은 『郭店楚墓竹簡』(荊門市博物館, 文物出版社, 1998)을 저
본으로, 『郭店楚簡校讀記』(李零, 北京大學出版社, 2002)·『郭店竹書別釋』(陳偉,
湖北敎育出版社, 2003)·『郭店楚簡校釋』(劉釗, 福建人民出版社, 2005)을 주로 비
교 대조하며, 그 밖에 관련 연구서와 논문들을 참고했다.

(五行)」, 「당우지도(唐虞之道)」, 「충신지도(忠信之道)」, 「성지문지(成之聞之)」, 「존덕의(尊德義)」, 「성자명출(性自命出)」, 「육덕(六德)」, 「어총(語叢)」1·2·3·4로 각각 편명을 붙이고 있다.

『곽점초간』에서 유가 계열의 문장인 '유간'은 그중 「치의」편이 현존『예기』의 치의편과 내용이 대체로 일치하고, 「오행」편은 전국시대 이른바 '사맹(思孟) 학파'의 문헌이라고 하는 마왕퇴 한묘 백서의 「오행」편과 거의 비슷하며, 「노목공문자사」편에서 문답의 주체가 자사(子思)라는 점 등의 이유로 미루어 전국시대 자사 계열에 속하는 문헌으로 보는 견해가 일반적이다.* 그런 점에서 『곽점초간』의 유가 문장들은 유가의 학통 중 흔히 증자-자사-맹자로 이어지는 전국시대 '사맹 학파'의 사상을 확인할 수 있는 좋은 자료라고도 할 수 있다. 특히 효사상의 흐름이라는 측면에서도 앞서 살펴보았던 증자 계열의 효 및 맹자의 효와도 서로 비교해 볼 수 있다.

여기서는 일단 『곽점초간』의 유가 문장들 내 효와 관련한 내용을 살펴보는데, 특히 효에 대한 내용이 구체적으로 나오는 부분인 「당우지도」와 「육덕」을 중심으로 다른 편에 나오는 문장도 함께 확

---

* 荊門市博物館, 『郭店楚墓竹簡』, 文物出版社, 1998, 1~2쪽 및 郭沂, 『郭店楚簡與先秦學術思想』, 上海敎育出版社, 2001 참조. 반면 『곽점초간』의 시기를 맹자보다 뒤, 순자보다는 앞선 전국 말기(기원전 3세기 중엽)로 비정하면서 '사맹 학파'와 관련이 별로 없다고 보는 견해도 다수 있다(李承律, 「郭店楚簡「魯穆公問子思」의 忠臣觀」, 『韓國哲學論集』 제9집, 2000년 참고).

인해 본다.*

1)「당우지도」의 효

『곽점초간』에서 「당우지도」는 전부 29매의 죽간으로 구성되어 있다. 전체 내용은 요·순의 선양을 찬양하면서 순이 요로부터 선양을 받을 만한 자질을 갖추고 있었음을 설명하고 있다.** 요순 선양의 이야기는 이미 전국시대에 널리 유포되어 있었지만,『곽점초간』의 「당우지도」에는 기존 문헌 자료에서 볼 수 없는 내용도 나온다.

상고시대의 전설적인 성왕을 모델로 이상적인 선양 제도를 전문적으로 논하는「당우지도」에서 가장 주요한 개념은 '애친(愛親)'과 '존현(尊賢)'이다. 그런데 이 두 개념을 설명하기에 앞서 먼저『곽점초간』에서 널리 사용되고 있는 이분법적인 논리 전개 방식을 살펴볼 필요가 있다.『곽점초간』에서는 사용하는 개념들을 크게 '내'와 '외'로 구분한 후 그 아래에 '내'와 '외'를 대표하는 '인'과 '의'를 두고 각각의 세부 덕목들을 병렬해서 배치하고 있다. 그리고 '내'에는 부·자·부(夫)를, '외'에는 군·신·부(婦)를 설정해서 자연스러운 혈

---

*   이하『곽점초간』석문의 인용은『郭店楚簡校讀記』(李零, 北京大學出版社, 2002)
    의 순서에 따른다.
** 「당우지도」의 요순 선양 설화에 대한 자세한 내용은 이승률(李承律)의『郭店楚墓
    竹簡の儒家思想硏究-郭店楚簡硏究序論-』(東京大學博士學位論文, 2001)의 제5
    장「中國古代における堯舜帝位繼承說話の諸相」(131~182쪽) 참고.

연관계에 기초한 '내'와 인위적으로 만들어지는 사회관계의 '외'로 인간관계를 이분하고 있다.

인은 안이고 의는 밖이다. 예악은 안팎을 아우르는 것이다. 안은 부 (父)·자(子)·부(夫)이고 외는 군(君)·신(臣)·부(婦)이다.*

인은 사람에게서 생겨나고 의는 도에서 생겨난다. 어떤 경우는 안에 서 생기고 어떤 경우는 밖에서 생기니 모두 이를 가지고 있는 것이다.**

그런데 여기서 부(夫)와 부(婦)를 내·외로 구분하면서도, 부부를 혈연에 기초한 부자 관계에 선행하는 관계로 언급하는 것은 흥미 로운 점이다[生民, 斯必有夫婦·父子·君臣, 此六位也]. 이는 부부가 혈 연 질서를 만들어 내는 기초이지만, 부(婦)는 부자와 같은 혈연의 내연 관계가 아니라 군신과 같은 외연의 관계로 보면서, 부부에 대 해 내연·혈연관계인 부자와 외연·사회관계인 군신과는 달리 '내' 와 '외'가 만나 결합해서 모든 인간관계가 생기는 기초이자 출발점 으로 설정하고 있는 것이다. 그리고 이렇게 '내', '외'로 구분된 각각 의 덕목들은 단지 서로 병렬하여 상대적으로 비교되면서도 독립된

* 『郭店楚簡』六德, "仁, 內也. 義, 外也. 禮樂, 共也. 內立父·子·夫也. 外立君·臣· 婦也."
** 『郭店楚簡』語叢一, "仁生於人, 義生於道. 或生於內, 或生於外, 皆有之."

가치를 가지고 있어서, 맹자나 순자와 같이 '내', '외' 중 어느 한 방면으로만 가치가 강조되지는 않는다. 즉, '애친'과 '존현'의 경우도 '내'와 '외'로 병치되어, '애친'은 혈연 내의 덕목을 나타내고 '존현'은 정치·사회 질서를 규정하는 원리로 제시되고 있다.

그래서 요순의 선양은 일단 '외'에 해당하는 '존현'의 원칙에 따라 이루어지는 형식이지만, 이러한 '존현'의 가치는 '내'에 해당하는 '애친'이 함께 따라와야지만 완전해지는 구조를 이루고 있다. 아래 「당우지도」의 내용을 자세히 살펴본다.

요순의 행적은 부모를 사랑하고 현자를 높이는 것이었다. 부모를 사랑했기 때문에 효를 하였고 현자를 높이었기 때문에 선양하였다. 효를 베풀어 천하의 백성들을 아꼈고 선양하여 전하니 세상에 감추어진 덕이 없었다. 효는 인의 으뜸이고 선양은 의의 지극함이다. 옛 여섯 제왕이 모두 여기서 말미암았다. 부모를 사랑하면서 현자를 잊으면 인하면서 의롭지 못한 것이다. 현자를 높이면서 부모를 버리면 의롭지만 인하지 못한 것이다. 옛 순임금은 아버지 고수를 정성껏 섬겨서 효의 모범을 보이었고 요임금을 충성으로 섬겨서 신하 됨의 모범을 보이었다. 부모를 사랑하고 현자를 높이었으니 순임금이 바로 그러한 사람이었다.

---

* 『郭店楚簡』 唐虞之道, "堯舜之行, 愛親尊賢. 愛親故孝, 尊賢故禪, 孝之施, 愛天下之民. 禪之傳, 世亡隱德. 孝, 仁之冕也. 禪, 義之至也. 六帝興於古, 咸由此也. 愛親忘賢, 仁而未義也. 尊賢遺親, 義而未仁也. 古者虞舜篤事瞽盲, 乃式其孝, 忠事帝堯, 乃

즉, '애친'은 효이고 '존현'은 선(禪)이라고 규정하고, '애친'의 효를 확대하여 천하의 백성들을 모두 자기 부모에게 하듯이 아끼면서 내적 가치인 '인'을 완성하게 된다.[*]

여기서 '존현'을 실천하는 '선'은 세상의 덕을 감추지 않고 온전히 드러나게 해 주면서 외적 가치인 의가 완전해진다. 하지만 내·외의 덕인 '애친'과 '존현'은 만약 어느 한쪽으로 치우치면 다른 쪽이 불완전해진다고 하면서, 순이야말로 아버지 고수에게 효를 다하고 요임금에게는 신하로서 충으로 섬겨 '애친'과 '존현'의 가치를 모두 실현했다고 찬양한다.

옛적 요임금이 순임금에게 천자의 자리를 물려줄 때 순임금의 효행을 듣고는 그가 천하의 노인들을 봉양할 수 있으리라고 알았다. 순임금의 우애를 듣고는 그가 천하의 윗자리를 물려받을 수 있음을 알았다. 순임금이 동생인 상에게 자애롭다는 것을 듣고는 그가 백성들의 주인 노릇 할 수 있음을 알았다. 예전에 순임금은 고수의 아들이 되어서는 지극히 효행을 다하고 요의 신하가 되어서는 충성을 지극히 하였다. 요

式其臣. 愛親尊賢, 虞舜其人也."
* '애천하지민(愛天下之民)'에 대해서 이승률은 후기 묵가 '겸애론'의 영향을 받은 것으로 보고 맹자와의 연관성을 부인하여 이른바 '사맹학파'의 『곽점초간』 성립설을 부정하는 주요한 근거로 삼고 있지만(「郭店楚簡「唐虞之道」に見える「愛親」と「孝」思想の特質」, 『韓國哲學論集』 제11집, 2002), 이 문제에 대해서는 좀 더 검토가 필요한 것 같다.

임금이 순임금에게 천하를 선양하여 물려주니, 남면하여 왕으로 천하를 다스렸는데 아주 지극하였다. 옛적 요임금이 순임금에게 선양한 것이 이와 같았다.*

이어서 요가 순의 이런 품덕을 보고 천하를 맡길 만하다고 판단해서 선양을 했다는 내용이 나오고 있다. 이처럼 선양을 판단하고 진행하는 과정을 보면 현인 정치의 이상을 혈연 질서의 강조라는 유가의 입장과 조화시키려는 노력을 엿볼 수가 있다. 즉, 통치의 자격을 '존현'이라는 혈연과 무관한 사회 일반의 평가에 두면서도 그러한 판단의 기준을 혈연 질서의 내적 관계를 규정하는 효제에 근거함으로써, 「당우지도」는 현실에서 혈연의 세습에 따른 통치의 한계를 넘어서 '애친'과 '존현'을 결합하는 하나의 이상형을 제시하고 있다. 하지만 「당우지도」에는 '내'의 '애친'이라는 혈연의 덕과 '외'의 '존현'이라는 국가·사회의 덕을 단순히 이분해서 병렬적으로 결합하고 있을 뿐, '내'와 '외', 즉 '인'과 '의' 또는 '효'와 '충'의 우열이나 상호 갈등의 양상은 나타나지 않는다. 즉, 「당우지도」의 당위적이고 평면적인 논리 구조에서는 앞서 살펴보았던 '직간'이

---

* 『郭店楚簡』唐虞之道, "古者堯之與舜也, 聞舜孝, 知其能養天下之老也, 聞舜弟, 知其能嗣天下之長也, 聞舜慈乎弟[象ㅁㅁ, 知其能]爲民主也. 故其爲瞽盲子也, 甚孝, 及其爲堯臣也, 甚忠. 堯禪天下而授之, 南面而王天下, 而甚君. 故堯之禪乎舜也, 如此也."

나 '직궁' 일화에서 보여 주었던 첨예한 긴장 상태는 보이지는 않는다. 이러한 점을 염두에 두면서 이어서 「육덕」의 내용을 살펴본다.

2) 「육덕」의 효

「육덕」*은 전부 49매의 죽간인데, 대체적인 내용은 군자(통치자)가 인재를 구할 때의 도덕 기준을 말한 것[君子如欲求人]으로 일종의 '구현론(求賢論)'이라고 할 수 있다. 그래서 먼저 일반적인 인간의 사회적 존재 양태를 부(夫)·부(婦)·부(父)·자(子)·군(君)·신(臣)이라는 '육위(六位)'로 설정한다. 이어서 '육위'와 대응되는 '육직(六職)'이 나오는데, '거느리고[有率人者]', '부리고[有使人者]', '가르치는[有敎者]' 역할과 '따르고[有從人者]', '섬기고[有事人者]', '배우는[有學者]' 역할로 구분하고 있다. 그래서 육위에 각기 해당하는 육직이 제대로 역할을 하면, 각 존재 양태의 고유한 덕성인 육덕이 비로소 충족된다는 것이다. 즉 육위 → 육직 → 육덕으로 연결되는 구조이다.

백성이 나면 반드시 부부·부자·군신이 있으니 이것이 육위(六位)이

---

* 『곽점초묘죽간(郭店楚墓竹簡)』(荊門市博物館, 文物出版社, 1998, 178쪽)은 본래 편명이 없었던 부분에 대해 「육덕(六德)」으로 편명을 붙였지만, 이후 연구자들마다 내용과 앞뒤 죽간의 순서를 다시 조정하면서 「육위(六位)」라고 하는 등 제목이나 구성을 다르게 하기도 한다. 여기서는 일단 최초의 편명에 따른다.

다.˙ 거느리는 자가 있고 따르는 자가 있으며 부리는 자가 있고 섬기는 자가 있으며 가르치는 자가 있고 배우는 자가 있으니 이것이 육직(六職)이다. 대저 육위가 있으면 이 육직을 맡게 되는 것이다. 육직이 나누어지면서 육덕(六德)이 충족된다.˙˙

부·부·자·군·신·부의 육위에 대응하는 육덕은 구체적으로 성(聖)·지(智)·인(仁)·의(義)·충(忠)·신(信)이다.

무엇이 육덕인가? 성·지이고 인·의이며 충·신이다.˙˙˙

그리고 육덕은 육직을 통해 육위와의 상호 관계가 규정되면서 서로 짝을 이루게 된다. 즉 부(父)의 덕인 성(聖)은 자(子)의 덕인 인(仁)을 낳게 된다고 하는데, 부는 '유교자(有敎者)'이고 자는 '유학자(有學者)'에 해당한다. 또 부(夫)의 덕인 지(智)는 부(婦)의 덕인 신(信)을 이끌게 되는데, 여기서 부(夫)는 '유솔인자(有率人者)'이며 부(婦)는 '유종인자(有從人者)'가 된다. 군(君)의 덕인 의(義)는 신(臣)의

---

*   이 부분의 연결은 『곽점초간교독기(郭店楚簡校讀記)』(李零, 北京大學出版社, 2002)에 따른다.

** 『郭店楚簡』 六德, "生民[斯必有夫婦 · 父子 · 君臣, 此]六位也. 有率人者, 有從人者, 有使人者, 有事人[者, 有]敎者, 有學者, 此六職也. 旣有夫六位也, 以任此[六職]也. 六職旣分, 以裕六德. 六德者."

*** 『郭店楚簡』 六德, "何謂六德? 聖 · 智也, 仁 · 義也, 忠 · 信也."

덕인 충(忠)을 부린다고 해서, 군은 '유사인자(有使人者)'이며 신은
'유사인자(有事人者)'가 되는 것이다. 이러한 관계 속에서 각각의 육
위가 자기 자리에 맞는 역할을 하게 되면 그 마땅함을 얻지만, 만약
그렇지 못하면 바로 혼란의 원인이 된다고 하고 있다.

아버지는 성이고 자식은 인이며 남편은 지이고 아내는 신이며 임금
은 의이고 신하는 충이다. 성은 인을 낳고 지는 신을 이끌며 의는 충을
부린다. 그래서 남편이 남편다우며 아내가 아내다우며 아비가 아비다
우며 자식이 자식다우며 군주가 군주다우며 신하가 신하답게 되어 이
여섯 덕이 각기 그 직(職)을 행하게 되는 것이다.*

그 반대로 남편이 남편답지 못하고 아내가 아내답지 못하며 아비가
아비답지 못하고 자식이 자식답지 못하며 군주가 군주답지 못하고 신
하가 신하답지 못하면 어지러움이 이로 말미암아 만들어진다.**

육위-육직-육덕은 기본적으로 '내'와 '외'로 구분해서 부·부·자
와 부·군·신으로 나누어지는 이분법적인 병렬 구조를 이루고 있는

---

* 『郭店楚簡』 六德, "父聖子仁, 夫智婦信, 君義臣忠. 聖生仁, 智率信, 義使忠. 故夫
  夫·婦婦·父父·子子·君君·臣臣, 此六者各行其職."
** 『郭店楚簡』 六德, "其反, 夫不夫, 婦不婦, 父不父, 子不子, 君不君, 臣不臣, 昏所由作
  也."

데 이를 도식화하면 다음과 같다.

[표] 『곽점초간』 「육덕」 내 육위-육직-육덕 비교

	육위(六位)	육직(六職)	육덕(六德)	비고
內	夫	有率人者	智	
	父	有敎者	聖	
	子	有學者	仁	孝
外	婦	有從人者	信	
	君	有使人者	義	
	臣	有事人者	忠	

그런데 이러한 기본적인 틀은 다시 다르게 조합해 볼 수도 있다. 이를테면 서로 대응을 이루는 면에서 부부·부자·군신으로 관계를 맺을 수도 있고 또 권위를 가지는 쪽과 그 권위를 직접 받아들이는 쪽으로 나누어서 부(夫)·부(父)·군과 부(婦)·자(子)·신(臣)으로 구분할 수도 있다. 이처럼 「육덕」에서 인간관계의 존재 양태는 서로 다양하게 조합할 수 있는 구조를 이루면서, 마땅히 갖추어야 하는 덕목과 역할이 제각기 고정되는데, 이것이 바로 군주가 인재를 찾을 때의 기준이 된다는 것이다.

여기서는 자식의 덕인 '인'과 그 구체적 실천 행위인 효에 대한 부분만 살펴본다. 효는 당연히 자식 쪽의 윤리이지만, 「육덕」에서는 먼저 자식의 덕을 '인'이라고 설정한 후 자식의 '인'을 구체적으로 실천하는 행위를 '효'라고 정의하고 있다. 그 구체적인 설명이 아래 문장에 나온다.

자식의 경우 법도에 맞게 자질을 잘 길러 윗사람을 섬기면 이를 의롭다고 하며, 위아래로 함께 의롭게 되어 향촌을 화목하게 한다면 이를 효라고 한다. 그래서 사람이 다른 이를 위하는 것을 인이라고 한다. 인은 자식의 덕이다.*

이 문장은 해석이 상당히 난해해서 하나하나 자세히 살펴볼 필요가 있다. 먼저 '준(埻)'과 '이목(以睦)[이사(里社)]'이라는 부분의 해석을 보면, '준(埻)'은 '준(準)'과 같은 의미라고 하며, 판독이 잘 되지 않는 '以睦□□'에서의 두 글자는 일단 '이사(里社)'라고 하는 견해에 따르고자 한다.** 따라서 이 문장은 법도에 맞는 자질을 잘 길러 윗사람을 잘 섬기면 '의'라고 정의한 뒤에 위아래가 모두 이렇

---

* 『郭店楚簡』六德, "子也者, 會埻長材以事上, 謂之義, 上共下之義, 以睦□□[里社], 謂之孝, 故人則爲□□□□[人也, 謂之]仁. 仁者, 子德也."
** 『곽점죽서별석(郭店竹書別釋)』(陳偉, 湖北敎育出版社, 2003, 120쪽)은 안세현(顔世鉉)의 견해에 따라 '이사(里社)'라고 독해하고 있다. 일단 이 견해에 따르지만 의문의 여지가 없지는 않다.

게 의롭게 되어 지연 공동체인 '이사'를 화목하게 하면 바로 효라고 하는 것이다. 그래서 향촌 사회를 화합시키는 효는 바로 다른 사람을 위하는 '인'으로 연결되어 이것이 바로 자식의 덕인 '인'이라고 규정하고 있다.

이렇게 효를 설명하는 논법은 다른 선진 문헌에서는 찾아보기 어려운 것이다. 특히 자신의 재능을 길러 윗사람을 섬긴다는 것은 [事上] 육직에서 신하의 직인 '유사인자(有事人者)'와 비슷하며, 그러면서 또 이를 육덕에서는 군주의 덕인 '의'라고 하고 있어서,* 신하의 직과 군주의 덕으로 효를 설명하는 이해하기 어려운 논리이다. 그리고 이러한 '의'가 상하 골고루 실현되어서 향촌 사회를 화합하게 하는 것이 바로 효라고 하는데 이 또한 『논어』에서 효와 제로 분명하게 혈연 질서와 지연 질서의 윤리를 구분했던 것**과는 달리 내용을 바로 이해하기가 어렵다. 다만 『곽점초간』「어총(語叢)」의 다음 내용을 보면 이해에 도움이 된다.

　　부자는 위아래의 관계이다. 형제는 앞뒤의 관계이다.***

---

* 地澤優, 『「孝」思想の宗敎學的硏究-古代中國における祖先崇拜の思想的發展』, 東京大學出版會, 2002, 297쪽 참조.
** 『論語』 學而, '子曰, "弟子入則孝, 出則悌.";『論語』 子路, '宗族稱孝焉, 鄕黨稱弟焉.'
*** 『郭店楚簡』 語叢一(物由望生), "父子, 致上下也. 兄弟, 致先後也."

부모를 사랑하면 다른 사람에게로 그 사랑을 베풀게 된다.*

　즉, 부모와 자식의 관계는 위와 아래이고 형제는 앞과 뒤의 관계라고 규정하고, 혈연적인 범주에서 부모에 대한 자식의 효를 다른 사람으로 넓혀 간다면 바로 지연 공동체인 향촌에서 자기 위 세대에 대한 공경으로 이어지는 것이다. 따라서 이러한 효의 확대를 통해 향리의 화목이 가능해진다는 의미로 해석할 수 있다. 부모에 대한 효가 확대되면서, 그 사랑을 타인에게로 넓혀 간다는 의미에서 효의 실천자인 자식의 덕을 '인'이라고 하는 것이다. 부모에 대한 자식의 효를 직접 설명하지 않고, 자식의 효를 통해 향촌 사회의 안정을 이루고 이는 다시 역으로 '유사인자(有事人者)'라는 신하의 직과 군주의 덕인 '의'로까지 연결하는 형태를 취하면서 육덕 중 자식의 덕인 '인'으로 이어지는 이러한 논지는 형식상으로는 다소 무리하게 연결된다고 볼 수도 있다. 이렇게 무리하게 보일 정도로 설명할 수밖에 없는 이유는 '내'와 '외'를 우열이 아닌 수평적으로 병렬하는 『곽점초간』의 기본 틀을 그대로 유지하면서도, '내'의 덕인 '인'을 그 구체적인 형태인 효의 발현을 통해 혈연 세계의 '외'인 향촌 사회와 군주의 통치로까지 확대시켜야 했기 때문이라고 생각된다. 이어지는 문장을 계속 살펴보면서 논의를 이어 간다.

* 『郭店楚簡』語叢三(父無惡), "愛親則其施愛人."

사람에게 육덕이 있으면 삼친(三親)이 끊어지지 않는다. 문 내의 치에서 은(恩)은 의(義)를 가리고 문 외의 치에서 의는 은을 해치게 된다. 인류(仁類)는 맹목적이면서 번잡하고 의류(義類)는 시비를 가려서 판단하게 된다. 인(仁)은 맹목적이고 포용적이며* 의(義)는 억지스러우며 간소하다. 가리지 않고 포용한다는 것은 드넓게 감싸 안는 모양과 같아서 작지만 많고 많은 것이다.**

위의 문장을 보면 '내'와 '외'로 구분된 '육덕'은 각각 서로 병렬해 있으면서, 어느 한쪽으로 치우치면 다른 쪽의 덕이 손상된다는 인식이 나오고 있다.*** 그러면서 인류(仁類)는 맹목적이고[瞀] 자질구레한 일에 얽매이면서[數] 가리지 않고 포용하는 것[放(容)]이고, 의류(義類)는 현상을 이해하고[志] 판단을 내릴 수 있지만[絶] 억지스럽고[强] 간소한[簡(柬)] 면이 있다고 그 장단을 서로 비교하고 있다.

---

* 진위(陳偉)의 견해에 따르면 '속(速)'은 '수(數)'의 의미로 '번수(繁數)' '쇄쇄(瑣碎)'의 뜻이라고 한다(『郭店竹書別釋』, 湖北教育出版社, 2003, 127쪽).

** 『郭店楚簡』六德 "人有六德, 三親不斷. 門內之治恩掩義, 門外之治義斬恩. 仁類瞀而速(數), 義類志而絶. 仁瞀而放(容), 義强而簡(柬). 放(容)之爲言也, 猶放放(容容)也, 少而靈(軫)多也."

*** 그래서 문 내의 치에서는 은(恩)[仁]이 바깥의 의를 가리게 되고 문 외의 치에서는 의가 안의 은(恩)[仁]을 해친다고 하고 있다. 『곽점초간』의 이 문장은 『예기』 상복사제(喪服四制)와 『대대례기』 본명(本命)에서는 '문내지치은엄의, 문외지치의단은(門內之治恩掩義, 門外之治義斷恩)'으로 나오고 있다.

그 뜻을 길러서 부모를 봉양하는 마음을 구하면 소용이 닿지 않는 곳이 없게 되니,* 이것이 가리지 않고 포용하는 것이다."**

이어서 바로 힘써 양친을 봉양하는 뜻을 구하면 세상 모든 일에 소용이 닿게 되고 이것이 바로 가리지 않고 포용하는 '방(放)[容]'이라는 내용이 계속된다. 이러한 설명은 역시 앞서 자식의 덕인 '인'과 실천 윤리인 효에 대한 다소 무리한 설명을 보완하는 성격이 강하다는 인상을 주고 있다. 분명히 '내'와 '외'의 이분법적인 구분을 하고 서로 치우치지 않아야 한다는 입장을 견지하면서도, 공자 이래 유가가 중시했던 '인'과 효라는 혈연 질서 내부의 가치를 사회의 안정과 국가의 통치를 위한 근본으로 삼아야 한다는 목적을 강하게 읽을 수가 있다.

남녀의 구분이 없으면 부자의 친애함이 없다. 부자의 친애함이 없으면 군신 간의 의리도 없게 된다. 이 때문에 선왕이 백성을 가르치는 것은 효제에서부터 시작했다. 군자는 이 한 부분[효제]을 버리지 않았던 것이다. 이 때문에 선왕이 백성을 가르칠 때에 백성들이 그 몸을 근심하여 한

---

* 『여씨춘추』구인(求人)의 '선왕지색현인, 무불이야(先王之索賢人, 無不以也)'라는 문장을 참고한다면, 이 부분 역시 양친의 봉양 즉 효행이 세상 모든 일의 판단 기준이 될 수 있다는 의미로 이해할 수 있다.
** 『郭店楚簡』六德, "逸其志, 求養親之志, 害(蓋)無不己(以)也. 是以放也."

부분이지만 근본인 효제를 잃어버리지 않도록 하였던 것이다. 효는 근본이다. 아래로 그 근본[효제]을 닦으면 잘못에서 벗어날 수 있다.*

　그래서 「육덕」은 이러한 '내'의 덕을 남녀-부자-군신으로 연결해서 외부로 확장해 가는 설명을 하면서, 결론적으로 군주의 대민 지배의 출발점을 효제로 설정하고 있다. 즉, 교화와 통치의 근본으로 효제를 설정하고 이 한 부분에서 출발하여 모든 것을 포괄하게 된다는 것인데, 여기에 근본인 효에 힘쓰면 잘못된 길에 빠지지 않을 수 있다는 말을 부연하면서 「육덕」 내 효에 관한 부분은 마무리된다.

　「육덕」에서 효에 대한 설명은 일반적으로 유가들이 말하는 효의 내용과는 사뭇 다른 점이 있다. 즉, 혈연 질서에서 부모에 대한 자식의 실천 윤리로 효를 설명하는 것에 비해서, 「육덕」에서의 효는 혈연적·내면적 덕이 외부로 확장해 가는 매개체로서 강조된 측면이 있다. 내·외의 이분법적 병렬 구조 아래에 양자의 균형을 견지하면서도 전체로 아우르고 포괄하는 데에 효가 중요한 연결고리로 사용된 것이다. 이는 『곽점초간』 내 「당우지도」에서 '애친'과 '존현', 효와 선(禪)으로 내·외를 분명하게 구분했던 것과 비교해서, 효

---

* 『郭店楚簡』六德 "男女不別, 父子不親. 父子不親, 君臣無義. 是故先王之教民也, 始於孝弟. 君子於此一體(偏)者無所廢. 是故先王之教民也, 不使此民也憂其身, 失其體(偏). 孝, 本也. 下修其本, 可以斷讒(獄)."

의 능동적인 역할을 좀 더 부각시킨 것으로도 볼 수 있다.

3) 「성지문지」와 「어총」의 효

『곽점초간』의 다른 부분에도 단편적으로 효 및 가족 내 질서와
윤리에 관한 문장이 나오는데 그중 몇 가지를 살펴본다. 먼저 「성
지문지」에 나오는 아래의 문장은 인륜에 속하는 부부·부자·군신의
이치를 하나로 포괄하는 하늘의 크나큰 법도를 설정하고 있다. 이
렇게 인간 윤리의 근원이 되는 보편 법칙으로서 하늘[天]의 존재를
설정하고 있다.

하늘이 커다란 법도를 세워 인륜을 다스리니 군신 간의 의(義)를 제
정하고 부자간의 친(親)을 만들고 부부간의 변(辨)을 나누었다. 이로써
소인은 하늘의 법도를 어지럽혀서 대도를 거스르고 군자는 인륜을 다
스려 하늘의 덕에 순응한다.*

그리고 아래 문장들은 『곽점초간』 「어총」에 나오는 내용이다. 비
교적 짧고 단편적이기는 하지만, 혈연 질서와 효에 대해서 잘 표현
하고 있다. 그 내용들을 보면 부자와 형제 관계를 상하-선후로 분

---

* 『郭店楚簡』成之聞之, "天格大常, 以理人倫, 制爲君臣之義, 作爲父子之親, 分爲夫
婦之辨. 是故小人亂天常以逆大道, 君子治人倫以順天德."

명히 구분한 후, 효를 억지로 인위로 하는 것은 올바른 효가 아니며 자연스럽게 우러나와야 한다고 강조하고 있다. 그래서 자연스러운 부모에 대한 친애의 감정으로 하는 효행만이 인성의 좋고 나쁨을 판단하는 기준이 된다고 하면서, 부모에 대한 친애의 감정, 즉 효는 부자간의 덕목에서 벗어나 타인에게로 확대될 수 있는 것이라고 한다. 즉, 아버지에 대한 자식의 효는 윗사람을 잘 받드는 제를 포괄하고 더 나아가 군신 간의 도까지 아우르게 되는 것이다.

부자는 위아래의 관계이다. 형제는 앞뒤의 관계이다.[*]

효를 (인위로) 하면 이는 효가 잘못된 것이다. 제(悌)를 (인위로) 하면 이는 제를 잘못하는 것이다. (인위적으로) 할 수 없지만 (반드시) 하지 않을 수는 없는 것이다. (효제와 같은) 이러한 것들을 인위로 하면 이는 잘못된 것이다. (그렇다고) 하지 않아도 이는 잘못된 것이다.[**]

사람의 인성이 좋고 나쁜지는 그 효를 하는 데 있을 뿐이다.[***]

* 『郭店楚簡』語叢一(物由望生), "父子, 致上下也. 兄弟, 致先後也."
** 『郭店楚簡』語叢一(物由望生), "爲孝, 此非孝也. 爲弟, 此非弟也. 不可爲也, 而不可不爲也. 爲之, 此非也. 弗爲, 此非也."
*** 『郭店楚簡』語叢三(父無惡), "人之性非與, 止乎其孝."

(부모)를 애친하면 다른 사람에게로 확대되어 베풀어진다.*

우애는 군신의 도이다. 윗사람을 잘 받드는 것은 효에 속하는 방법이다.**

아비의 자식에 대한 애정과 자식의 부모에 대한 효는 인위로 하는 것이 아니다.***

「성지문지」와 「어총」의 내용들은 「육덕」과 논지가 일맥상통하는데, 효의 인위성을 배제하고 부모에 대한 자식의 자연스러운 감정을 강조한 측면이 두드러진다. 자연스러운 효야말로 인성을 판단할 수 있는 기준이 되는 것이며, 여기에서 출발하여 타인에게로 확장해 가는 것이다. 이는 물론 서로 구별이 없는 것이 아니라 부모 → 향촌 사회의 연장자 → 군주로 친애의 마음과 효가 확장해 가는 것이다. 그리고 이 모든 인간 세상의 질서와 윤리는 결국 하늘의 '상도(常道)' 아래에 포괄된다고 할 수 있다. 이렇게 부모에서 효가 발현되어 사회와 국가로 확대된 후 '상도'로까지 이어진다는 논리

---

* 『郭店楚簡』語叢三(父無惡), "愛親則其施愛人."
** 『郭店楚簡』語叢三(父無惡), "友, 君臣之道也. 長弟, 孝之方也."
*** 『郭店楚簡』語叢三(父無惡), "父孝子愛, 非有爲也."

는 이미 증자와 맹자에서도 찾아볼 수 있었으며, 최종적으로는『효경』의 핵심 이념을 구성하는 부분이다. 따라서 바로 이러한 맥락에서 유가 효치론의 전개 과정에서 전국시대『곽점초간』이 위치한다고 할 수 있다.

이상『곽점초간』의「당우지도」와「육덕」등에서 언급하는 효를 살펴보았다.「당우지도」에서는 요순 선양의 설화를 빌어 내의 '애친'과 외의 '존현'을 어느 쪽으로 치우치지 않고 함께 아울러서 그 가치를 실현한 순의 덕행을 찬양하면서, 그러한 순을 모델로 하는 성왕의 자격을 내[仁]의 덕을 체현하는 효제에서 찾고 있다. 이는 비혈연적·비세습적인 선양의 방식을 통한 성왕 정치의 이상을 모색하면서도, 그 판단 기준은 혈연적·내적 가치체계에서 구함으로써 일종의 균형을 추구했던 것으로 보이지만, 내[仁]-외[義]의 이분적인 병렬 구조에서 양자를 서로 연결시키는 논리가 제시되어야만 했다. 이러한 논리는 주로「육덕」에서 전개하고 있는데, 내[仁]의 윤리인 효를 매개체로 해서 외[義]로 확대해서 연결시키는 방식이었다.

『곽점초간』에서 효 그 자체의 내용은 어쩌면 공자 이래 유가의 일반적인 설명과 큰 차이가 없을 수도 있다. 다만「육덕」에서 내[仁]와 외[義]로 이분하고 어느 한쪽으로 치우치지 않는 균형을 이룬 상태에서 내적 가치인 인의 덕목은 주로 효라는 실천 윤리를 통해 외적 가치인 의로 연결되는 논리가 제시되었다. 효는 내·외로 구분되는 인간 세상의 윤리 덕목들을 연결시키는 하나의 통로 구실을 하게 되어, 내적·혈연적 가치로 자식의 도리를 실천하는 이외에 밖으로 확장하여 향촌 사회의 질서를 안정시키고 신하에 대한 군주의 권력을 뒷받침하는 능동적인 역할을 수행하고 있다. 그리고 더 나아가 효는 하늘의 보편법칙[常道]을 구현하는 기준이 되어서, 인륜의 여러 가치들을 포괄하는 한편 서로를 연결시키는 매개체가 되어 군주 권력의 통치에 근본이 되고 있다. 이렇게 『곽점초간』에서 보여 주는 효의 역할은 이후 『효경』으로 집약되는 효치 이론에 선행하는 다양한 효의 사유 과정 중 하나의 모습을 보여 준다고 할 수 있다.

지금까지 검토해 온 선진 제자들의 효에 관한 언설 및 전국시대 『곽점초간』의 내용을 보면, 선진 시기에는 이후 한제국의 통치 이념으로 수렴되는 이념화된 효의 내용만이 아니라 보다 다양한 사유가 전개되었음을 알 수 있다. 특히 효치론은 이미 공자 이래 선진 유가의 고유한 정치사상으로 전개되어 갔고, 아울러 법가를 비롯한 제자들마다 자신들의 입장에 맞게 효와 정치에 관한 언설이 있었다. 이는 한제국의 통치 이념으로 효가 이념화되기 전, 선진 시기 효의 사상화 과정이 생각보다 훨씬 다채롭게 전개되었음을 짐작하게 해 준다.

4장

진~한초 효의 법제화·제도화

3장에서 선진 제자백가의 효에 대한 언설을 살펴보면서, 유가를 중심으로 선진 제자백가들이 전개한 효의 다양한 사상화 과정을 살펴봤다. 선진 시기 효는 다양한 사유의 전개를 통한 사상화의 과정을 거치면서, 체계적이고 논리적인 사상 구조의 틀이 만들어진다. 구체적인 혈연 질서 내의 윤리 도덕이었던 효는 이와 같은 사상화의 과정을 통해 추상화된 사상의 틀을 확보했고, 이에 기반하여 진한 시기 중앙집권 전제권력의 황제 질서가 만들어지는 과정에 수반하여 국가권력의 틀 내로 수렴되어 일련의 이념화, 법제화, 제도화의 과정을 거치게 된다. 4장에서는 먼저 무형의 사상으로서 사유되었던 효가 진~한초 통일제국의 율령과 제도 내에서 어떤 식으로 구체적으로 유형화되는지, 그 법제화와 제도화의 모습을 살펴본다.

진~한초 국가권력이 법제화하고 제도화하는 내용에 담긴 효의 함의는 선진 법가류의 문헌에서 확인되었던 '봉양'과 '순종'이라는 기능적 역할에 국한된 것으로, 아직은 국가통치의 대강이자 사회·가족 질서의 핵심 윤리로서의 이념적 역할은 언급하기가 어렵다고 할 수 있다. 즉, 문명화의 과정에서 사상화의 단계를 거친 효가 이 시기 법제화·제도화되지만, 아직은 국가의 통치 이념으로서 이념화되고 이를 통해 사회 전체에 문명화된 효가 뿌리내리는 사회화의 단계에는 이르지 않았다고 할 수 있다.

진제국의 법치와 진~한초의 불효죄

앞서 살펴보았던 제자백가의 다양한 효사상 중『상군서』,『한비자』등에 나타나는 법가류의 효 인식은 부모 자식 간 '애친'의 감정은 인정하였지만, 이는 군주 권력의 입장에서 통제해야 하는 상대적인 가치에 지나지 않았다.『상군서』는 기층의 생산 능력을 안정시킨다는 의미에서 부모 봉양이라는 효의 기본적인 역할은 인정하면서도, 국가의 법을 통해 이를 실현할 것을 주장하고 있다. 즉, 혈연 질서 내 효의 윤리성은 고려하지 않고, 국가권력의 필요에 따른 기능적 접근으로 일관하고 있다.『한비자』에서도 효는 어떤 다른 도덕적 가치를 지니지 못하며, 오히려 국가의 일원적 법질서 확립에 방해 요소일 뿐이었다. 다만 군주 권력에 무조건 복종하는 신민의 충과 대비되는 의미에서 부모 권위에 절대적으로 순종하는 자식의 효만이 가치를 가질 뿐이었다.

따라서 법치를 지향했던 진제국의 효는『상군서』,『한비자』에서 말하는 법가류의 '봉양'과 '순종'이라는 기능적 역할에 국한된 효였다고 추정할 수 있다. 대체로 진제국은 법치를 지향하면서, 유가의 전유물로 인식되었던 효는 중시하지 않았고 오히려 부정적이었다고 생각해 왔다.* 하지만 앞서 전국시대 법가류의 기능적인 효 인식에서도 확인되듯이, 진제국은 후술하는 한제국의 통치 이념으로서

---

* 馮一下,「秦朝的孝道」,『中學歷史敎學參考』1997-5.

효치와는 다른 성격이지만 나름의 국가-사회-가족 질서를 유지하는데 필요한 기능적인 효는 중시했고 이는 진 특유의 법치 내로 구현되어 법제화된다. 그리고 진의 법제화된 효는 그 긍정의 형태가 아니라 반대의 부정형인 불효로 표현되어 효를 다하지 못하는 자식의 불효를 처벌하고 있다.

따라서 먼저 효의 부정형인 불효를 진나라 사람들은 어떻게 인식하고 있었는지 확인해 볼 필요가 있다. 『사기』가 전하는 내용에 따르면, 기원전 210년 진시황이 순행에서 돌아오는 길에 사망하자, 조고는 승상 이사와 함께 진시황의 유조를 위조하여 호해를 이세황제로 추대했다고 하는데,* 이때 장자 부소에게는 부황인 진시황을 비방하고 원망했다고 하면서 '위인자불효(爲人子不孝)'라는 죄명을 들어 자결을 명한다. 이에 부소 역시 거부하지 않고 다음과 같이 말하면서 자결한다.

---

* 근래 출토된 『북경대학장서한죽서(北京大學藏西漢竹書)』의 「조정서(趙正書)」는 지금까지 알려지지 않았던 한초의 문헌인데, 진시황의 죽음과 이세황제 즉위에 대해 『사기』와는 다른 내용을 전하고 있어서 주목된다. 『사기』의 조고 주도의 유조 위조 이야기와는 달리 「조정서」에서는 진시황이 죽기 전 승상 이사와 논의해서 호해를 후계로 정하고 있다(北京大學出土文獻研究所, 『北京大學藏西漢竹書(參)』, 上海古籍出版社, 2015). 이미 많은 연구자들이 지적했다시피, 사마천이 채택한 자료 중에는 비사실적인 고사(故事)도 상당수 있다. 조고의 유조 위조 이야기도 누구도 전말을 상세하기 파악하기 어려운 일종의 궁정비사와 같아서 실제 사실로 신뢰하기는 어렵다. 아마도 진말·한초에 유행했던 고사 중 하나를 사마천이 『사기』에 넣은 것으로 이해하는 편이 합리적이다. 「조정서」도 마찬가지로 한초에 유행했던 진시황의 죽음과 진 멸망에 대한 또 다른 이야기로 볼 수 있다.

부친이 자식에게 죽음을 내리는데, 어찌 다시 청하겠는가?*

이어서 호해는 이세황제로 즉위하자마자 자신의 형제인 공자 12명과 공주 10명을 바로 처형하는데, 이때 공자 고(高)가 부황인 진시황을 따라 죽기를 상서하면서 또 다음과 같이 말하고 있다.

신은 마땅히 부황을 따라 죽어야 하는데 그럴 수 없었으니, 자식으로는 불효이고 신하로는 불충입니다.**

이상의 두 가지 예에서 진은 황실에서부터 자식이 부모를 비방하고 원망하거나 순종하지 않은 행위를 불효라고 인식했음을 알수 있다. 이러한 효의 부정형으로 불효를 설정하고 엄형에 처한다는 인식은 이미 효관념이 형성되는 서주 시기부터 존재했다. 『상서』, 『주례』, 『예기』, 『효경』 등의 문헌들을 보면, 불효는 인륜을 파괴하는 가장 무거운 죄로 군주가 백성을 대상으로 가장 엄하게 다스려야 하는 패륜이라고 분명히 인식하고 있다.*** 하지만 불효의 엄

---

* 『史記』卷87, 李斯列傳, 2551쪽, "更爲書賜長子扶蘇曰, 朕巡天下, 禱祠名山諸神以延壽命. 今扶蘇與將軍恬將師數十萬以屯邊, 十有餘年矣, 不能進而前, 士卒多耗, 無尺寸之功, 乃反數上書直言誹謗我所爲, 以不得罷歸爲太子, 日夜怨望. 扶蘇爲人子不孝, 其賜劍以自裁!……, 父而賜子死, 尚安復請!"

** 『史記』卷87, 李斯列傳, 2553쪽, "臣當從死而不能, 爲人子不孝, 爲人臣不忠."

*** 『尙書』康誥, "王曰, 封原惡大憝, 矧不孝不友, 子弗祗服厥父事, 大傷厥考心"; 『周

중함만을 언급하고 있을 뿐 불효에 해당하는 행동의 범주는 명확하지 않으며, 또 불효가 형벌 체계에 속하는지 아니면 불효에 대해 일반적인 도덕률의 범주에서 강조하는 것인지도 분명하지 않다. 하지만 서주 이래로 효가 전체 사회 질서를 규정하는 중요한 가치였다는 점에서, 이를 위배하는 불효는 사회 질서를 해치는 엄중한 행위로 무겁게 처벌해야 한다는 인식은 분명했다고 할 수 있다.

그리고 『효경』의 '오형지속삼천, 이죄막대어불효(五刑之屬三千, 而罪莫大於不孝)'라는 유명한 구절에 대해 전통시대부터 『공양춘추』 문공16년조의 하휴 주를 인용해서 불효는 효수형에 처하는 중죄로 바로 진나라 법이었다고 보는 해석이 있었다.* 즉, 불효를 효수형에 처하는 하나의 형명으로 분명히 인식한 것이다. 다만 율 속의 불효가 구체적으로 어떤 형식과 내용으로 이루어졌는지는 자료의 한계로 더는 상세하게 밝히지 못했다.

그런데 이러한 불효의 형명이 진한 시기 출토 간독 자료에서 분명히 확인되고 있어서, 당시 법제화된 효의 실상을 보다 구체적으로 이해할 수 있게 되었다. 즉, 『수호지진간(睡虎地秦簡)』에는 직접

禮』地官上 · 鄉八刑, "以鄉八刑糾萬民, 一曰不孝之刑"; 『禮記』 王制, "宗廟有不順者, 爲不孝, 不孝者, 君黜以爵"; 『孝經』 五刑章, "五刑之屬三千, 而罪莫大於不孝."

* 程樹德, 『九朝律考』 卷1, 漢律考四 · 律令雜考上, 中華書局, 1988, 95~96쪽, "按 『孝經』 五刑之屬三千, 而罪莫大於不孝. 公羊文十六年何注, 無尊上非聖人不孝者, 斬首梟之. 劉逢祿公羊釋例云, 秦法也."

불효를 죄목으로 고발하는 '고자(告子)', '면로고인불효(免老告人不孝)' 및 부친이 자식의 천사(遷徙)를 관부에 요청하는 '천자(遷子)' 조문이 나오는데, 이 세 조문을 합쳐서 불효죄 유형으로 구분할 수 있다. 또 진 통일 이후의 율령으로 확인되는 『악록서원장진간(嶽麓書院藏秦簡)』에서도 '부모고자불효(父母告子不孝)'라는 형명이나, 검수(黔首)가 부모를 효로 섬기는 행위를 선으로 규정하는 내용이 확인된다.* 그리고 진율을 계승한 한초 율령 『장가산한간(張家山漢簡)』 「이년율령(二年律令)」 적율(賊律)에도 마찬가지로 '부모고자불효'라는 형명의 조문이 나오며, 『장가산한간』 「주언서(奏讞書)」의 '착고불효(錯告不孝)'와 '차불효(次不孝)·오한(敖悍)' 안례에서도 불효의 율명이 언급되고 있다. 이처럼 『수호지진간』의 불효죄 유형과 『악록진간』 및 『장가산한간』 「이년율령」 등의 율문과 「주언서」의 두 안례를 통해, 진한 율령에서 효는 그 부정형의 형태인 '부모고자불효'라는 형명으로 분명히 법제화되어 있었던 것이다.

그런데 전통시대 중국법의 전범이라고 할 수 있는 당율에도 십

---

* 陳松長 主編, 『嶽麓書院藏秦簡(肆)』, 上海辭書出版社, 2015, "子殺傷·毆詈·投(殳)殺父母, 父母告子不孝及奴婢殺傷·毆·投(殳)殺主·主子父母, 及告殺, 其奴婢及 (013/1980) 子亡已命而自出者, 不得爲自出. (014/2086)"; 陳松長 主編, 『嶽麓書院藏秦簡(伍)』, 上海辭書出版社, 2017, "黔首或事父母孝, 事兄妹忠敬, 親弟(悌)兹(慈)愛, 居邑里長老術(率)黔首爲善(199)"; "黔首有子而更取(娶)妻, 其子非不孝毆(也), 以其後妻故, 告殺·羼(遷)其子. 有如此者, 盡傳其所以告☒(208)."

악(十惡) 중 하나로 불효 조목이 있다. 그래서 이를 포괄적인 도덕
율, 즉 '명교(名敎)'의 범주에서 이해해야 할지, 아니면 구체적인 법
률 속에서 '형명'의 하나로 분석해야 할지에 대해서, 당율로까지 이
어지는 중국 율령의 발전 과정에서 '법'과 '명교'의 분화를 둘러싸
고 황제 권력의 강화와 유가 법사상의 채택이라는 관점에서 논의
가 있었다. 따라서 상기한 간독 자료에서 당시 율령 내 불효의 존
재를 확인하고 분석하는 작업은 진한 율령에서 당률로의 계승과
변화 관계를 살펴보는 데도 일정한 단서를 제공해 준다고 할 수 있
다. 한편 진한 간독 법률 자료에 나오는 형명으로서의 불효는 전래
문헌에서는 불분명했던 법체계 내에서 효·불효의 양태를 구체적
으로 보여 주기 때문에, 중국 고대 국가권력과 기층 질서가 서로 대
응해서 만나는 장으로서 국가권력의 대민 지배 방식과 기층 가족
질서의 실상을 확인하는 데에도 매우 유용하다고 할 수 있다.

* 『唐律疏議』卷1, 名例一·十惡: "七曰不孝. 謂告言詛祖父母·父母, 及祖父母·父
母在, 別籍異財, 若供養有闕, 居父母喪, 身自嫁娶, 若作樂, 釋服從吉, 聞祖父母·父
母喪, 匿不擧哀, 詐稱祖父母·父母死."

** 오사무 오오바[大庭脩](『秦漢法制史の研究』, 創文社, 1982)와 와카에 켄죠우[若
江賢三](「秦漢律における不孝罪」, 『東洋史硏究』 제55권 제2호, 1996)의 논의가
대표적이라고 할 수 있다.

*** 진한 간독 법률 자료 내 불효죄와 관련해서 참고할 만한 주요 연구 성과는 다음과
같다. 若江賢三, 「秦漢律における不孝罪」, 『東洋史硏究』 제55권 제2호, 1996; 李
成珪, 「漢代『孝經』의 普及과 그 理念」, 『韓國思想史學』 10, 1998; 曹旅寧, 『秦律新
探』, 中國社會科學出版社, 2002, 76~84쪽; 張功, 「秦漢不孝罪考論」, 『首都師範大
學學報(社會科學版)』 2004-5; 籾山明, 『中國古代訴訟制度の硏究』, 京都大學學術
出版會, 2006; 徐世虹, 「秦漢簡牘中的不孝罪訴訟」, 『華東政法學院學報』 2006-3;

먼저『수호지진간』은 1975년 11월 중국 호북성 효감시(孝感市) 운몽현(雲夢縣) 수호지에서 발견된 진간으로, 일명『운몽진간』이라고도 한다. 운몽 수호지의 전국~진대 고분 중 11호 진묘에서 나온 죽간은 총 1,155매(잔편 80매)로 정리되었는데, 내용은 묘주 희(喜)의 일대기가 진의 국가대사와 함께 기록한「편년기(編年記)」를 비롯하여 어서(語書)·진율십팔종(秦律十八種)·효율(效律)·진율잡초(秦律雜抄)·법률답문(法律答問)·봉진식(封診式)·위리지도(爲吏之道)·일서갑종(日書甲種)·일서을종(日書乙種) 등 10여 종의 문서로 구성된다. 특히 진율십팔종·효율·진율잡초·법률답문·봉진식 등의 법률문서는 진의 각종 율령과 사건 안례 등을 담고 있어서 진의 정치·경제·문화 및 제도와 법률을 이해하는 데 획기적인 자료라고 할 수 있다.* 이『수호지진간』의 법률 자료 중에 불효를 직접 죄목으로

賈麗英,「秦漢不孝罪考論」,『石家莊學院學報』제10권 제1기, 2008; 金珍佑,「秦漢律의 '不孝'에 대하여-『睡虎地秦簡』·『張家山漢簡』의 '不孝'관련 조문을 중심으로-」,「中國古中世史研究」19, 2008 등. 이상의 연구를 통해서 진한율에 나오는 불효죄의 성격과 내용은 기본적으로 정리가 되면서, 대체로 진한율의 불효죄를 통해서 진한율에서 당율로의 계승과 변용, 국가권력과 가족 내 가부장권 사이의 관계 등을 조망하고 있다.

* 『수호지진간』은 1978년 처음『수호지진묘죽간(睡虎地秦墓竹簡)』(수호지진묘죽간정리소조, 문물출판사)이 공개된 이래, 1981년「일서(日書)」를 포함한 전체 석문과 사진판을 수록한『수호지진묘죽간』이 나왔고, 다시 1990년『수호지진묘죽간』(2001년 재판)이 출판되었다. 근래에는 새로운 교감과 최신 연구 성과 등을 반영하여 진간 자료를 망라한『진간독합집(秦簡牘合集)(1~4)』(진위 주편, 무한대학출판사, 2015(원간본)/2016(석문주석수정본))에도 포함되어 있다. 『수호지진간』의 한글 역주로는『수호지진묘죽간 역주』(윤재석, 소명출판, 2010)가 있다. 『수호지진간』은 이상 수호지진묘죽간정리소조에서 공간한 1978년본, 1981년

고소하는 내용이 두 군데 나오며, 직접적으로 불효를 죄목으로 명기하지는 않았지만 부친이 자식의 천사를 요청하는 「천자」 조문이 있다.

먼저 『수호지진간』 법률답문의 '면로고인불효'를 살펴본다.

> 면로가 어떤 사람을 불효로 고소해서 죽이기를 청하면 삼환(三環)하는 절차를 거쳐야 합니까? 삼환해서는 안 되며 바로 체포하고 놓쳐서는 안 된다.**

'면로고인불효' 조문은 요역의 의무에서 벗어난 향리의 노인인

본, 1990년본(2001년 재판) 3종 및 『진간독합집』(2016)과 『수호진묘죽간 역주』(2010)를 서로 대조해서 이용하면 된다. 이 책에서 인용하는 『수호지진간』은 최초로 나온 1978년본을 저본으로 했다.

* 『漢舊儀』([漢]衛宏 撰/[淸]孫星衍 輯/周天游 點校, 『漢官六種』, 中華書局, 1990), 85쪽, "秦制二十爵, 男子賜爵一級以上, 有爵以減, 年五十六免. 無爵爲士伍, 年六十免老." 이에 따르면 '면로(免老)'는 작(爵)이 있으면 56세, 작이 없으면 60세 이상으로 요역의 의무에서 면제된 노인임을 알 수 있다. 아래 『장가산한간』 이년율령 · 부율(傅律)에는 '면로'에 대해 보다 상세한 규정이 나오고 있다. 즉, 작위에 따라 면로가 되는 나이가 차등적으로 세분되어 있으며, 요역이 반감되는 환로(睆老) 단계를 먼저 4년 거친 후에야 면로가 될 수 있다. 5명 이상 자식을 낳으면 이러한 연령의 제한을 받지 않고 면로가 될 수 있는 우대규정도 있다. 『張家山漢簡』 二年律令 · 傅律, 356~358簡: "大夫以上年五十八, 不更六十二, 簪裊六十三, 上造六十四, 公士六十五, 公卒以下六十六, 皆爲免老. 不更年五十八, 簪裊五十九, 上造六十, 公士六十一, 公卒 · 士五六十二, 皆爲睆老. 民産子五人以上, 男傅. 女十二歲, 以父爲免☒者; 其父大夫也, 以爲免老."

** 『睡虎地秦簡』 法律答問, 195쪽. "免老, 告人以爲不孝, 謁殺, 當三環之不? 不當環, 執勿失."

면로가 향리 내의 사람을 불효로 고발해서 사형을 요청한 안선으로, 그 처리 방법에 대해 질문하고 대답한 것이다. 즉, 면로의 고소에 대해서 삼환이라는 절차를 밟아야 하는지 질문하고 있다. 일단 진간정리소조의 주석대로라면, 삼환은 사죄(死罪)의 경감 가능 여부를 세 차례 확인하는 절차인 '삼유(三宥)'라고도 할 수 있다.* 다만 이 삼환의 의미를 좀 더 정확하게 이해하기 위해서는 『장가산한간』 불효죄 조문을 분석하면서 함께 논의할 필요가 있다.**

한편 사형으로도 처벌할 수 있는 중죄인 불효의 고소를 제3자인 면로가 현실적으로 할 수 있었는지 의문이 있어서 이 조문의 면로 역시 부친이라고 생각할 수 있다. 후술하겠지만 기본적으로 율령 내의 불효죄는 친고죄의 성격을 가지므로, 이 조문의 고소의 주체인 면로를 부친으로 보는 것이 일면 합당한 해석이다. 그럼에도 고소의 대상이 '자(子)'가 아니라 제3자를 지칭하는 '인(人)'인 점을 감안한다면, 일단 향리의 연장자[父老]에게 향촌 공동체의 질서를 유지할 수 있는 권위를 법적으로 뒷받침해 주었던 조문으로 이해할

---

* 수호지진간정리소조의 주석에 따르면, 원문의 '환(環)'을 '원(原)'으로 읽고 『주례』 사자(司刺), "일유왈불식, 재유왈과실, 삼유왈유망(壹宥曰不識, 再宥曰過失, 三宥曰遺忘)"의 '유(宥)'와 같은 절차로 보고 있다. 이 해석에 따른다면 '삼환(三環)'은 사형을 판결하기 전 세 번 형벌을 경감할 수 있는 요소를 찾는 과정이라고 할 수 있다.

** 『장가산한간』 이년율령의 불효 조문에도 70세 이상의 노인이 자식을 불효로 고발한 경우 반드시 '삼환'의 절차를 거치도록 규정하고 있다.

수 있지 않을까 한다. 다만 이 경우에도 면로의 고소는 임의로 가능하지 않았으며, 향촌 공동체의 일정한 동의를 전제로 면로가 대표로 고소권을 가진다는 의미 정도일 것이다. 즉, 자식의 불효에 대해 친부모가 어떠한 이유로 인해 직접 고소하지 못하는 경우, 향촌 공동체의 안정과 질서를 위해 제3자이지만 부모를 대신해서 면로의 고소권이 인정되었던 것으로 보는 것이다. 비록 추론에 불과하지만, 적어도 이 조문의 내용을 통해 면로가 불효로 고소한 경우, 삼환의 절차를 거치지 않고 바로 피고발인을 신속히 체포한다는 원칙이 있었음을 확인할 수 있다.

다만 『수호지진간』의 '면로고인불효'가 시기적으로 전국 진의 내용이라고 한다면, 진 통일 이후 율령을 다시 정비하는 과정에서 불효죄의 고소 주체는 엄격히 부모로 한정되었다고 볼 수 있다. 즉, 후술하는 내용에서 진한율의 불효죄 형명이 '부모고자불효'로 명기되면서, 고소의 주체는 부모, 대상은 자식으로 한정되었고 면로가 주체가 되어 제3자인 '인'을 대상으로 하는 고소는 허용되지 않았다고 볼 수 있다. 이는 향촌 질서의 안정을 목적으로 하면서도, 부모-자식 간 가족 질서를 핵심으로 보고 그 외연에 있는 향촌의 권위에는 일정한 제한을 두었다고도 해석할 수 있다.

다음으로 『수호지진간』 봉진식의 '고자'는 친부가 직접 자식을 불효로 고소하는 내용이다.

고자 원서(爰書); 모 리의 사오 갑이 고소하여 말했습니다. "갑의 친자식으로 동리의 사오 병이 불효해서 죽이기를 청하니 삼가 고소합니다." (이에) 곧바로 영사(令史)에게 가서 체포토록 했습니다. 영사의 이전 원서: 뇌예신(牢隸臣) 모와 함께 병을 체포하는데 모의 집에서 잡았습니다. 현승(縣丞) 모가 병을 심문하니 병이 진술했습니다. "갑의 친자식으로 분명히 갑에게 불효했습니다. 그 밖에 다른 죄를 짓지는 않았습니다."

여기서 고소인 갑과 피고소인 병은 분명히 부자 관계에 있지만, 함께 동거한 상태인지는 분명하지 않다. '원서(爰書)'**는 사건에 대한 당사자의 구두 진술을 기록한 문서로 피고소인의 호적과 신분 및 이름을 먼저 기록하는 것이 원칙인데,*** 여기서도 "동리 사오 병(同里 士伍 丙)"이라고 분명히 나와 있다. 반면 같은 봉진식의 '고신(告臣)'이나 '경첩(黥妾)' 조문은 주인이 노비를 고발하는 내용인데,

---

* 『睡虎地秦簡』封診式, 263쪽, "告子 爰書 某里士伍甲告曰: 甲親子同里士伍丙不孝, 謁殺, 敢告卽令令史已往執. 令史已爰書: 與牢隸臣某執丙, 得某室. 丞某訊丙, 辭曰: 甲親子, 誠不孝甲所, 毋坐罪."

** '원서(爰書)'에서 '원(爰)'은 '역(易)', '환(換)'의 의미로 일종의 사건 당사자들의 진술을 기록한 법률 문서이다. '원서'에 대한 상세한 내용은 오사무 오오바[大庭脩]의 「爰書考」(『秦漢法制史の研究』, 創文社, 1982, 626~647쪽) 참고.

*** 『睡虎地秦簡』封診式 · 有鞫條, 247쪽, "可定名事里." '명(名)'은 이름, '사(事)'는 신분, '리(里)'는 호적으로 기본 인적 사항의 정확한 기록을 요구하고 있음을 알 수 있다.

"병, 갑신(丙, 甲臣)", "병, 을첩(丙, 乙妾)"이라고 해서 고소인과 피고소인의 관계만을 언급하고 있다.* 이는 고소인과 피고소인이 동거하는 경우 고소인의 인적 사항을 기재하고 피고소인은 고소인과의 관계만을 언급한 것이다. 따라서 "동리 사오 병"이라고 피고소인의 거주지와 신분을 분명히 기재한 것은 갑과 병이 동거하지 않는 관계, 즉 호를 달리한 분이 상태로 볼 수 있다.** 이렇게 이해한다면 '고자' 조문은 친부인 갑이 분이해 간 자식 병을 불효를 이유로 사형에 처해 달라고 고소한 사건이라고 볼 수 있다. 고소를 접수한 관부는 앞서의 '면로고인불효'와 같이 신속한 체포 절차를 밟고 있으며, 심문 과정에서 병은 자신의 불효를 그대로 인정하고 있다.

이상의 두 사례를 통해서 알 수 있는 진의 불효죄는 고소 주체가 기본적으로 부모이며 해석의 여지는 있지만, 향촌의 연장자인 면

---

* 『睡虎地秦簡』封診式, 259쪽, "告臣 爰書: 某里士伍甲縛詣男子丙, 告曰:丙, 甲臣, 驕悍": 260쪽, "黥妾 爰書: 某里公士甲縛詣大女子丙, 告曰: 某里五大夫乙家吏. 丙, 乙妾也."

** 장금광(張金光)에 따르면 '동거(同居)'의 개념과 범위가 진대와 한대에 차이점이 있다고 한다. 즉, 『한서』 권2, 혜제기, 88쪽의 "사고왈, 동거위부모처자지외, 약형제급형제지자등, 현여동거업자(師古曰, 同居, 謂父母妻子之外, 若兄弟及兄弟之子等, 見與同居業者)"에 보이듯이 한대에는 직계친속을 '동거'라 하지 않고 방계혈친으로 '동거공재'하는 경우를 '동거'라고 했다. 하지만 『수호지진간』에서 부자 관계도 '동거'라고 표현한 것은 직계친속일지라도 분이하는 경우가 일반적이었기 때문이라고 한다(「商變法後秦的家庭制度」, 『歷史研究』 1988-6, 76쪽). 따라서 「고자(告子)」 조문에서도 고발자인 갑이 병과의 관계를 진술하면서 '동거'라는 표현을 쓰지 않고 "갑친자, 동리사오병(甲親子, 同里士伍丙)"으로 진술한 것은 병이 분이한 상태였음을 보여 준다.

로까지 포함한다고 볼 수 있다. 즉, 진의 불효죄는 동거를 넘어서 분이한 가족이라도 유대 관계를 유지하고 더 나아가 향촌 공동체의 질서를 유지하는 역할까지도 목적으로 했다고 볼 수 있다. 바로 앞서의 『상군서』 군신편에서 언급하고 있는 "농불리전자, 족이양이친, 치군사(農不離塵者, 足以養二親, 治軍事)"에 부합되는 내용인 것이다. 그리고 고소인은 구체적으로 사형을 요구하고 있으며, 이를 관부는 지체하지 않고 바로 접수해서 신속하게 처리한다는 원칙을 가지고 있었음을 알 수 있다.

이상의 두 조문에서 불효죄의 고소 주체, 처벌 내용, 처리 절차의 원칙 등을 살펴보았는데, 여기에 세 번째로 『수호지진간』 봉진식의 '천자'를 확인해 본다.

천자(遷子) 원서: 모리의 사오 갑이 고소하여 말했습니다. "친자식인 동리 사오 병의 다리를 자르고, 촉의 변경 현으로 옮겨 죽을 때까지 옮겨진 장소를 떠나지 못하도록 청합니다. 삼가 고발합니다." 폐구(廢丘)의 담당 관원에게 알립니다. "사오로 함양 모리에 사는 병은 부친 갑이 그 다리를 자르고 촉의 변경 현으로 옮겨 죽을 때까지 옮겨진 장소를 떠나지 못하도록 요청한 데에 따라서 논죄하였으니 병을 갑의 고소와 같이 옮기고 율령에 따라 그 가족도 연좌해서 함께 가게 합니다. 이제 병의 다리를 자르고 이도(吏徒)에게 통행증과 압송 문서를 가지고 영사에게 가는데, 이도를 교대할 수 있게 해서 현의 순서에 따라 성도까지 가며, 성도에서 태수에게 압송 문서를 올려서 율령에 따라 음식을 지급합니다. 폐구로 이미 압송했으니 회답해 주기를 담당 관원에게 알립니다.[*]

'천자' 역시 친부가 자식을 고소하는 내용이다. 하지만 이 조문에서는 사형이 아니라, 자식의 다리를 자르고 종신토록 촉의 변경으로 천사시켜 달라는 부친의 요청으로 죄가 성립하고 있다. 이 조문은 불효란 죄목이 직접 나오지 않으며 형량도 사형이 아니라는 점에서 앞의 두 조문과 차이가 있다. 반면 고소의 주체가 친부이고 관부도 고소를 그대로 수용하여 처벌하고 있다는 점에서 형식이 동일하다. 이에 대해 와카에 켄죠우[若江賢三]는 진율에서 불효죄는 사형에 처해야 하는 죄상에만 적용했기 때문에 '천자' 조문은 불효죄를 적용하지 않은 사례라고 보았다.[**] 반면 윤재석은 『장가산한간』「주언서」 21번 안례의 "오한, 완위성단, 철(계)기족, 수파현염(敖悍, 完爲城旦, 鐵(械)其足, 輸巴縣鹽)"과 유사한 경우로 보면서 '천

---

[*] 『睡虎地秦簡』封診式, 261~262쪽, "爰書 某里士伍甲告曰: 謁鋈親子同里士伍丙足, 遷蜀邊縣, 令終身毋得去遷所, 敢告. 告法(廢)丘主: 士伍咸陽才(在)某里曰丙, 坐父甲謁鋈其足, 遷蜀邊縣, 令終身毋得去遷所論之, 遷丙如甲告, 以律包. 今鋈丙足, 令吏徒將傳及恒書一封詣令史, 可受代吏徒, 以縣次傳詣成都, 成都上恒書太守處, 以律食. 法(廢)丘已傳, 爲報, 敢告主."

[**] 若江賢三,「秦漢律における不孝罪」,『東洋史研究』第55卷 第2号, 1996, 7쪽.

자'도 불효죄의 일종으로 파악했다.

이렇게 상반된 견해가 있어서 '천자' 조문이 불효죄에 해당되는지 쉽게 판단할 수 없었는데, 근래 나온 『악록진간(5)』** 208간의 "검수유자이갱취(취)처, 기자비불효예(야), 이기후처고, 고살,천(천)기자. 유여차자, 진전기소이고☒(黔首有子而更取(娶)妻, 其子非不孝殹(也), 以其後妻故, 告殺, 䙴(遷)其子. 有如此者, 盡傳其所以告☒)"를 참고하면 '천자' 역시 불효죄에 해당한다는 것이 명백해졌다고 할 수 있다. 즉, 『악록진간(5)』 208간은 자식이 있는 일반 민이 후처를 얻었는데, 그 자식이 불효한 것이 아닌데도 후처로 인해 자식을 죽이거나 천사해 달라고 고소하는 내용이다. 208간의 뒷부분에 잔결이 있어서 분명하지는 않지만, 대체로 불효가 아닌데도 잘못 고소한 부모에 대한 조치가 있었을 것으로 추정할 수 있다. 『악록진간』의 이 내용을 보면, 부모가 자식을 불효를 이유로 고소하여 사형 혹은

* 尹在碩, 『秦代家族制硏究』, 慶北大博士學位論文, 1996, 100쪽.

** 『악록서원장진간(嶽麓書院藏秦簡)』(약칭 악록진간)은 중국 호남대학 악록서원(嶽麓書院)이 2007년, 2008년 2차례 홍콩의 골동품 시장에서 입수한 진간독이다. 전부 2,176매의 간독으로 내용은 질일(質日)·위리치관급검수(爲吏治官及黔首)·점몽서(占夢書)·수(數)·위옥등장사종(爲獄等狀四種)·진율령(秦律令) 등으로 구성된다. 질일·위리치관급검수·점몽서 등 3편은 『악록서원장진간(1)』(상해사서출판사, 2010), 수(數)는 『악록서원장진간(2)』(상해사서출판사, 2011), 재판 관련 주언문서(奏讞文書)인 위옥등장사종은 『악록서원장진간(3)』(상해사서출판사, 2013)에 각각 수록되었다. 진율령 부분은 2015년·2017년·2020년에 각각 출간된 『악록서원장진간(4)·(5)·(6)』에 나누어 실렸고, 남아 있는 진율령 부분이 조만간 『악록서원장진간(7)』로 나올 예정이다.

천사를 요청할 수 있었던 것이다.

'천자'도 부친의 고소만으로 자식을 처벌할 수 있었고 관부는 이를 그대로 수리하여 처리했다는 점은 분명하다. 그리고 앞의 '고자'와 같이 "친자동리사오병(親子同里士伍丙)"으로 동거하지 않은 상태의 피고소인인 자식 병을 지칭하고 있고, 또 병의 가족도 함께 연좌해서 천사시키는 내용은 뒤에서 살펴보는 『장가산한간』 「이년율령」의 불효 율문*과도 서로 부합한다. 『수호지진간』의 '천자' 조문과 『악록진간』 208간을 보면 부모가 자식을 불효로 고소하는 불효죄는 자식을 사형으로 처벌하는 것이 기본 형량이지만, 부모가 자식의 죽음까지는 원하지 않는 경우 혹은 노동력의 유지라는 국가권력의 목적에 상정해서 천사형까지도 가능했다고 보인다. 이 또한 향촌의 생산성을 유지한다는 법가류 효 인식이 법제에 반영된 한 방증이라고도 할 수 있다.

『수호지진간』에서 확인한 불효죄의 좀 더 구체적인 내용은 이어서 『장가산한간』 이년율령·적율에서 확인할 수 있다. 『장가산한간』은 1983~1984년 중국 호북성 형주시 강릉현 장가산 한묘군에서 출토된 한초 여후(呂后) 시기의 간독이다. 이 중 247호묘에서 1,236매의 죽간이 나왔는데, 각각 이년율령·주언서·개로(蓋盧)·맥

---

* 『張家山漢簡』 二年律令 · 賊律, 38간, "父母告子不孝, 其妻子爲收者, 皆錮, 令毋得以爵償 · 免除及贖."

서(脈書)·인서(引書)·산수서(算數書)·역보(曆譜) 및 견책류 등으로 구성되어 있다. 이 중 「이년율령」은 27종의 율과 1종의 영을 합친 모두 28종의 율령 모음집으로, 한초 여후 2년(기원전 186년)에 시행된 율령으로 추정된다. 다만 여후 2년에 일시에 반포되었다기보다는 진율을 계승하여 축적된 율령의 정비로 볼 수 있어서, 법제상 한승진제(漢承秦制)의 구체적인 내용을 확인할 수 있는 중국 고대 법제사의 중요한 1차 자료이다.[*] 「이년율령」의 적율에 부모가 자식을 불효로 고소하는 아래의 율문이 나온다.

35~37간: 1) 자식이 부모 살해를 모의하거나,[**] 조부모·부모·서조모·여주인·계모를 때리고 욕하거나, 부모가 자식을 불효로 고발하면 모두 기시이다. 2) 그 자식이 죄가 있어 성단용·귀신백찬 이상에 해당

[*] 『장가산한간』 이년율령은 2001년 처음 석문이 공간되었고(張家山二四七漢墓竹簡整理小組, 『張家山漢墓竹簡』, 文物出版社), 다시 2006년 석문 수정본이 나왔다(『張家山漢墓竹簡[二四七號墓](釋文修訂本)』, 文物出版社). 또 2007년에는 간독의 적외선 촬영을 통해 석문을 일부 교감 수정한 적외선본(彭浩·陳偉·工藤元男主編, 『二年律令與秦讞書 張家山二四七號漢墓出土法律文獻釋讀』, 上海古籍出版社)이 출판되었다. 『장가산한간』 이년율령의 저본으로는 정리소조의 석문수정본(2006)과 적외선본(2007)을 활용하면 된다.

[**] 『수호지진간』 법률답문의 "신첩목살주, 가(하)위목? 욕적살주, 미살이득, 위목(臣妾牧殺主, 可(何)謂牧? 欲賊殺主, 未殺而得, 爲牧)"을 보면 '목(牧)'은 신첩(臣妾)이 주인을 살해하려고 했지만 미수에 그치고 체포된 경우이다. 『장가산한간』 이년율령·적율(賊律), 35간의 경우도 자식이 부모 살해를 꾀한 경우로, '목(牧)'은 비속(卑屬)이 존속(尊屬)에 대한 범행을 꾀한 것으로 의미를 국한시켜 볼 수 있다. 水間大輔, 「秦律·漢律における未遂·豫備·陰謀罪の處罰-張家山漢簡「二年律令」を中心に」(『史學雜誌』 113-1, 2004) 참조.

하거나, 다른 사람의 노비가 되어 있는 경우, 부모가 자식을 불효로 고발해도 수리하지 않는다. 3) 나이 70세 이상으로 자식을 불효로 고발하면, 반드시 세 번 다시 돌려보내야 한다. 돌려보내는 것이 각각 서로 다른 날인데도, 여전히 고발을 하면 이에 고발을 접수한다. 4) 다른 사람에게 불효를 교사하면, 경위성단용에 처한다.[*]

38간: 5) 부모를 흉기로 살상하거나, 부모 살해를 모의하거나, 부모를 때리고 욕하거나, 부모가 자식을 불효로 고발해서, 그 처자를 관부에서 몰수해야 하는 경우 모두 금고에 처하며, 작위로 보상하거나 면제하거나 속환할 수 없게 한다.[**]

「이년율령」의 불효 관련 율문은 위의 두 조문이다. 그 내용을 편의상 35~37간의 조문은 네 부분으로 나누고 38간 조문의 내용을 더해서, 전체 다섯 부분으로 구성해서 분석한다. 「이년율령」에서 적율 부분은 1~54간으로 전부 54매인데, 그중 가족 질서와 직접 관련되는 조문은 32~44간까지 13매로 상당한 비중을 차지한다.

---

[*] 『張家山漢簡』 二年律令·賊律, 35~37간, "子牧殺父母, 毆罵泰父母·父母·假大母·主母·後母, 及父母告子不孝, 皆棄市. 其子有罪當城旦舂·鬼薪白粲以上, 及爲人奴婢者, 父母告不孝, 勿聽. 年七十以上告子不孝, 必三環之. 三環之各不同日而尙告, 乃聽之. 教人不孝, 黥爲城旦舂."

[**] 『張家山漢簡』 二年律令·賊律, 38간, "賊殺傷父母, 牧殺父母, 毆罵父母, 父母告子不孝, 其妻子爲收者, 皆錮, 令毋得以爵償·免除及贖."

그리고 이 조문들의 전체적인 경향은 가족 내 존장(부모·남편·형·주인)의 우위를 국가가 법률로 보장해 주는 내용들로, 이를 통해 혈연 질서의 수직적인 위계가 확립된다.* 위의 불효 율문은 가족 관계 율령 중에서도 가장 분명하고 상세하게 혈연 질서 내 수직적인 권위의 우위를 규정하고 있다고 할 수 있다.

「이년율령」의 불효죄 율문에서 1)은 자식이 부모 살해를 모의하거나, 조부모 등 존장을 때리거나 욕하거나, 부모가 자식을 불효로 고소하면 모두 기시에 처한다는 내용으로 율령 조문에서 일반 규정이라고 할 수 있는 부분이다. 그런데 바로 그 앞 34간 조문에 자식이 부모를 살해·상해하거나 노비가 주인과 주인의 친속을 살해·상해하는 행위는 효수**에 처한다는 내용이 나온다.*** 「이년율령」에 나오는 사형의 종류는 책(磔)·요참(腰斬)·효수(梟首)·기시(棄市) 등 네 가지로**** 죄의 경중에 따라 서로 다르게 규정되어 있지만, 효

---

* 尹在碩, 「張家山漢簡所見的家庭犯罪及刑罰資料」, 『中國古代法律文獻研究』 第二輯, 中國政法大學出版社, 2004, 43~65쪽 참고. 윤재석은 한초 「이년율령」 내 가족 관련 율문이 『수호지진간』이나 한 무제 이후의 형벌보다 더 엄중한 경우도 있는데, 이는 아직 불안정한 한초 사회의 기층조직을 안정시키기 위해 엄정한 법률로 가족 내 질서와 윤리를 보호하여 가족의 붕괴를 방지하고자 했던 것으로 보았다.

** 『漢書』 卷70, 陳湯傳, 3028쪽, "師古曰, 梟謂斬其首而縣之也."

*** 『張家山漢簡』 二年律令·賊律, 34簡, "子賊殺傷父母, 奴婢賊殺傷主·主父母妻子, 皆梟其首市."

**** 굴의(堀毅)는 진율에서 사형 종류는 육(戮)·책(磔)·기시(棄市) 세 종류라고 했다(『秦漢法制史論攷』, 法律出版社, 1988년, 180~181쪽 표VI 秦漢的刑名(勞役刑以上)). 『장가산한간』 이년율령에는 책(磔)·요참(腰斬)·효수(梟首)·기시

수는 「이년율령」 전체에 걸쳐 34간 한 곳에서만 나온다. 이는 자식·노비 같은 비속의 존속 살해·상해 행위를 그야말로 혈연과 신분 질서를 정면에서 위배한 가장 극악한 행위로 규정하고 목을 베어 내걸고 본보기를 보인다는 의미가 강했다고 볼 수 있다. 반면 가장 종류가 많고 일반적인 사형의 형태는 기시라고 할 수 있는데, 적율 21간의 일반 살인죄를 기시로 처벌하는 조문이 한 기준점이라고 할 수 있다.[*] 이를 기준으로 해서 책형·요참형·효수형 등은 일반적인 살인죄보다 더 무거운 죄에 가중 처벌을 하는 것이라고 할 수 있다. 그래서 34간의 존속 살해나 상해는 일반 살인죄보다 더 무거운 효수형이며, 35간의 부모 살해 모의·존장에 대한 구타와 욕설·부모의 불효 고소 등은 범죄 형태가 살인은 아니지만 처벌은 일반 살인죄와 동급인 기시형에 처하고 있다. 이를 보면 가족 내 존장에 대한 범죄는 일반 범죄보다 더 가중 처벌한다는 것을 분명히 알 수 있다.

다만 35간의 부모의 불효 고소는 비록 기시로 처벌하는 엄중한

(棄市) 네 종류가 나오고 있어서 사죄(死罪)는 기시형을 기준으로 대체로 진율 단계와 큰 차이는 없었다. 정수덕(程樹德)의 『구조율고(九朝律考)』(권1, 漢律考 二·刑名考, 中華書局, 1988, 37~38쪽)는 한대 사형을 효수(梟首)·요참(腰斬)·기시(棄市) 세 종류로 구분해서 가장 무거운 벌이 효수였고, 그다음이 요참, 기시 순이었다고 했는데, 경제(景帝) 시기 책형이 기시형에 통합되었다고 하므로(『漢書』卷5, 景帝紀, 145쪽, "改磔曰棄市, 勿復磔"), 경제 이전 「이년율령」에 사형이 네 종류인 것과 서로 부합된다.
[*]『張家山漢簡』二年律令·賊律, 21간, "賊殺人·鬪而殺人, 棄市."

죄이지만, 앞서 여러 전래 문헌에서 모든 형벌 중 가장 엄중히 처벌해야 한다고 강조했던 불효와는 동일하다고 보기는 어렵다. 또 앞서 『공양춘추』 문공16년조 하휴 주에 따르면 불효는 효수형이라고 했지만, 이 또한 「이년율령」 적율의 해당 율문과 엄밀하게 비교해볼 필요가 있다. 일반적인 도덕률의 범주에서는 모두 불효의 범주로 포괄되는 행위이지만, 율문은 존속 살해·상해를 가장 무거운 효수형으로 처벌하고 그 외 다른 존장에 대한 범죄는 기시로 처벌하는 등 두 등급으로 구분해서 처벌하고 있다. 즉, 부모가 자식을 불효로 고소한 것은 부모 살해·상해의 범죄보다는 한 등급 아래이면서, 부모 살해 모의 및 존장에 대한 구타·욕설과는 동급에 위치하고 있다.[*]

『수호지진간』에서 불효죄 유형의 세 조문을 정리했지만, 「이년율령」 적율 34·35간 및 『악록진간(4)』 013간을 보면 불효죄가 율문에서는 '부모고자불효'라는 명시적인 형명으로 법제화되었다는 것을 알 수 있다. 35간의 '부모고자불효'는 부모의 고소를 전제로 하는 '친고죄'[**]가 죄목 성립의 핵심적인 조건이다. 즉, 자식을 불효로 고

---

[*] 『晉書』 卷30, 刑法志, 931쪽, "梟首者惡之長, 斬刑者罪之大, 棄市者死之下, 作者刑之威, 贖罰者誤之誡."

[**] '친고죄(親告罪)'는 피해자 및 기타 법률이 정한 자의 고소·고발이 있어야 공소할 수 있는 범죄로, 상대적 친고죄와 절대적 친고죄로 구분된다. '불효죄'의 경우 피해자가 가해자와 일정한 신분관계에 있어야 성립하게 되는 상대적 친고죄라고 할 수 있다.

소할 수 있는 부모의 판단이 결정적인 역할을 한다고 볼 수 있는데, 따라서 부모가 자식의 불효를 판단해서 관부에 고소하고, 또 관부는 부모의 고소를 받아들이는 기준이 있었는지도 확인해 볼 필요가 있다.

2)부분은 1)의 '부모고자불효'를 관부에서 수리하지 않는 경우에 대해 설명한 것이다. 즉, 자식이 죄를 지어서 이미 성단용(城旦舂) 귀신백찬(鬼薪白粲) 이상의 형도 신분이거나 민간에서 타인의 사노비가 되어 있는 경우, 달리 말하면 이미 인신이 구속된 상태라면 부모가 그 자식을 불효로 고소해도 접수하지 않는다는 내용이다. 즉, 국가 및 민간의 다른 이에게 인신이 구속되어 있는 형도 및 사노비는 부모의 자식에 대한 고소권이 우선할 수 없게 규정되어, '부모고자불효'의 율문이 가지는 제한적·상대적·기능적인 성격을 드러내고 있다. 이 부분 역시 효를 절대적으로 우선시하는 유가적 효가 아니라, 군주 권력 아래에 향촌 질서의 유지를 목적으로 제한적·기능적으로만 효를 인정했던 법가류의 인식이 법제에 반영된 것으로 볼 수 있다.

3)은 '부모고자불효'의 안건을 관부에서 수리할 때 절차상의 원칙을 언급한 부분이다. 즉, 나이 70세 이상의 사람이 자식을 불효로 고소하는 경우 바로 접수하지 않고 반드시 세 번 고소를 반려해야 하며 각기 날짜를 다르게 해서 이러한 반려 절차를 밟았는데도 여

전히 자식을 고소하면 그때서야 고발을 수리한다는 내용이다. 여기서 다시 앞서『수호지진간』에서 언급했던 '삼환(三環)'의 해석이 문제가 된다. 앞서『수호지진간』'면로고인'에서 나왔던 삼환에 대해 수호지진간정리소조는 세 번 형을 경감할 수 있는 요소를 찾는 절차인 '삼유(三宥)'를 뜻한다고 해석하면서 면로의 고소는 '삼환'을 하지 않고 바로 체포한다고 했다.° 그런데『장가산한간』「이년율령」에 나오는 '부모고자불효'의 해당 율문에서 장가산한간정리소조는 '환(環)'을 '환(還)', 즉 '복(復)'°°의 뜻으로 해석해서, '삼환'이 고소를 세 차례 반려하는 과정이라고 보았다. 이어서 '서로 다른 날짜에 '삼환'의 절차를 진행했는데도 여전히 부모가 고소를 유지하면 비로소 접수한다[三環之各不同日而尙告, 乃聽之]'는 내용이 나오는 것을 보면, '삼환'이 형의 경감을 논하는 '삼유'보다는 고소를 접수하지 않는 '각(却)'이나 반려한다는 '환(還)'의 뜻으로 해석하는 것이 좀 더 타당하다.

따라서 '삼환'은 동일한 사안에 대해 세 차례 고소를 반복함으로써 사건의 정황을 정확히 확인해서 재판에 신중을 기하려는 원칙

---

* 한편 전대군(錢大群)은 '환(環)'을 '각(却)'의 의미로 해석해서, '삼환(三環)'은『수호지진간』에서 고소를 수리하지 않는 세 가지 제도, 즉 '주고(州告)', '가죄(家罪)', '비공실고(非公室告)'라고 보기도 했다(「秦律"三環"論」,『南京大學學報』1988-2).

** 『說文解字注』卷4, 上海古籍出版社, 1988, 72上쪽, "還, 復也. …, 今人還繞字用環."

으로 보아야 할 것이다.˚ 이는『당육전』권6 상서형부의 다음과 같
은 내용에서 '삼환'을 원칙과 형식이 무고를 방지하기 위한 목적에
서 그대로 당대 '삼심(三審)'으로 이어지고 있음을 확인할 수 있다.

무릇 사람의 죄에 대한 고소가 있으면 모반 이상을 제외하고 모두 세
차례 심사한다. 고소장을 접수하는 관사는 고소가 거짓이면 모두 반좌
된다는 정황을 정확히 알려야 한다. (세 차례의) 심사를 할 때마다 모두
다른 날 고소장을 받는다. 만약 사안이 절박하고 위험한 경우는 이 예
를 적용하지 않는다.˚˚

자식을 불효로 고소한 부모가 70세 이상이면 이러한 '삼환' 절차
를 반드시 거치도록 규정했지만, 위의『당육전』의 '삼심' 규정에 보
이듯이 '삼환' 역시 보통 고소 사건에 기본적으로 적용하는 일반 원
칙으로 보아야 할 것이다. 반면 '부모고자불효'의 사안은 일단 일이
발생하면 매우 심각한 경우[有事切害]로 간주해서, 일반 사건의 원
칙인 '삼환'을 하지 않고 즉시 신속한 접수 처리를 원칙으로 했다.

* 徐世虹,「「三環之」·「刑復城旦春」·「繫城旦春某歲」解-讀「二年律令」札記」,『出土
  文獻研究』第6輯, 2004 참고.
** 『譯註 唐六典 上』(김택민 주편, 신서원, 2003) 卷6, 尙書刑部, 607쪽 역문 참고.
  "凡告言人罪, 非謀叛以上, 皆三審之. 應受辭·牒官司並具曉示虛得反坐之狀. 每審
  皆別日受辭, 若有事切害者, 不在此例."

그리고 「이년율령」 36간의 내용은 70세 이상 고령의 부모가 자식을 고소하는 경우 판단력이나 봉양 등의 문제가 있다고 생각해서 오히려 일반 고소 사건의 원칙인 '삼환' 규정을 적용하는 예외조항으로 볼 수 있다. 이렇게 해석하면『수호지진간』'면로고인'은 70세가 아직 되지 않은 면로의 고소는 36간의 예외조항을 적용하지 않고, '부모고자불효'의 원칙대로 신속히 바로 처리한다고 유권해석을 내린 것으로 볼 수 있는 것이다. 이렇게 70세 이상 연로한 부모의 고소는 '삼환'의 절차를 거치도록 규정한 내용도 나름 부모의 봉양을 배려했을 수도 있다는 점에서 역시 법가류의 기능적 효 인식이 반영된 결과라고 할 수 있다.

이어서 4)는 '부모고자불효'에 이어져 있는 '교인불효(敎人不孝)'에 관한 규정이다. 이는 불효를 타인에게 교사한 경우로, '부모고자불효'보다 한 등급 아래를 적용하여 형벌도 기시의 다음 형인 경위성단용에 처하고 있다. 또한『장가산한간』「주언서」21번 안례의 '차불효지율(次不孝之律)'과도 밀접한 관련이 있다고 볼 수 있다.

5)의 38간은 앞서 네 부분으로 나누어 살펴본 '부모고자불효' 율문과는 별도로 나오는데, 35~37간의 존장에 대한 범죄 행위를 저지른 죄인의 아내와 자식 등 그 가족 구성원을 몰적(沒籍)하는 규정이다. 즉, 원칙상 연좌해야 하는 가족 구성원의 인신을 구속하고 작위나 금전으로 대신하지 못하게 하는 내용이다. 일반적인 죄인 가

족의 연좌와 몰적은 『장가산한간』 「이년율령」의 수율(收律)에 규정되어 있다. 그중 연좌의 일반 원칙은 다음과 같다.

죄인이 완성단용·귀신 이상이거나 강간·간통하여 궁형에 처해진 경우, 모두 그 처·자·재산·전택을 관부에 몰수한다.[*]

즉, 죄인의 몰적 범위는 그 처·자와 동산·부동산 일체를 포함하는데, 이는 『수호지진간』에서도 분명하게 확인된다.[**] 이 원칙에 따라서 불효로 고소당한 자식은 처·자도 모두 몰적하는데, 작위나 금전 등 다른 방법으로 벗어나지 못하게 명문화한 것이다.

이상 『장가산한간』 「이년율령」 적율의 '부모고자불효' 율문을 살펴보았다. 그 내용을 종합해 보면 다음과 같다. 첫째, '부모고자불효'는 부모의 고소를 전제로 성립하는 '친고죄'의 성격이 강했다. 둘째, 율문에서의 '부모고자불효'는 관념적인 의미에서의 불효보다 더 범위가 협소해서 '부모고자불효'라는 형명과 기시라는 구체적 형벌로 이루어진 법률 용어였다. 이는 『악록진간(4)』 013간에서도 '부모고자불효'라는 형명이 분명히 확인되므로 적어도 『수호지

---

[*] 『張家山漢簡』 二年律令·收律, 175簡, "罪人完城旦舂·鬼薪以上, 及坐奸府(腐)者, 皆收其妻·子·財·田宅."

[**] 『睡虎地秦簡』 法律答問, 201쪽. "隷臣將城旦, 亡之, 完爲城旦, 收其外妻·子. 子小未可別, 令從母爲收."

진간』 단계 이래 진대에 이미 친부모의 고소만을 허용하는 '부모고
자불효'라는 형명과 기시라는 처벌 정도 등이 성립되었으며, 이를
한초 「이년율령」에서 그대로 수용한 것이다. 셋째, 국가 죄수나 사
노비의 경우 불효의 고소를 접수하지 않는다는 조건을 통해서 부
모의 권위가 국가와 사회의 질서 및 권익에 우선하지 못했음을 알
수 있다. 넷째, 70세 이상 노령의 부모일 경우 고소를 세 번 반복하
는 '삼환' 절차를 거치도록 하는 예외조항이 있었다. 다섯째, '부모
고자불효'에 이어지는 '교인불효(敎人不孝)'는 불효죄에 다음가는
형명으로, 형벌도 '기시' 다음인 '경위성단용'이었다. 여섯째, 부모
로부터 불효로 고소당한 자식은 처·자도 몰적했는데, 인신을 구속
하고 작위나 금전 등 다른 수단으로 벗어나지 못했다.

　『수호지진간』의 불효죄 세 조문과 『악록진간(4)』 013간 및 『장가
산한간』 이년율령·적율의 '부모고자불효' 조문의 분석을 통해서 진
한율에서 불효죄의 정확한 율명, 고소의 주체, 형량, 처리 원칙, 예
외조항, 부속조항 등을 구체적으로 정리할 수 있었다. 그리고 이를
통해 전국 진 이래 율령에서 '부모고자불효' 조문은 선진 시기 제자
백가들의 다양한 효의 사상화 중에서 법가류의 인식이 직접적으로
진제국의 통치 질서 속에서 구체적인 율로 법제화된 결과였다고
할 수 있다.

　이러한 법가류 효 인식의 법제화를 좀 더 분명히 하기 위해서,

'부모고자불효'의 율로 부모가 자식을 고소하는 불효의 구체적인 내용을 확인해 볼 필요가 있다. 일반적인 윤리 도덕의 범주에서 생각할 수 있는 불효의 포괄적인 범위를 넘어서, 형량이 사형에 해당하는 엄중한 죄로 부모가 자식을 고소하는 행위가 어떤 것이었는지 분명해진다면, 법가류의 효가 지향했던 바이면서 또한 전제 황제 권력이 추구했던 효의 법제화가 목적했던 바가 명료해질 것이다. 이에 대해서는『장가산한간』「주언서」의 불효죄와 관련된 흥미로운 사건들을 살펴볼 필요가 있다.

『장가산한간』 중 227매의 「주언서」는 춘추에서 한초까지 모두 22건의 재판 안례를 모아 놓은 일종의 '판례집'이라고 할 수 있다. '율령집'이라고 할 수 있는 「이년율령」과 함께 나온 「주언서」는 사건의 발생에서 수사, 체포, 고소·고발, 심문, 심리, 판결, 재심 등 일련의 사법 절차가 온전히 담겨 있어서 중국 고대 법제사 연구에 중요한 의미를 가지는 자료이다.『장가산한간』「주언서」 22건 중에서 6번째와 21번째 안례는 '부모고자불효'의 율문과 관련 있는 사건으로, 「이년율령」의 율령 조문과 함께 구체적으로 '부모고자불효'의 성격을 확인하는 데 유용하다. 따라서 「주언서」의 '부모고자불

---

* 6번 판례는 '착고불효(錯告不孝)' 사건으로 지칭하는데, 21번 판례는 정확히 말하면 (여자 갑과 남자 병의) '화간(和奸)' 사건을 다룬 것이다. 어떤 죄목을 적용할지 토론하는 과정에서 '오한(敖悍)'과 불효의 적용 여부가 쟁점이 되고 있는데, 불효의 율을 많이 언급하고 있다. 21번 판례는 실제 율 적용에 따라 '차불효오한(次不孝敖悍)' 판례라고 지칭했다.

효' 관련 안례를 분석한 후, 앞서 살펴보았던『수호지진간』과『장가산한간』「이년율령」의 내용을 함께 비교 종합한다면, 진한율에 나타나는 불효의 법률적인 성격이 명확하게 드러날 것이다.

먼저「주언서」6번 '착고불효(錯告不孝)' 안례를 살펴보면 아래와 같은 내용이다.

한중 군수가 주언했다. 공대부 창이 노비 상여를 매질하여 이로 인해 고사(辜死)*했는데, (발각되기 전) 먼저 스스로 자수하였습니다. 상여는 본래 평민으로 마땅히 소부에서 노역하는 일에서 면제되어야 해서 창은 상여와 (그러기로) 약속했으나 면제해 주지 않았습니다. (창에 대한) 옥사를 다스려 창이 (상여를) 불효로 잘못 고소한 것은 부당하다고 판결했는데 그 죄가 의심됩니다. 정위의 답변: 잘못 고발한 것은 죄를 다스려야 마땅하다.**

---

* 고사(辜死)는 보고(保辜) 기한 내 사망한 경우이다. 보고는 구타하여 다른 사람을 상해했을 때 일정한 기한을 법으로 정해 두는 것이다. 만약 기한 내에 구타가 원인이 되어 사망했다면 살인죄를 적용한다. 程樹德,『九朝律考』卷4 漢律考四·律令雜考上, 中華書局, 1988, 110쪽, "古者保辜, 辜內當以弒君論之, 辜外當以傷君論之. 疏, 其弒君論之者, 其身梟首, 其家執之. 其傷君論之, 其身斬首而已, 罪不累家, 漢律有其事.(公羊襄七年何注) 疻痏保辜讁呼號. 注, 保辜者, 各隨其狀輕重, 令毆者以日數保之, 限內至死, 則坐重辜也.(急就篇)"

**『張家山漢簡』奏讞書·6번안례, 49~50簡, "漢中守讞; 公大夫昌苔(笞)奴相如, 以辜死, 先自告. 相如故民, 當免作少府, 昌與相如約, 弗免, 已獄治, 不當爲昌錯告不孝, 疑罪. 廷報; 錯告, 當治."『이년율령여주얼서』(2007년, 345쪽)에서는 '불면, 이옥치(弗免, 已獄治)'를 '불면이, 옥치(弗免已, 獄治)'로 다르게 읽어서 '이(已)'를 구말(句末) 어기사(語氣詞)로 보았는데, 이에 따랐다.

이 사건의 피의자 창(昌)은 진한대 이십등작 중 7등급인 공대부(公大夫)의 신분으로 질 500석에 비견되는 상당한 특혜와 지위를 누리는 신분이었다.* 그런데 창이 자신을 대신하여 소부에서 노역하고 있던 노비 상여를 매질해서 그 후유증으로 죽게 만든 것이다. 또 상여는 본래 평민 신분으로 소부에서 노역이 면제되어야 했지만, 창이 상여와 이를 약속했음에도 들어주지 않고 매질해서 죽게 한 사건이다.

이 경우 「이년율령」 적율 48간에 따르면 피의자인 창의 죄는 '속사(贖死)'에 해당한다.** 그리고 '속사'는 「이년율령」 구율에 나오는 속형 중 납부 금액이 가장 무거운 금 2근 8량이다.*** 창은 발각되어 처벌받기 전 먼저 관부에 자수해서 자신의 죄를 한 등급 감면받으려 했으며,**** 더 나아가 노비인 상여가 매질로 인해 정해진 기한 내에 사망하자 관부에 상여를 불효로 사후 고소한 것이다. 사건을 맡

* 『張家山漢簡』二年律令 · 賜律, 291~292簡, "賜不爲吏及宦皇帝者, 關內侯以上比二千石, 卿比千石, 五大夫比八百石, 公乘比六百石, 公大夫 · 官大夫比五百石, 大夫比三百石, 不更比有秩, 簪裊比斗食, 上造 · 公士比佐史."

** 『張家山漢簡』二年律令 · 賊律, 48簡, "諸吏以縣官事笞城旦舂, 鬼薪白粲, 以辜死, 令贖死."

*** 『張家山漢簡』二年律令 · 具律, 119簡, "贖死, 金二斤八兩. 贖城旦舂 · 鬼薪白粲, 金一斤八兩. 贖斬 · 府(腐), 金一斤四兩. 贖劓 · 黥, 金一斤. 贖耐, 金十二兩. 贖罷(遷), 金八兩. 有罪當府(腐)者, 移內官, 內官府(腐)之."; 『漢書』卷44, 淮南衡山齊北王傳, 2152쪽, "它贖死金二斤八兩."

**** 『張家山漢簡』二年律令 · 告律, 127~129簡, "告不審及有罪先自告, 各減其罪一等,…, 贖死罪贖城旦舂."

은 한중군에서는 이 경우 창이 노비인 상여를 부모가 자식을 불효로 고소한 것과 같은 죄목으로 고소한 것은 '착고(錯告)'로 부당하다고 판단했지만, 여기에 죄를 주어야 할지는 의문이 있었기 때문에 다시 중앙에 문의를 한 것이다. 중앙의 정위는 이에 '착고'는 처벌해야 한다는 답을 했다.

이상의 '착고불효' 안례를 보면 한 가지 중요한 사항을 확인할 수 있다. 바로 '부모고자불효'는 고소를 심사해서 '착고', 즉 잘못된 고소라면 받아들이지 않고 고소인이 오히려 처벌받을 수 있었다는 점이다. 불효로 고소할 수 있는 권리를 가진 사람은 부모로 한정되는데, 불효의 고소권을 가지지 못한 창이 노비인 상여를 불효로 고소한 것이 '착고'가 되는 것이다. 만약 창이 노비인 상여를 관부에 제대로 고소하려면, 앞서 『수호지진간』 봉진식의 '고신', '경첩'과 같이 주인이 사나운 것[悍]을 이유로 노비의 처벌을 관부에 요구하는 형식이 되어야 했을 것이다. 그러므로 여기서 '착고'는 고소 내용에 상관없이 고소의 성립 조건으로 고소인의 자격이 규정된 율문에 부합하는지를 따지는 문제였다고 생각된다.* 그리고 이러한

* 부(父)·주(主)의 자(子)·노(奴)에 대한 천살(擅殺)을 허용하지 않고 관부에 고소해서 처벌해야 하는데, 그러한 절차를 밟지 않고 죽은 뒤에 불효로 고소하여 절차상의 문제가 있는 것을 '착고(錯告)'라고 보기도 한다(林炳德, 「秦.漢 交替期의 奴婢」, 『中國古中世史研究』 16집, 2006, 178쪽). 이에 비해 본고는 '착고'를 고소권이 없는 주인이 잘못된 죄목으로 노비를 고소한 것으로 보았다. 불효의 고소는 「이년율령·적률」 35간에 분명히 '부모고자불효'라고 고소와 피고소의 대상과 고소의 사유가 분명히 규정되어 있고, 주인의 노비에 대한 고소도 『수호지진간』 고

추정을 통해서 '부모고자불효'는 부모만이 고소할 수 있는 자격을 가진 '친고죄'의 성격이 매우 강했음을 다시 확인할 수 있다. 그래서 고소의 정당한 자격 없는 사람이 불효로 다른 사람을 고발하면 '착고'라고 했음을 알 수 있다.

이어서 「주언서」 21번 '차불효오한(次不孝敖悍)' 안례를 살펴본다. 이 사건을 심리하는 과정이 상당히 복잡하므로 편의상 네 부분으로 나눈 후,** 그중 '부모고자불효'의 구성 요건을 확인하는 데 필

신(告臣)과 경첩(黥妾) 조문을 보면 '교한(驕悍)', '한(悍)' 등의 사유가 적시되어 있다. 또한 『장가산한간』 이년율령 · 적률, 44간에도 "기한주이알살지, 역기시(其悍主而謁殺之, 亦棄市)"라는 율문이 있어 주인은 노비에 대해 '한(悍)'을 이유로 고소하는 것이 명확해서 부모가 자식을 불효로 고소하는 것과 서로 대비된다. 따라서 주인이 노비에 대해 불효로 고소하는 것은 율문 상 고소권의 잘못된 행사로 보았다.

* 『張家山漢簡』 二年律令 · 告律, 126簡; "誣告人以死罪, 黥爲城旦舂, 它各反其罪." '착고(錯告)'가 '무고반좌(誣告反坐)'와 어떠한 차이가 있는 용어인지, 또 처벌은 어떻게 하는 것인지 분명하지 않다.

** 『張家山漢簡』 「奏讞書」 186~196簡;
"(1) 故律曰, 死夫(?)以男爲後. 毋男以父母, 毋父母以妻, 毋妻以子女爲後. 律曰, 諸有縣官事, 而父母若妻死者, 歸寧卅日, 大父母同産十五日. 敖悍, 完爲城旦舂, 鐵桎其足, 輸巴縣鹽. 敎人不孝, 次不孝之律. 不孝者棄市, 棄市之次, 黥爲城旦舂. 當黥公士公士妻以上, 完之. 奸者, 耐爲隸臣妾. 捕奸者必案之校上.
(2) 今杜瀘女子甲夫公士丁疾死, 喪棺在堂上, 未葬, 與丁母素夜喪, 環棺而哭. 甲與男子丙偕之棺後內中和奸. 明旦, 素告甲吏, 吏捕得甲, 疑甲罪.
(3) 廷尉㲉 · 正始 · 監弘 · 廷史武等卅人議當之, 皆曰, 律, 死置後之次, 妻次父母, 妻死歸寧, 與父母同法. 以律置後之次人事計之, 夫異尊於妻, 妻事夫, 及服其喪資, 當次父母如律. 妻之爲後次夫父母, 夫父母死, 未葬, 奸喪旁者, 當不孝, 不孝棄市, 不孝之次, 當黥爲城旦舂, 敖悍, 完之. 當之, 妻尊夫, 當次父母, 而甲夫死, 不悲哀, 與男子和奸喪旁, 致次不孝 · 敖悍之律二章. 捕者雖弗案校上, 甲杜論甲.
(4) 今廷史申徭使而後來, 非廷尉當, 議曰, 當非是. 律曰, 不孝棄市. 有生父而弗食三日, 吏且何以論子? 廷尉㲉等曰, 當棄市. 又曰, 有死父, 不祠其冢三日, 子當論? 廷

요한 부분만을 가지고 설명한다.

(1) ……, 다른 사람에게 불효를 교사하는 것은 불효에 다음가는 율
이다. 불효는 기시에 처한다. 기시의 다음은 경위성단용이다. …

21번 안례는 두현(杜縣) 노리(盧里)의 여자 갑이 남편의 상중에
다른 남자와 간음을 했는데, 이를 시어머니인 소(素)가 관부에 고소
한 사건이다. 갑은 일단 체포되었지만, 어떤 죄목을 적용해야 할지
판단하기 어려워서 중앙의 정위에 문의해서 자세한 심리를 하는
내용이다. (1)은 사건 심리에서 참고해야 하는 관련 율문을 나열해
놓은 부분이다. 여기서 '율왈(律曰)' 부분에 「이년율령」 적율 35간
'부모고자불효' 율문을 정리해 놓은 내용이 나온다. 즉, '교인불효,
차불효지율(敎人不孝, 次不孝之律)'이라고 한 후 '불효자기시. 기시지
차, 경위성단용(不孝者棄市. 棄市之次, 黥爲城旦舂)'이라고 해서 본래
율문과는 다르게 정리해 놓았다. 이는 남편 상중에 간음을 한 여자
갑에게 '차불효지율'를 적용하기 위해, 사건 자체는 '교인불효'가

尉穀等曰, 不當論. 有子不聽生父教, 誰與不聽死父教罪重? 穀等曰, 不聽死父教毋
罪. 又曰, 夫生而自嫁, 罪誰與夫死而自嫁罪重? 廷尉穀等曰, 夫生而自嫁, 及娶者,
皆黥爲城旦舂. 夫死而妻自嫁, 娶者毋罪. 又曰, 欺生夫, 誰與欺死夫罪重? 穀等曰,
欺死夫毋論. 又曰, 夫爲吏居官, 妻居家, 日與它男子奸, 吏捕之弗得校上, 何論? 穀
等曰, 不當論. 曰, 廷尉·史議皆以欺死父罪輕於侵欺生父, 侵生夫罪重于侵欺死夫,
今甲夫死□□□夫, 與男子奸棺喪旁, 捕者弗案校上, 獨完爲舂, 不亦重乎? 穀等曰,
誠失之."

아니었지만 「이년율령」의 '부모고자불효' 율문에서 불효의 다음가는 형량인 '교인불효'를 '차불효지율'로 제시한 것으로 볼 수 있다.[*]

(2)부분은 21번 안례의 사건 개요를 정리해 놓은 부분이고, (3)은 주언을 접수한 정위에서 자세한 심리를 하고 판결을 내리는 부분이다.

(3) ……, 율에서 계승자를 두는 순서에 따라 사람의 일을 헤아리면 남편은 아내에 대해 특별히 존귀해서 아내가 남편을 섬기는데, 남편의 상을 치르는 장소에서 복상하는 것이[**] 마땅히 부모의 다음이어야 율과 같게 된다. 아내의 호(戶)를 잇는 순서는 남편의 부모[***]에 다음가니 남편의 부모가 죽어 아직 장례가 끝나지 않았는데 관 옆에서 간음한 경우는 불효에 해당하며, 불효는 기시에 처한다. 불효의 다음 죄는 경위성단용에 해당한다. 오한(敖悍)은 여기서 육형을 면제한 완위성단용으로 처벌한다. 이를 판결하면, 아내가 남편을 높이는 것은 부모에 다음

---

* 『二年律令與奏讞書(2007년)』, 375쪽 참조.
** 『장가산한묘죽간』에서는 "급복기상, 자당차부모여율(及服其喪, 資當次父母如律)"로 읽고 있지만, 『이년율령여주언서』(2007년, 374쪽)에서 "급복기상자, 당차부모여율(及服其喪資, 當次父母如律)"로 읽은 것에 따라서 해석했다.
*** 본래 『장가산한묘죽간(2001년)』에서는 '부(夫) · 부모(父母)'로 표점을 해서 '남편과 부모'로 해석했지만, 장건국(張建國)은 '부부모(夫父母)'로 끊지 않고 이어서 '남편의 부모'라고 해석했는데(「關於張家山漢簡〈奏讞書〉的幾點硏究及其他」, 「國學硏究」 4卷, 北京大學出版社, 1997), 이에 따랐다. 이후 『장가산한간(석문수정본 2006년)』이나 『이년율령여주언서(2007년)』도 모두 장건국의 해석에 따르고 있다.

가야만 마땅한데 갑은 남편이 죽었는데 슬퍼하지 않고 남자와 관 옆에
서 간음했으니 차불효·오한(次˙不孝·敖悍) 두 율문에 해당한다. ……

두현에서 올라온 21번 안례에 대해 정위 곡(穀) 등 30인이 심리
하고 판결했는데, 앞서 (1)에 인용되어 있는 율 조문을 적용해서 피
고인 갑을 '차불효(次不孝)'와 '오한(敖悍)' 두 율에 해당한다고 논죄
한 후 완위용(完爲舂)으로 판결했다. 그 과정을 보면, 먼저 남편이
죽은 후 아내의 가족 내 법적 지위를 정하는데, 치후율(置後律)의
'대호(代戶)',˙˙ 즉 호의 계승 순서에 준거해서 아내를 부모 다음가
는 순서에 놓고 있다. 그래서 그 남편의 장례는 부모의 다음 위치에
있어야 율에 부합한다고 정리하고 있다. 계속해서 이러한 법적 지

---

* 『장가산한묘죽간(2001년)』의 본래 석문은 "치지불효(致之不孝)"였지만, 채만진
(蔡萬進)이 '지(之)'자를 도판에 근거해서 '차(次)'자로 고쳐서 석독한 것에 따랐
다(『張家山漢簡〈奏讞書〉硏究』, 廣西師範大學出版社, 2006, 25쪽). 이후 『장가산
한간(석문수정본)』이나 『이년율령여주언서』 모두 채만진의 석독에 따르고 있다.

** 이년율령·치후율(置後律)에 따르면 호(戶)의 계승 순서와 작(爵)의 계승 순서가
서로 차이가 있다. 즉 호의 계승은 아들-부모-아내-딸-손자-증손-조부모-동거
조카의 순이고(『張家山漢簡』 「二年律令」 置後律, 379~380簡, "死母子男代戶, 令
父若母, 母父母令寡, 母寡令女, 母女令孫, 母孫令耳孫, 母耳孫令大父母, 母大父母
令同産子代戶. 同産子代戶, 必同居數"), 작의 계승은 아들-딸-부모-남자형제-여
자형제-아내-조부-조모·동거자의 순서이다(『張家山漢簡』 二年律令·置後律,
369~371簡, "……, 皆爲死事者, 令子男襲其爵. 母爵者, 其後爲公士. 母子男以女,
母女以父, 母父以母, 母母以男同産, 母男同産以女同産, 母女同産以妻. 諸死事當
置後, 母父母·妻子·同産者, 以大父, 母大父以大母與同居數者"). '대호(代戶)'가
'습작(襲爵)'과 비교해서 아내의 순서가 상대적으로 높은 차이를 보여 준다. 宮宅
潔, 「漢初の二十等爵制-民爵に附帶する特權とその繼承」, 『江陵張家山二四七號
墓出土漢律令の研究』, 朋友書店, 2006, 97~98쪽 참고.

위에 있는 아내는 그 남편의 부모, 즉 시부모가 만약 사망하여 장례를 끝내지 않았는데 간음했다면 불효에 해당한다고 한 후, 아내가 남편을 높이는 것은 부모에 다음가야 하므로 남편 상중의 간음은 '차불효'에 해당한다고 보았다. 그 결과 여자 갑에게 '차불효'와 '오한' 두 율을 동시에 적용하는데, '차불효지율'의 형량 경위성단용에서 작이 공사·공사 처 이상이면 경형(黥刑)에서 완형(完刑)으로 감형하는 규정을 적용하여[當黥公士·公士妻以上, 完之] 한 단계 아래인 완위성단용으로 함으로써 동시에 적용하는 '오한율(敖悍律)'의 형량 완위성단용과 일치시키고 있다.

하지만 이 판결은 요역을 갔다가 돌아온 정사(廷史) 신이 반론을 제기하면서 바뀌게 된다. 그 반론 부분이 (4)에 해당한다.

(4) 지금 정사 신이 요역을 갔다 와서 정위의 판결이 잘못되었다고 하면서 의론하여 말하기를 "시비를 가리고자 한다. 율에 말하기를 불효는 기시이다. 부친이 살아 있는데 삼일 동안 음식을 올리지 않으면 관리는 또한 어떻게 자식을 논죄해야 하는가?"라고 했다. 정위 곡 등이 말하기를 "기시에 처해야 한다"라고 했다. (정사 신이) 또 말하기를 "부친이 죽었는데 그 무덤에 사흘이 지나도록 제사 지내지 않으면 자식을 어떻게 논죄해야 하는가?"라고 했다. 정위 곡 등이 말하기를 "논죄해서는 안 된다"라고 했다. (정사 신이) "자식이 살아 있는 부친의 가르침을 듣

지 않는 것이 죽은 부친의 가르침을 듣지 않는 것과 어느 쪽이 더 죄가 무거운가?"라고 했다. 곡 등이 말하기를 "죽은 부친의 가르침을 듣지 않은 것은 무죄이다"라고 했다. ……

⑷는 정사 신의 이의 제기 부분으로, 앞의 ⑶부분과 함께 실제 사건 심리의 중요한 부분을 구성한다. 그중에서도 위에 인용하는 부모에 대한 자식의 불효 여부를 묻는 내용은 '부모고자불효'의 불효가 구체적으로 어떤 내용인지를 확인하는 데 중요한 단서를 제공한다. 정사 신은 불효는 기시로 처벌한다고 하면서 그 죄의 성립 여부를 부모의 생사를 기준으로 삼아 질문한다. 즉, 살아 있는 부친을 3일 동안 봉양하지 않으면 불효죄를 적용하여 기시로 처벌하지만 죽은 부친에 대해 제사를 지내지 않은 것은 죄를 물을 수 없다고 한다. 또 살아 있는 부친의 가르침과 죽은 부친의 가르침을 가지고 죄의 경중을 묻고 있다. 여기서 자식의 불효를 법적으로 재단하는 기준은 부모에 대한 봉양을 소홀히 하거나, 부모의 교령을 듣지 않는 행동이라는 것이 분명하다. 그리고 이러한 불효는 앞서 확인했듯이 고소권을 가진 부모가 사망했을 경우 고소의 주체가 존재하지 않기 때문에 사후에는 불효의 율을 적용할 수 없게 되는 것이다. 다시 말해 부모가 자식을 불효로 국가에 고소할 때는 '봉양'과 '교령'을 중요한 근거로 했다고 분명히 정리할 수 있다.

『수호지진간』과 『장가산한간』 「이년율령」과 함께 이상의 「주언서」 안례 분석까지 종합하면, 진한율에서 불효는 '부모고자불효(父母告子不孝)'라는 형명으로 법제화되어 있었다. '부모고자불효'의 율문은 '봉양'을 소홀히 하거나 '교령'을 듣지 않은 자식을 부모가 불효를 명목으로 관부에 고소하는 친고죄의 성격이 강한 율문이었다. 관부에서는 '삼환(三環)'이라는 심사 절차를 거치지 않고 즉시 부모의 고소를 접수해서 기시의 형량으로 처벌했다. 처벌받는 자식의 처·자까지도 연좌되어 몰적되었다. 다만 그 자식이 형도나 사노비인 경우, 부모가 70세 이상의 고령인 경우, 고소의 주체가 부모가 아닌 경우('착고') 등은 고소를 수리하지 않거나 일정한 제한이 있었다. 그리고 '교인불효(敎人不孝)'는 '차불효지율(次不孝之律)'이라고 해서 기시의 다음 형인 경위성단용으로 처벌했는데, '차불효지율'은 구체적인 사건에서 율문과 형량을 적용하는 데 이용될 수도 있었다.

이상의 정리를 통해, 진한대 율령에서 '부모고자불효' 조문은 부모 봉양을 소홀히 하거나 부모의 교령을 듣지 않는 자식을 부모가 직접 관부에 고소하면 바로 접수해서 최고 사형으로 처벌하는 엄중한 죄였다. 불효를 법적으로 재단할 수 있는 기준은 바로 부모에 대한 봉양과 순종인데, 이는 계속해서 강조해 온 법가류의 효 인식에 다르지 않은 것으로, 더 폭넓은 범위의 실천 윤리나 절대불변의 상법(常法)으로 설정된 유가의 효 개념은 담고 있지 않다. 즉, 진율에서 법제화된 효는 전제 군주 권력의 대민 지배에 철저히 기능하는 법가적인 효였다고 할 수 있는 것이다.

상앙변법 이래로 진이 재화의 수취와 인력의 동원을 효율적이고 안정적으로 하기 위해서 '편호'를 엄격히 하면서* '분이'를 장려했다는 것**은 주지의 사실이다. 하지만 호의 계승자 이외에 다른 가족 구성원이 분이하여 법적으로 독립적인 별도의 호를 구성하게 되면, 기존에 존재했던 수직적인 상하의 가족 관계가 약화될 수 있는 가능성도 있었다. 한초 가의(賈誼)의 다음 이야기는 바로 이러한 위험을 적나라하게 지적한 것이다.

상군이 예의를 위배하고 윤리를 버리고는, 나아가고 취하는 데 온 마음을 기울여 2년 동안 시행하니 진의 풍속이 날로 무너졌다. 진나라 사

---

* 『張家山漢簡』二年律令·戶律, 305~306簡, "自五大夫以下, 比地爲伍, 以辨□爲信, 居處相察, 出入相司. 有爲盜賊及亡者, 輒謁吏·典. 田典更挾里門籥, 以時開. 伏閉門, 止行及作田者. 其獻酒及乘置乘傳, 以節使. 救水火, 追盜賊, 皆得行. 不從律, 罰金二兩.";『張家山漢簡』二年律令·戶律, 328~330簡, "恒以八月令鄕部嗇夫·吏·令史相襍案戶籍, 副臧其廷. 有移徙者, 輒移戶及年籍爵細徙所, 并封. 留弗移·移不并封及實不徙數, 盈十日, 皆罰金四兩; 數在所正·典弗告, 與同罪; 鄕部嗇夫·吏主及案戶者弗得, 罰金各一兩."
** 『張家山漢簡』二年律令·戶律, 312~313簡, "不幸死者, 令其後先擇田, 乃行其余. 它子男欲爲戶, 以爲其□田予之. 其已前爲戶而毋田宅, 田宅不盈, 得以盈. 宅不比, 不得.";『張家山漢簡』二年律令·戶律, 337簡, "民大父母·父母·子·孫·同産·同産子, 欲相分予奴婢·馬牛羊·它財物者, 皆許之, 輒爲定籍."

람은 집안이 부유한 경우 장성하면 분가시키고 가난한 경우에는 다른 집의 데릴사위로 보냈다. 아비에게 농기구를 빌려주면서 장대를 잡고는 생색을 내고, 시어머니가 그릇이나 키를 가져가는데 서서 욕설을 한다. 아이를 안고 젖을 먹이면서 시아버지와 나란히 앉으며, 고부간에 서로 즐거워하지 않아 입을 삐죽이며 곁눈질한다. 자기 자식을 사랑하고 이익을 좋아하면서 부모에게는 소홀하니 윤리가 아니며 짐승과 다를 것이 거의 없는 것이다.[*]

실제로 가족 간의 관계가 이러했는지 알 수 없지만, 이러한 모습은 자식이 부모에게서 법적·경제적으로 독립해 있어야만 가능할 것이다. 이처럼 '편호'와 '분이' 정책으로 야기될지도 모르는 기층 가족 질서의 동요는 곧바로 수취와 동원의 장소인 향촌 질서의 불안정으로 이어질 수도 있는 문제였다. 당연히 법치를 지향했던 진 정부는 최소한의 가족 내 권위를 유지해서 통치의 기반이 되는 기층 향촌 질서를 안정시키기 위한 보완적 입법이 필요했을 것이고, 이는 실제 '부모고자불효'와 같은 율문으로 법가류의 '효' 인식을 바탕에 두고 기능적으로 법제화되었다고 할 수 있다. 즉, 효라

[*] 王洲明 · 徐超 校注,『賈誼集校注』, 人民大學出版社, 1996, 96쪽, "商君違禮義, 棄倫理, 心於進取, 行之二歲, 秦俗日敗. 秦人有子, 家富子壯則出分, 家貧子壯則出贅. 假父杖彗, 慮有德色矣, 母取瓢椀箕, 慮立語. 抱哺其子, 與公踞, 婦姑不相說, 則反脣而. 其慈子嗜利而輕簡父母也, 念罪非有倫理也, 其不同禽獸勡焉耳."

는 전통적인 가치관을 국가 율령 속으로 법제화함으로써, 기층 사회에서 부모의 권위와 존장의 우위가 법적으로 뒷받침되었던 것이다.* 특히 자식을 불효로 고소할 수 있는 부모의 권리는 '동거'는 물론이고 특히 '분이'를 통해 독립한 자식도 부모를 중심으로 하는 가족 질서에서 이탈할 수 없게 하는 것이었다. 그리고 불효의 고소권은 부모의 자식에 대한 '교령권'을 법적으로 보장해 주는 것과 함께 부모에 대한 '봉양'의 의무 또한 강제함으로써, '봉양'과 '순종'이라는 효의 가장 기본적인 함의이자 법가에서 긍정했던 효의 기능적 역할을 국가권력이 율령으로 법제화했다는 의미를 가진다.** 따라

* 堀敏一, 「中國古代の家と戶」, 『明治大學人文科學硏究所紀要』 27, 1988, 66~67쪽. 호리 토시카즈[堀敏一]는 가부장의 권력 혹은 주인의 권력은 적어도 중국의 경우 그 자체로 강화되는 것이 아니고 국가권력을 배후로 해서 완성되었다고 본다.

** '부모고자불효'로 자식을 고소할 수 있는 부모의 권리가 자의적 판단으로 선택할 수 있는 행위인지, 아니면 적어도 진율에서는 반드시 고소해야 하고 하지 않으면 오히려 처벌받게 되는지에 대해서는 다음의 새로운 자료가 나왔기 때문에 앞으로 좀 더 검토할 필요가 있다. 『악록진간(5)』 196~197간, "律曰: 黔首不田作, 市販出入不時, 不聽父母, 筍若與父母言, 父母 · 典 · 伍弗忍告 ㄴ, 令鄕嗇夫數謙(廉)問, 捕毄(繫)(196)【獻廷】, 其皐當完城旦以上, 其父母 · 典 · 伍弗先告, 貲其父若母二甲, 典 · 伍各一甲." 이는 자식이 부모 말을 듣지 않거나 말로 다투었는데 부모가 먼저 고소하지 않았다가 후에 관리가 적발해서 그 죄가 완성단(完城旦) 이상이면, 고소하지 않은 부모는 자(貲)2갑(甲)으로 처벌한다는 내용이다. 이를 보면 적어도 진율에서 '부모고자불효'는 부모의 고소 권리이면서 또 해야만 하는 의무라고 할 수 있는데, 이 또한 향촌 질서를 강제하려는 법가적 효 인식의 법제화가 잘 반영된 것으로 보여진다. 또 위의 『악록진간(5)』 196~197간을 통해서 앞서 진의 풍속이라고 한초 가의가 언급하는 내용들이 진의 율령 상으로는 오히려 엄격히 처벌되는 내용이었음을 확인하게 된다.

서 진한율의 '부모고자불효'는 부모에 대한 자식의 '봉양'과 '순종'이라는 효의 실천을 법적으로 강제하여, 부자 관계를 핵으로 하는 기층의 수직적인 질서를 안정시키고자 하는 것이었다. 그리고 수직적인 권위 아래 안정된 기층 사회는 각기 개별적인 호로 포착되어 군주 권력의 일률적인 지배를 받으며 국가권력의 수취와 동원의 대상이 되는 것이다. 따라서 진한율의 '부모고자불효' 율문은 전통적인 가치체계를 대표하는 효가 율령 내로 반영되면서, 편호 지배라는 중국 고대의 국가 목표를 손상하지 않고 상호 보완적으로 기능했던 법제화의 좋은 사례라고 할 수 있다.

이어서 진한율의 '부모고자불효' 율문과 후대 중국 전통법의 전범이라고 할 수 있는 당율의 '십악' 중 하나인 불효와의 관계도 확인해 볼 필요가 있다. 당율에서는 '십악'의 하나로 불효를 다음과 같이 설명하고 있다.

일곱 번째는 불효라고 한다. 조부모·부모를 고발하거나 저주하고 욕하거나, 조부모·부모가 살아 있음에도 호적을 따로 하고 재산을 달리하거나, 혹은 공양을 거르거나, 부모의 상중에 자신이 스스로 시집·장가가거나, 혹은 음악을 연주하거나 상복을 벗고 길복을 입거나, 조부모·부모의 상을 듣고도 숨기고 곡하고 상복 입는 것을 하지 않았거나, 조

부모·부모의 죽음을 사칭하는 행위를 말한다.[*]

당율 '십악'에서 설명하는 불효는 흔히 유가의 도덕적인 효의 내용을 대부분 포괄하고 있다. 일찍이 구와바라 지츠조우[桑原隲藏]의 정리에 따르면[**] 당율 '십악'에서 불효는 1) 조부모·부모를 고소하는 행위, 2) 조부모·부모를 저주하고 욕하는 행위, 3) 조부모·부모가 살아 있는데 자손이 분가하는 행위, 4) 조부모·부모에 대해 충분히 공양하지 않는 행위, 5) 부모의 상중에 혼인하는 행위, 6) 부모 상중에 음악을 연주하는 행위, 7) 부모 상중에 상복을 입지 않는 행위, 8) 조부모·부모의 상을 숨기는 행위, 9) 조부모·부모의 상을 속이는 행위 등이다. 이를 보면 3) 조부모·부모 생전에 자식이 분가하는 행위나 5), 6), 7), 8), 9)와 같이 조부모·부모 상중에 자식의 불효는 진대와 적어도 한초까지는 법적으로 논의의 대상이 아니었다.[***] 또 1)과 2)는 『장가산한간』 이년율령에 구체적인 행위와 처벌의 율문이 별도로 명시되어 있는 조항이다.[****] 결국 4) 봉양을

---

[*] 『唐律疏議』 卷1, 名例一 · 十惡, "七曰不孝. 謂告言詛祖父母 · 父母, 及祖父母 · 父母在, 別籍異財, 若供養有闕, 居父母喪, 身自嫁娶, 若作樂, 釋服從吉, 聞祖父母 · 父母喪, 匿不擧哀, 詐稱祖父母 · 父母死."

[**] 桑原隲藏, 『中國の孝道』, 講談社, 1977, 57쪽 참조.

[***] 李成珪, 「漢代『孝經』의 普及과 그 理念」, 『韓國思想史學』 10집, 1998, 199쪽 참조.

[****] 『張家山漢墓竹簡』 二年律令 · 賊律, 35簡, "子牧殺父母, 毆詈泰父母 · 父母 · 叚大母 · 主母 · 後母, 及父母告子不孝, 皆棄市"; 二年律令 · 告律, 133簡, "子告父母, 婦告威公, 奴婢告主 · 主父母妻子, 勿聽而棄告者市."

소홀히 하는 행위만이 지금까지 살펴본 진한율의 '부모고자불효'의 불효와 서로 부합하는 내용이라고 할 수 있다.

따라서 부모에 대한 '봉양'과 '교령'을 법적 판단 기준으로 부모의 고소를 통해서 기시로 처벌되는 구체적이고 협소한 범주의 '부모고자불효' 율문과 비교해서, 당율 '십악'의 불효는 도덕적으로 상당히 포괄적인 개념이며 불효의 대상도 부모에서 조부모·부모로 범위가 확대되고 있다. 이는 당연히 유가 사상이 율령 내에 반영된 것으로, 당율 '십악'의 불효는 동일한 단어를 사용하고 있을 뿐 진한율의 '부모고자불효'와는 율령의 계승 관계에서 서로 직접적으로 연결된다고 볼 수 없다.

반면 당율에서 제348조 투송(鬪訟)47 '자손위범교령(子孫違犯教令)'은 진한율의 '부모고자불효' 율문과 내용과 형식에서 서로 직접적으로 이어지는 것으로 보이는 조문이다.

> 자손위범교령: 무릇 자손이 부모·조부모의 교령을 위반하거나 공양에 모자람이 있는 경우 도형 2년에 처한다. 교령을 따를 수 있는데도 위반하였거나 공양을 감당할 수 있는데도 모자라게 한 경우를 말한다. 반드시 조부모·부모가 고소해야지 처벌한다.[*]

***

[*] 『唐律疏議』卷24, 第348條 鬪訟47, "子孫違犯教令: 諸子孫違犯教令及供養有闕者, 徒二年. 謂可從而違, 堪供而闕者. 須祖父母父母告, 乃坐."

즉 당율 투송율의 '자손위범교령'은 진한율의 '부모고자불효'와 비교하면 범위가 부자 관계에서 조부모-손자 관계로까지 확대되고 형벌이 기시에서 도2년으로 바뀌고 있을 뿐, '교령'과 '봉양'을 기준으로 부모·조부모의 고소를 통해서만 처벌된다는 점에서 진한율의 '부모고자불효'가 그대로 이어지고 있는 조문이라는 것을 알 수 있다. 다만 『장가산한간』 이년율령·적율 35~37간의 율문과 비교하면 「주언서」 21번 안례를 통해 추론했던 '교령'과 '봉양'이라는 불효의 두 가지 법적 기준이 당율의 '자손위범교령'에 분명히 명기되지만, 오히려 이년율령 율문에서 자세히 언급되고 있는 고소의 처리 원칙, 예외 조항, 부속 조항 등 세부 내용은 나오지 않는다. 즉, 진한율의 '부모고자불효' 율문은 당율의 '자손위범교령'으로 이어지면서 형벌은 사형에서 도2년으로 낮아지고 형명과 성립 요건도 구체적으로 명기되지만 율문의 전체 내용은 간략해지는 변화를 보여 준다. 반면 유가 사상의 영향 아래에 율령에서 불효라는 이름 자체는 광범위한 도덕률의 범주를 포괄하면서 최종적으로는 당율의 '십악' 내로 집성되었다고 볼 수 있다.**

* 「이년율령」에서도 호율의 다음 조문을 보면 부모-자식에서 조부모-손자로까지 '봉양'의 의무가 주어지지만 법적 처벌까지는 하지 않고 있어서 법적인 불효의 적용 범위가 부모-자식 간으로 국한되었음을 알 수 있다. 『張家山漢墓竹簡』二年律令·戶律, 337~338簡, "孫爲戶, 與大父母居, 養之不善, 令孫且外居, 令大父母居其室, 食其田, 使其奴婢, 勿貿賣."

** 若江賢三, 「秦漢律における不孝罪」, 『東洋史研究』 55-2, 1996년 참조.

한초 법가적인 효의 제도화

앞 절에서 법가류의 기능적인 효 인식이 '부모고자불효'라는 율로 법제화되었음을 상술했다. 이어서 이러한 법가적인 효가 전제 황제 권력의 대민 지배 방식으로 어떻게 구체화되어 제도화되었는지를 살펴본다. 일반적으로 한 왕조가 '이효치천하'를 통치 이념으로 표방하면서, 전한·후한 400여 년에 걸쳐 별다른 시기 구분 없이 효의 각종 제도가 시행되었다고 인식되어 왔다. 하지만 문명화의 관점에서 지금까지 살펴본 바로는, 한 왕조의 통치 이념으로 '효치'는 법제화·제도화와는 별도로 특정한 시대의 맥락에 맞추어 세밀하게 살펴볼 필요가 있다. 이 문제는 특히 통치 이념의 대강을 전하는 경전의 성립과 수용이라는 측면에서 『효경』을 중심으로 분석해야 하는데, 이는 다음 5장에서 상론할 것이다. 본절에서는 효의 다양한 사상적 경향을 수렴하여 국가의 핵심 통치 이념으로 이념화하는 그 전 단계에 효의 법제화와 같은 맥락에서 법가적인 효가 어떻게 제도적으로 실현되었는지를 확인한다.

한 왕조의 '이효치천하'를 설명하면서, 대개 한 왕조 역대 황제들이 전한 고제 유방과 후한 광무제 유수를 제외하고는 모두 혜제에서 마지막 후한 헌제에 이르기까지 효 자를 시호의 앞에 사용하는 것을 예로 든다. 앞선 진 왕조가 통일 후 진시황이 시법을 폐지한 것과 대비를 이루면서 한 왕조가 유가적인 '효'를 황제가 직접 실천

했다는 것인데, 사실 『한서』 혜제기의 안사고 주를 보면 이는 특별히 유가만의 '효'사상이라기보다는 부모를 계승한다는 효의 기본적인 함의에 가깝다고 할 수 있다.

師古曰, 孝子善述父之志, 故漢家之諡, 自惠帝以下皆稱孝也.[*]

비록 한 왕조가 시법을 다시 사용하면서, 새롭게 효자를 역대 황제의 시호 맨 앞에 붙이기 시작했지만, 이로써 특별히 진의 법치에 반대되는 유가적인 효치를 표방했다고 보기에는 다소 무리가 있다. 오히려 진시황이 자신의 아버지인 장양왕을 태상황으로 추존하면서 각 현·도에 태상황의 사묘(祠廟)를 둔 것과[**] 한 고조가 자신의 아버지 유태공을 태상황으로 높이고 전국의 군국에 묘를 둔 경우[***]를 비교하면, '효자는 부의 뜻을 잘 이어받는다[孝子善述父之志]'라는 기본적인 효의 함의를 제도화하는 데 진과 한이 특별히 다르지 않았다. 또한 소제 사후 즉위한 창읍왕 유하를 폐위하려는 회의에서 전연년(田延年)이 하는 발언에서도 이러한 효의 의미는 명백

---

[*] 『漢書』卷2, 惠帝紀, 85쪽.

[**] 『史記』卷6, 秦始皇本紀, 236쪽, "追尊莊襄王爲太上皇"; 『岳麓秦簡』(4), 325간, "● 泰上皇祠廟在縣道者…☑."

[***] 『漢書』卷1下, 高帝紀, 63쪽, "今上尊太公曰太上皇"; 68쪽, "八月, 令諸侯王皆立太上皇廟于國都."

하며, 더군다나 시법을 폐지할 때의 진시황의 논리를 보면 부모의
뜻을 어기지 않는다는 '순종'의 효가 오히려 두드러진다.

制曰, 朕聞太古有號毋諡, 中古有號, 死而以行爲諡. 如此, 則子議父, 臣
議君也, 甚無謂, 朕弗取焉. 自今已來, 除諡法.**

따라서 진시황의 시법 폐지나 한 왕조가 시호에 효자를 사용한
것은 상반되는 제도가 아니라, 그 정신에는 부의 뜻을 어기지 않고
계승한다는 의미에서 동질적인 효의 논리가 적용되었다고 할 수
있다. 동시에 진시황과 한 고조 모두 자신의 부친을 태상황으로 높
여 전국에 묘를 설치한 점에서 진과 한은 모두 부친에 대한 자식의
순종이라는 효를 실천하고 있다. 이런 내용들은 앞 절에서 살펴보
았던 법가류의 효 인식에 기반하여 황제 권력을 유지하는 기능적
효의 역할을 진과 한 왕조가 동질적으로 제도화한 것으로 이해할
수도 있다.

또 다른 법가적 '효' 인식의 제도화로 진에서 한대까지 지속되는
향관(鄕官) 제도가 있다. 향촌 질서를 뒷받침하면서 효와 관련 있는
향관으로는 '삼로(三老)'와 '효제(孝弟)'가 있었다. 먼저 '삼로'는 『한

---

*『漢書』卷68, 霍光傳, 2937~2938쪽, "今群下鼎沸, 社稷將傾, 且漢之傳諡常爲孝者,
以長有天下, 令宗廟血食也."
**『史記』卷6, 秦始皇本紀, 236쪽.

서』백관공경표에 따르면 본래 진대부터 설치해서 향촌의 교화를 담당했는데,* 한 건국 후 고조 유방은 이를 그대로 계승하고 있다. 여기서 '삼로'는 50세 이상으로 바른 행실을 닦아 사람들을 선으로 이끌 수 있는 이로 선발하여, 현의 장리와 함께 교화를 담당케 하면서 그 요역을 면제하고 술과 고기를 하사하는 대우를 해 주었다고 한다.** 즉, 기층 향촌 사회의 연장자이면서 지도자로서, '삼로'는 중앙정부에서 파견한 관리에게 협조해서 교화라는 임무를 통해 기층 사회의 안정을 유지하는 존재였다고 할 수 있다.

그래서 한 문제 12년 조서에도 "삼로는 백성들의 스승이다"라고 했고,*** 후에 정현은 천자가 삼로를 통해 부형을 봉양하여 천하에 효제를 보였다라고 해석하기도 했다. 이러한 해석에서 삼로에 대해 유가의 포괄적인 효를 선양하는 한 왕조 효치 정책의 일환으로 흔히 이해하기도 하지만, 이미 진대부터 설치되었고 한 건국 후 바로 이어서 설치하고 있다는 점에서, 유가적인 효 이전에 국가가 향촌의 연령 질서를 유지하기 위해 봉양이라는 효의 기능적 역할을 제도화하여 향관으로 설치한 것으로 볼 수 있다.

* 『漢書』卷17上, 百官公卿表, 742쪽, "十亭一鄉, 鄉有三老 · 有秩 · 嗇夫 · 游徼. 三老掌教化, …… 皆秦制也."

** 『漢書』卷1上, 高帝紀, 33~34쪽, "舉民年五十以上, 有脩行, 能帥衆爲善, 置以爲三老, 鄉一人, 擇鄉三老一人爲縣三老, 與縣令丞尉以事相敎, 復勿繇戍. 以十月賜酒肉."

*** 『漢書』卷4, 文帝紀, 124쪽, "三老, 衆民之師也."

향촌의 연장자를 선발하는 삼로에 대비되면서, 향촌의 연소자로서 효와 제의 덕행자를 선발하여 포상하는 또 다른 향관으로 '효제'가 있다. '효제'는 '역전(力田)'과 함께 병칭되면서 한초 혜제 때 처음 설치되는데,* 이후 후한 순제 때까지 전·후한대 모두 32차에 걸쳐 포상되었다고 한다.** 효제에서 효가 종적 혈연관계의 윤리라고 한다면, 제는 횡적인 혈연관계의 윤리라고 할 수 있다. 또 효가 가족 내부의 부자간 순종을 강조한다면, 제는 가족 내부의 유대를 넘어 향촌 공동체 내의 화합도 의미한다고 볼 수 있다. 다만 효는 부자간, 제는 형제간의 쌍방 관계 속에서 모두 자와 제 쪽의 순종이라는 일방향의 윤리라고 할 수 있다.

그리고 이미 한초부터 효제가 설치되는 것에서 일반적으로 건국 초부터 한 왕조가 효치 정책을 표방했다는 근거로 삼기도 한다. 하지만 효제는 향촌의 농업 생산에 힘쓴 이를 의미하는 역전과 함께 '효제역전(孝弟力田)'으로 병칭되면서 함께 선발되어 포상하는데, 이 역시 『상군서』이래 법가류의 기능적 효 인식이 제도화된 결과로 볼 수도 있다. 즉, 『상군서』에서 언급하듯이, 법가는 '농업 생산에 힘쓰면서[力田], 양친을 봉양하기에 충분한[孝弟]' 향촌의 상태를 국가의 법으로 유지하는 것을 중시했기 때문에, 한초의 '효제·

---

* 『漢書』卷2, 惠帝紀, 90쪽, "春正月, 舉民孝弟力田者復其身."
** 孫筱, 『心齋問學集』, 團結出版社, 1993, 73쪽.

역전'은 당시 사상의 경향으로 보았을 때 온전히 유가적인 제도라 기보다는 법가적인 대민 지배의 방법이 국가 제도로 실현되었다고 볼 수도 있다. 그중 효제는 그야말로 부모의 봉양이라는 가장 근본적이면서 법가의 기능적 역할로서의 효가 제도화된 형태라고 볼 수 있다.

한초 향관 제도의 설치에 이어서, 법가적 효 인식의 제도화로 언급할 부분은 양로 정책이다. 다시 한번 강조하지만, 법가는 강력한 군주 권력의 토대로 향촌의 안정된 생산 기반 유지를 중요하게 인식했다. 전국시대 각국의 변법은 이를 위해 각종 제도를 확립했다. 즉, 중앙정부는 호적 제도를 통해 기층 향촌 사회를 가족 단위로 편호함으로써, 향촌 사회의 인적·물적 자원에 대한 정보를 정확하고 직접적으로 파악하여 최대한, 상시적으로 동원하기 위한 호적 제도를 체계적으로 정비했다. 이에 바탕을 두고 향촌 사회의 토지를 수전제의 형식으로 배분하여 기층 농민 가족들의 경제적 기반을 최소한으로 안정시키고, 더 나아가 군공·권농의 공적에 따라 차등적인 20등작제를 실시하여 군주 권력에 대한 전체 민의 경쟁적인 헌신을 유도하였다. 이는 국가의 율령으로 제도화되어 강력하게 실시되면서, 전국시대의 총력전·총동원 체제를 뒷받침했다고 할 수 있다.

하지만 강력한 국가권력의 법적 지배를 통한 상시적인 총동원 체계는 민의 헌신과 희생을 강요하는 것으로 당연히 기층 향촌 사회의 반발력에 부딪힐 수밖에 없을 것이다. 그 반발력을 무마하기 위한 방식으로 공적에 따라 차등적인 신분과 특혜를 주는 20등작제가 기능했겠지만, 전국시대를 종결짓는 진의 통일에 즈음해서는 실질적인 보상에 기반하는 전국시대의 이러한 총동원 체제는 점차 기능하기 어려워졌다. 그럼에도 기존의 방식을 유지하면서 기층 사회의 반발력을 무마하기 위한 방식을 고민하지 않을 수 없었던 진제국은 향촌 사회의 자율적인 연령 질서를 앞서의 '삼로' 설치나 "초령남자서년(初令男子書年)"의 기사* 등에서 보이듯이 국가 제도 내로 수용하는 방식을 일단 취했다고 할 수 있다.

이러한 향촌 사회 연령 질서의 수용은 한초에 오면 기존의 호적 제도와 '양로'를 결합하는 방식으로 확고하게 제도화된다. 즉, 호적 편성의 '안비(案比)' 시기, 즉 8월이 되면 현과 향의 관리는 호적을 갱신하는 작업을 수행하는데, 이때 70세 이상 노인에게는 왕장(王杖)을 수여하고 80세 이상에게는 예에 따라 각종 하사품을 내리는 양로의 은사를 실시하는 것이다.** 노인에게 황제가 왕장을 사여하는 양로의 예는 1959년에 나온 감숙 무위한간의 『왕장십간』에서 아주 구체적으로 확인되는데, 왕장 사여자는 질 600석에 비견되는

* 『史記』卷6, 秦始皇本紀, 232쪽, "十六年, 初令男子書年."
** 『後漢書』志5, 禮儀中, 3124쪽, "中秋之月, 縣道皆案戶比民, 年始七十者, 授之以王杖, 餔之糜鬻, 八十九十, 禮有加賜."

대우를 받으면서 관부에서 천천히 걸어가는 등 각종 예우와 법률
상의 보호를 받았다.*

항촌 사회 가족의 기본 정보를 매년 8월 갱신하면서 일반 민들
은 직접적으로 국가권력의 힘에 노출되는데, 이때 바로 국가는 양
로의 형식을 통해 기층 사회의 연령 질서를 자연스럽게 수용함으
로써 그 반발력을 해소하고 국가권력의 강제성을 분식하는 효과를
거두었다고 볼 수 있다.** 따라서 한 고조는 관중으로 들어가면서
먼저 관중 부로에게 양로의 예를 보이기도 했으며,*** 가산(賈山)은
"삼로를 높여 봉양함으로써 효를 보인다"라고도 했다.**** 또 한 문
제 시기에는 연령에 따라 미(米)·육(肉)·백(帛)·주(酒) 등을 하사해
서 국가가 노인을 봉양하는 양로령(養老令)이 나와 한 일대의 제도
가 되고 있다.*****

---

* 甘肅省博物館,「甘肅武威磨咀子漢墓發掘」,『考古』1960-9, "制詔御史曰,年七十受
 王杖者比六百石入官不趨 犯罪耐以上毋二尺告劾有敢徵召侵辱者, 比大逆不道."

** 김진우,「진한 시기 호적류 공문서의 운용과 그 실태」,『동양사학연구』131, 2015,
 22쪽.

*** 『史記』卷8, 高祖本紀, 377쪽, "病愈, 西入關, 至櫟陽, 存問父老, 置酒."

**** 『漢書』卷51, 賈山傳, 2330쪽, "故以天子之尊, 尊養三老, 視孝也."

***** 『漢書』卷4, 文帝紀, 113쪽, "老者非帛不煖, 非肉不飽. 今歲首, 不時使人存問長
 老, 又無布帛酒肉之賜, 將何以佐天下子孫孝養其親? 今聞吏稟當受鬻者, 或以陳粟,
 豈稱養老之意哉! 具為令. 有司請令縣道, 年八十已上, 賜米人月一石, 肉二十斤, 酒
 五斗. 其九十已上, 又賜帛人二疋, 絮三斤. 賜物及當稟鬻米者, 長吏閱視, 丞若尉致.
 不滿九十, 嗇夫·令史致. 二千石遣都吏循行, 不稱者督之. 刑者及有罪耐以上, 不用
 此令."

이러한 한초의 양로 정책은 『장가산한간』 이년율령을 보면 더욱 분명히 확인할 수 있다. 「이년율령」에는 이미 체계적으로 신분과 연령에 따라 장(杖)을 수여하고,* 또 90세 이상의 노인에게는 한 달에 1석의 죽을 지급하는 수죽법(受鬻法)**을 시행하며,*** 가족 내 노인의 봉양을 위해 자녀의 요역도 면제하는 일련의 조문들도 있다. 이를 보면 한 건국 초부터 양로 정책이 율령을 통해 제도화되었고, 이를 통해 상당히 체계적이고 지속적으로 이루어졌음을 알 수 있다.****

　　이상 한초의 양로 정책은 전국 이래 편호제의 총동원 체제를 진시황 이래로 이완시켜 나가는 과정에서 진말·한초의 전란기를 겪은 한초 향촌의 생산력을 신속히 회복시켜야 한다는 급선무와 맞물려 건국 초부터 체계적이고 전면적으로 제도화되어 시행되었다. 하지만 그 배경으로 아직 직접적으로 표방되지 않은 한 왕조의 '이

---

* 『張家山漢簡』 二年律令·傅律, 355간, "大夫以上年七十, 不更七十一, 簪褭七十二, 上造七十三, 公士七十四, 公卒·士五(伍)七十五, 皆受仗(杖)."

** 이년율령의 규정이 한대 수죽법(受鬻法)의 최초 규정으로 보이는데, 『한서』 권6, 무제기의 "민년구십이상, 이유수죽법, 위복자약손, 영득신솔처첩수기공양지사(民年九十以上, 已有受鬻法, 爲復子若孫, 令得身帥妻妾遂其供養之事)"를 참고하면 이후 한 일대 시행되었던 제도로 생각된다.

*** 『張家山漢簡』 二年律令·傅律 355간, "大夫以上[年]九十, 不更九十一, 簪褭九十二, 上造九十三, 公士九十四, 公卒·士五(伍)九十五以上者, 稟鬻米月一石."

**** 한초 양로 정책에 대해서는 조개(趙凱)의 「西漢"受鬻法"探論」(『中國史研究』 2007-4)과 「《漢書·文帝紀》"養老令"新考」(『南都學壇』 2011-6) 등을 참고.

효치천하'라는 이념을 강조하기는 어렵다. 오히려 봉양을 통한 가족-향촌 사회의 안정이라는 법가류 효의 기능적 역할이 시대 상황에 부합해서 적극적으로 제도화된 결과라고 보아야 한다. 바로 이러한 점을 강조하기 위해 여기에서 전한 중후기 이래 효치 이념으로 분식된 후대의 사료를 굳이 인용하지는 않았다.

이상 살펴본 한초 효와 관련된 제도는 황제의 시법과 태상황 묘의 설치, 삼로·효제 등 향관 제도, 수죽법 등 일련의 양로 정책 등이다. 명백히 한초에 실시된 제도만으로 한정해서 살펴본 결과, 대체로 이 제도들은 앞 절에서 계속 강조해 왔던 '봉양', '순종'이라는 법가류의 효 인식에서 크게 벗어나지 않는 범위 내에 있었다. 그리고 이러한 한초의 제도에 무제의 '독존유술' 이후 유가의 효치 이념을 적용하여 그 배경으로 설명하는 것은 시기적으로 맞지 않다고 생각된다. 따라서 적어도 한 왕조의 효치 관련 제 정책 중에서 위에서 정리한 한초부터 시행된 제도들은 오히려 진으로부터 이어져 온 법가류의 효가 제도화된 결과로 보는 편이 더 타당하다. 즉, '부모고자불효'의 율명으로 법제화된 효와 동일한 맥락에서 가족-향촌 사회의 질서를 안정시키고 이에 기반하여 전제 군주 권력을 강화하고자 했던 법가류의 효가 제도화된 형태로 이해하는 것이다.

5장

한대 효의 이념화·사회화·종교화

진제국에서 한초에 이르기까지 효는 법제화의 과정을 거쳐 율령 내에 '부모고자불효'라는 구체적인 율명으로 자리 잡았다. 또한 이미 진대부터 부모의 권위에 절대적으로 순종한다는 의미와 기층 향촌 사회의 안정을 위한 부모 봉양이라는 의미에서 법가적인 효는 국가 정책으로도 구현되고 있었다. 진을 이어 성립하는 한초에도 봉양과 순종이라는 두 가지 기능적인 법가류 효가 정책적으로 제도화하는 다양한 모습들을 확인할 수 있었다. 하지만 아직은 효가 국가의 통치 이념으로까지 전면적으로 수용되었다고는 보기는 어렵다. 왜냐하면 이는 국가 통치 이념을 표방하는 핵심 경전이 먼저 성립해야 하고, 이를 시대적 맥락과 부합되는 시점에서 국가가 통치의 대강으로 내세워 무엇보다 황실로부터 기층 사회에 이르기까지 통치 이념을 보급·교육해서 체화시켜야 하기 때문이다. 이 과정을 거치면서 한제국의 통치 이념으로 이념화된 효는 다시 사회 전반에 걸쳐 사회화되는 것이다.

제5장에서는 바로 이런 각도에서 이른바 한 왕조가 통치 이념으로서 '이효치천하'를 표방했다고 널리 알려져 왔지만, 구체적으로 어떤 시점에서 이와 같은 효치 이념이 수용되었는지를 살펴볼 것이다. 그리고 한제국 효치 이념의 경전인 『효경』의 전면적인 보급과 교육을 통해, 위로부터의 문명화된 새로운 효, 즉 이념화된 효가 한 무제 이후 강력한 국가권력의 힘을 빌려서 기층 사회로, 더 나아

가 본래 효관념의 출발지라고 할 수 있는 가족 내부의 질서로 침투해 들어가 완전히 새로운 국가 이념의 효로 사회화해서 재편하는 모습을 그려볼 것이다.

아울러 이와 같이 문명화된 효는 단순히 유가의 실천 윤리 도덕이 이른바 '교화'나 '이풍역속'의 측면에서 기층 사회에 뿌리내린다는 의미를 넘어서, 불변의 절대 진리로 한대인들의 집단 심성에 각인되는데 이는 주술적이고 신비로운 효의 종교화 과정에 수반되는 것이었다.

한초의 시대 상황과 『효경』의 전승 과정

한초 사람들은 어떻게 사고했는가? 그들에게 '황제'란 새로운 정치권력이고 '황제'가 다스리는 나라는 지금까지 경험하지 못한 정치 체제였다. 그러면서도 실제 그들이 소속되어 있는 '한제국'이라는 정치권력은 이전의 시간들 속에서 전혀 새롭지만은· 않은 수백 년 넘게 축적된 경험의 집합체이기도 했다. 전국(戰國)이라는 복수의 정치권력을 하나의 단일한 정치체제로 통합한 진제국의 통치는 어떤 의미에서 '합리성'을 전제로 하고 있었다고 볼 수도 있지만

---

* 여기서 '합리성(合理性)'이라는 말을 하는 것은 진제국의 통치가 상앙변법 이래 전통적 의미의 '법가적 지배 방식'를 채택하고 있었음을 의미한다. 법가적 통치는 『한비자』에서 보이듯이 논리적 · 체계적 · 효율적인 지배를 추구하고 있어, '근대적 이성' 또는 '그리스 · 로마의 이성'과는 개념에서 분명히 차이가 있지만 또 다른 의미에서 '(법가적) 이성'이라고 할 수 있을 것이다. 인류 역사에서 '이성의 역사'

이른바 '법가적 이성(法家的理性)'에 기반하는 진제국의 통치는 치명적인 결함을 가지고 짧은 시간에 막을 내리고 말았다. 따라서 이 최초의 제국 질서를 계승한 한제국의 입장에서는 무엇보다도 전국의 오랜 전란 상태를 종식시키고 '통일'의 여망을 실현했음에도 급속히 멸망하고 만 진제국의 체제가 가졌던 오류를 거울삼아 제국의 정치시스템을 안정적으로 유지하는 데 관심을 둘 수밖에 없었다.

이러한 관점에서 한초 왕조의 '장구지책'을 모색하는 노력은 정치·제도·군사·사상·경제 등 각 방면에서 다양하게 이루어졌다. 그 대략적인 방향은 진의 가혹한 정치를 표면적으로는 강하게 비난하면서 한편 국가의 제도와 법률은 진을 그대로 계승하는 방식이었다. 그러면서 실제 한초의 정치는 대표적인 진의 가혹한 법을 폐지하고 '무위'의 '유위'를 추구하는 정치사상으로 '황로술(黃老術)'을 통치의 기본 방책으로 받아들이며 진의 전면적인 군현제에서 봉건제와 절충한 군국제를 시행하는 등 상당히 온건한 노선을 추구하면서 신생 한제국의 안정을 도모하고자 했다. 이와 관련된 여러 정책으로 한초부터 가족과 향촌의 안정을 위한 법가류 효의 법제화와 제도화에 대해서는 이미 상술했었다.

는 '그리스 · 로마의 이성'에서 출발하는 서구 근대의 이성이 지배적이었지만, 복수의 '이성(理性)들'을 각기 재해석하고 독립적인 지위를 부여해서 새로운 '이성의 전체사'를 구성해야 할 필요가 있다.

이제 효의 법제화·제도화에 수반하여 한 왕조가 표방했던 '이효치천하'의 통치 이념이 어떠한 시대 맥락 속에서 어떤 과정을 거쳐 확립되었는지를 살펴보아야 하는데, 이 문제는 효치 이념을 대표하는『효경』의 성립 및 한 왕조의 수용 과정을 통해서 확인할 수 있다.『효경』은 전통사회에서 국가와 사회와 가정을 하나로 묶어 내는 윤리강령으로 줄곧 커다란 영향력을 가졌던 유가의 경전이다. 이는 역대 왕조의 황제들이 직접『효경』의 강습을 중시하고 교화의 수단으로『효경』에 직접 주석을 붙였다는 사실에서도 잘 알 수가 있다. 이러한 국가권력 측의『효경』중시는 단순히 중요한 윤리 덕목인 효를 널리 장려하여 사회와 가정의 질서를 옹호하려고 했던 측면만이 아니라,『효경』이 제기하고 있는 정치 이념이 황제 권력의 존재 그 자체에 정당성을 부여하고 왕조의 연속성을 보장해 주기 때문이다. 따라서『효경』은 단순히 유가 사상의 실천 윤리라는 측면을 넘어서, 유가의 정치사상과 국가론, 더 나아가 유가 사상이 구체적으로 어떻게 중국의 황제 권력과 긴밀하게 결합하는지 이해하는 데 중요한 자료라고 할 수 있다. 따라서『효경』의 성립 시

---

* 唐 玄宗『御注孝經』, 淸 順治帝『御注孝經』, 淸 康熙帝『孝經行義』, 淸 擁正帝『御纂孝經集注』등이 있다.
** [明]呂維祺 撰,『孝經或問』,『經苑』百部叢書集成, 藝文印書館. "孝經何爲而作也? 曰爲闡發明王以孝治天下之大經大法而作也.' 孝經論孝, 大抵在入身行道德敎治化 上說, 非徒爲曾子言, 蓋爲天下後世之君天下者言也."

기 및 그 안의 '효치' 이론을 분석해 보면,『효경』이 단순히 유가의 경전만이 아니라 왕조의 '장구지책'으로써 황제의 존재를 효를 통해 영속화·정당화해서 중국 역사에서 '황제' 제도를 뿌리내리게 하는 이념적 역할을 했음을 확인할 수 있다.

기원전 221년 진시황의 통일은 당시 어느 누구도 실제 경험하지 못했던 미증유의 사건이었다. 그 앞의 '춘추전국'은 수백 년 동안 복수의 정치권력이 서로 강약을 겨루며 상이한 문화와 지역의 기반 위에서 존립하던 시대였다. 그리고 이른바 하·상·주 '삼대'의 역사적 실체가 무엇이던지 간에, '일통천하(一統天下)'는 전국시대 지식인들의 관념 세계 속에서만 존재했다. 따라서 각 지역의 정치권력이 '황제'라는 새로운 상위 권력 아래 하나로 통합한 사건은 전국시대의 '통일론'을 배경*으로 하고 있음에도, 현실에서 구현된 점에서 진시황을 포함한 당시 사람들에게 완전히 새로운 정치 경험이자 실험이었다고 할 수 있다.

그런데 이러한 진제국의 통일이 불과 15년 만에 무너진 것이다. 그리고 5년간의 전란을 거친 후 한제국의 창업자 유방은 진을 계승하여 다시 황제 체제를 수립했다. 결과적으로 현실 정치에서 진제국의 체제를 계승하는 유방이 전국 구질서로 돌아가려고 했던 항우에게 승리했으며, 또한 춘추전국 이래 난세의 종식과 '치'의 세계

---

* 李成珪,「戰國時代 統一論의 形成과 그 背景」,『東洋史學硏究』제8 · 9합집, 1975.

를 희구하는 여론이 대세였음은 부정할 수 없다. 하지만 한초 계속
이어지는 중앙 권력의 난맥상은 아직 새롭다고도 할 수 있는 '황제'
의 권위가 제대로 확립되지 않았다는 사실을 여실히 보여 준다. 진
제국은 진시황에서 이세황제로의 제위 계승 문제가 직접적인 멸망
의 원인이 되었으며, 한초에도 혜제 시기 여후의 집권, 문제 시기
동성 제후왕들의 발호 및 경제 때 오초칠국의 난 등의 사건이 이어
지는데, 이는 모두 황제 권위에 대한 인식이 아직 제대로 확립되지
않았음을 보여 주는 사례라고 할 수 있다.

  따라서 창업자 유방 이래 초기 한제국의 황제들은 현실 정치에
서 '황제 권력'의 안정 못지않게, 이를 정당화하고 절대화하여 권
위를 부여하는 이념적 기반의 확립 또한 시급한 과제였다고 할 수
있다.[*]

  그래서 한초 황제들이 주술적인 제례 의식을 특히 중시하여 황
제 권위의 절대화와 신비화를 도모했음은 주지의 사실이다. 그리
고 이에 부응하여 한초 사상가들은 '왕조수명론'[**]이나 '천인상관
론'[***]과 같은 이론을 제시하고 구체적으로는 '명당', '봉선', '교사'와

---

[*]　鄭夏賢, 「皇帝支配體制의 成立과 展開」, 『講座 中國史 I』, 지식산업사, 1989, 203
　　~249쪽.
[**]　宋艶萍, 「陰陽五行與秦漢政治史觀」, 『史學史硏究』(京) 2001-3; 張京華, 「論秦漢
　　政治思想的嬗替」, 『洛陽工學院學報』社科版 2001-2.
[***]　齋木哲郎, 「漢初の天人合一思想とその系譜」, 『待兼山論叢』 14, 1980; 張强, 「論西
　　漢前期的天人思想」, 『河北師範大學學報』哲社版(石家庄) 2001-2.

같은 문물제도의 정비를 논의하여* 황제 권위를 이념적으로 뒷받
침하려고 했다. 이러한 신비적·주술적 노력들은 '황제'라는 새로운
호칭의 근원을 설명하여, 그 절대 존재의 권위를 확립하는 데 중요
한 역할을 했을 것이다.

그리고 또한 신비적·주술적 노력과 아울러, 통일 군주로서 황제
의 통치 방식에 대해서도 보다 체계적인 방법이 필요했다. 즉, '황
제'라는 단일한 정치권력이 다양한 지역과 문화가 통합된 '천하'를
실제 어떤 방법으로 다스려서 통일을 유지하느냐의 문제이다. 이
문제에 대한 논의로 진대 박사 순우월과 승상 이사의 '봉건-군현'
논쟁**이 대표적이지만, 황제의 현실적 통치 수단으로 군현 지배가
강화되어 가는 것은 새삼 말할 필요 없다. 그리고 유방의 한 건국
이후 도읍을 정하는 문제에 대한 유경(劉敬)의 진언*** 또한 천하 통
치에 대한 고민이 드러난 것이었다고 할 수 있다.

그런데 신비적·주술적 방법으로 황제 권위를 설명하고, 구체적
인 통치 방법을 강구하는 것 못지않게, 통치의 요체인 '치도(治道)'

---

* 李成九, 「漢武帝時期의 皇帝儀禮-太一祀·明堂·封禪의 二重性에 대한 검토-」,
『東洋史學研究』 제80집, 2002; 葛志毅, 「明堂月令考論」, 「求是學刊」 2002-2; 永井
彌人, 「經學史から視た封禪說의 形成」, 『中國古典研究』 제42호, 1997.

** 『史記』 卷6, 秦始皇本紀, 254~255쪽.

*** 『史記』 卷99, 劉敬列傳, 2715~2717쪽. 유경(劉敬)은 고조 유방에게 관중에 도읍
해야만 하는 이유를 주나라의 경우와 비교하여 설득하고 있다. 결국 유방은 유경
의 말을 좇아, 대부분 관동 출신으로 낙양에 도읍하기를 바라던 공신들의 반대를
무릅쓰고 관중으로 도읍을 정했다.

의 제시 또한 통일 군주로서 황제 권위를 온전히 구현하는데 반드시 필요한 일이라고 할 수 있다. 즉, 황제의 권위는 어디에서 유래하는지, 그리고 어떻게 지배하는지와 함께 황제는 무엇으로 지배하는가의 문제이다.

그래서 일찍이 진은 일률적인 '법치'를 내세워 통일 정책을 시행하지만 급속한 체제 붕괴로 실패하고 말았다. 반면 한은 초기의 피폐한 민생을 회복하기 위해 일종의 '무위지치'를 주장하는 황로 사상을 적극적으로 받아들여,* 현실 정치에서 이른바 '문경지치'라고 하는 치세를 이루어 내기도 했다. 하지만 '무위지치'의 이상 아래 양보 정책은 오초칠국의 난과 같이 황제 권위에 대한 도전이 일상적으로 일어나는 원인이 되고 말았다.** 즉, 황로 사상은 왕조의 영속성을 도모하기에는 미흡한 일시의 미봉책에 불과한 것이었다. 이러한 맥락에서 당시 한제국은 진의 '법치'를 통한 황제 지배의 실패를 반성하면서, 또 한초 '무위지치'의 황로 사상의 한계를 극복하는, 황제 권력의 절대성과 영속성을 뒷받침해 주는 통치의 '상법(常

---

* 황노사상에 대해서는 정일동(鄭日童)의 『漢初의 政治와 黃老思想』(백산자료원, 1997년) 참고.

** 한초 동성제후왕이 황제의 권위를 쉽사리 침범하면서, 한편 황제 자리에 대한 야심을 노골적으로 드러내는 사례는 여씨(呂氏) 일족을 주살한 후의 제남왕(濟南王) 형제의 야심, 오왕(吳王) 유비(劉濞)의 참월과 반란, 황태자 시절 경제의 오왕 태자 격살 사건, 경제의 동생 양(梁) 효왕(孝王)의 야심, 제남왕(淮南王) 유안(劉安)의 모반 사건, 연왕(燕王) 단(旦)의 모반 사건 등이 소제 때까지 계속 이어지고 있다.

法)'이 무엇보다 필요한 상황이었다.

이러한 한제국의 필요에 대해 한초 여러 학파들은 전국 이래 일
원적 군주 권력의 강화라는 시대 흐름 속에서 '황제' 권력을 이념적
으로 뒷받침하고자 하는 노력들을 기울이게 된다. 한초 유가 역시
이러한 흐름에서 예외가 아니었다. 아니 오히려 더욱 적극적으로
이를 준비하는 모습을 보였는데 그 대응의 구체적인 결과물 중 하
나로『효경』을 들 수 있다.

『효경』의 효를 단순히 유가의 실천 윤리로만 설명할 수 없다는
점은 이미 기존 연구에서 많이 언급되었다. 그 중심 내용은 부모-

---

* 한초 숙손통(叔孫通), 육가(陸賈), 유경(劉敬) 등의 유자들이 현실 정치에 적극 참
여하는 한편으로, 유가 내부에서는 각종 경전을 결집 정리하면서 새로운 통일 왕
조의 통치 이념을 적극적으로 제시하려고 한다. 와타나베 타카시[渡邊卓]는 그러
한 성과물로『대학(大學)』,『중용(中庸)』,『효경』을 들고 있다(『古代中國思想の研
究-〈孔子傳の形成〉と儒墨集團の思想と行動-』, 倉文社, 1973, 815~823쪽). 한편
히라세 타카오[平勢隆郎]는 전국시대 제(齊)의 정통을 뒷받침하기 위해 '예언서
의 구조'로 만들어졌던『춘추』와 그 해설인『공양전』이 한초 한의 정통을 확립
하려는 목적에서 재해석되며 이를 체계화한 것이 공양학이라고 한다(『中國古代
の豫言書』, 講談社, 2000, 193~202쪽). 또한 이처럼 유가의 사상적 대응이 다양
하게 나타나지만, 시대 조건에 따라 한대 현실 정치와의 결합은 경전마다 각기 다
르게 전개된다고 할 수 있다. 진문(晉文)은 이러한 변화를 무제 때『춘추공양』·
원제 이후『시』·광무제 이후『효경』·후한말『예』중심 등 모두 네 시기로 구분
하고 있다(「論『春秋』『詩』『孝經』『禮』在漢代政治地位的轉移」, 『山東師大學報:社
科版(濟南)』1992-3, 35~39쪽). 이 책의 관점은 유가 쪽의 대응 중 하나인『효경』
이 어떤 시기에 어떤 맥락에서 현실 정치와 결합하는가를 찾아보려는 것이다.

** 유가의 실천 도덕으로『효경』을 이해했던 쓰다 소키치[津田左右吉](「儒家の實踐
道德」, 『滿鮮地理歷史研究報告』第13, 東京帝國大學文學部, 1932) 등의 입장은 이
후의 연구 성과로 이미 극복되었다고 할 수 있다.

자식 간 자연스러운 친애의 감정에 기반하는 효를 인간 사회의 보편적인 사회 윤리 및 국가 질서의 핵심으로 확장시키며, 더 나아가서 우주 자연의 질서까지 포괄하는 '대도(大道)'로까지 전개하고 있다. 그리고 다시 환언하여 조상을 하늘에 배향함으로써 우주 자연의 '대도'인 효를 인간 세상에서 실천하는 최고 존재로 천자, 즉 황제가 위치한다. 하늘에 조상을 배향하는 황제의 효를 통해 황제의 권위는 그 절대성과 영속성이 확립되어, 효를 통한 황제의 천하 만민에 대한 교화와 통치가 이루어지게 된다는 것이다. 이처럼 『효경』은 황제의 '효치' 이론을 체계적으로 전개하고 있어, 진제국이 내세웠던 '법치'나 한초 황로 사상의 '무위지치'에 대응하는 유가쪽의 '치도론' 중 하나라고 할 수 있다.

한초 유가들은 숙손통(叔孫通)·육가(陸賈)·누경(婁敬) 등을 중심으로 현실 정치에 적극 참여하는 한편, 내부적으로는 여러 유가의 문헌들을 결집·정리하면서 새로운 통일 왕조의 통치 이념을 제시하려고 했는데 그 구체적인 결과물 중 하나로 『효경』을 들기도 한다.* 그런데 이처럼 내부적으로 문헌의 결집 정리가 이루어지고 난 뒤에는 외부적으로 현실 정치의 수요에 부응하여 각각의 경전이

---

* 와타나베 타카시는 그러한 한초 유가의 성과물로 『대학』, 『중용』, 『효경』이 있다고 했지만(『古代中國思想の研究-〈孔子傳の形成〉と儒墨集團の思想と行動-』, 倉文社, 1973. 815~823쪽), 최근 『곽점초간』 등 전국 출토 문서를 통한 연구 성과는 전국시대에 이미 이러한 문헌이 어떤 형태로든 존재했음을 보여 주고 있다.

표방하는 이념과 정치가 결합하게 된다. 따라서 이 두 가지 측면에서 『효경』이 표방하는 이념, 즉 '효치'가 현실 정치와 결합하는 시기를 포착하여 그 정치 문화의 함의를 읽어볼 필요가 있다.

그런데 한 왕조 쪽에서 『효경』을 중시한 것은 단순히 유가의 중요한 덕목으로써 효를 널리 장려하여 사회와 가정의 질서를 옹호하려고 했던 측면만이 아니라, 『효경』에서 제기하는 정치 이념이 황제 권력의 존재 그 자체에 정당성을 부여하고 왕조의 연속성을 보장해 주었기 때문으로도 볼 수 있다.[*] 따라서 『효경』에 대한 자세한 분석은 단순히 유가 사상의 실천 윤리의 이해라는 측면[**]을 넘어서 유가 정치사상과 국가론의 이해,[***] 그리고 더 나아가 이러한 유가 사상이 '황제 권력'이라는 특수한 정치 체제의 성립과 존속에 어떻게 기여하였으며, 또 이로 인해 전국 이래 제자들의 치열한 경쟁속에서 결국 유가가 승리하게 된 원인을 이해하는 데에도 중요한 단서가 될 것이다.

이러한 측면에서 먼저 한초 『효경』의 전승 과정을 살펴보기로

---

[*] [明]呂維祺 撰, 『孝經或問』, 『經苑』百部叢書集成, 藝文印書館. "孝經何爲而作也? 曰爲闡發明王以孝治天下之大經大法而作也." "孝經論孝, 大抵在入身行道德教治化上說, 非徒爲曾子言, 蓋爲天下後世之君天下者言也."

[**] 津田左右吉, 「儒家の實踐道德」, 『滿鮮地理歷史硏究報告』 第13, 東京帝國大學文學部, 1932; 武內義雄, 「孝經の硏究」, 『武內義雄全集』 第2卷 儒教篇一, 角川書店, 1978.

[***] 渡辺信一郎, 『中國古代國家の思想構造-專制國家とイデオロギ-』, 校倉書房, 1994.

한다. 지금 전해지고 있는 『효경』은 한초 서로 다른 전승 과정을 가진 금문과 고문 두 개의 판본이 있다. 그중 이른바 금문 『효경』은 하간 사람 안지(顏芝)가 진의 분서를 피해 감추어 두었던 것을 한초 혜제 때 협서율(挾書律)을 폐지하면서 그 아들인 안정(顏貞)이 다시 세상에 내놓았다고 하는 것으로 모두 18장이다.[*] 이에 비해 고문 『효경』은 한 무제 때 노 공왕이 궁전을 증축하려고 공자의 구택을 허물다가 고문 『상서』, 『예기』, 『논어』 등과 함께 나왔다고 하는 것이다. 이때 나온 이른바 '벽중서(壁中書)'들은 모두 '고자(古字)', 즉 진 통일 이전 구육국의 문자로 쓰여진 것들이어서 고문이라고 한다.[**] 또 다른 고문의 전승으로 소제 때 노의 삼로가 헌상한 것을 후한 광무제 때 의랑(議郎) 위굉(衛宏)이 교감했다는 기록도 있다.[***] 즉, 전승되는 이야기에 따르면 무제 이전 한초 혜제 때 금문 『효경』이 먼저 세상에 나왔고, 이후 무제·소제 연간에 고문 『효경』

---

[*] 『隋書』 卷32, 經籍志, 934쪽, "遭秦焚書, 爲河间人顏芝所藏. 漢初, 芝子貞出之, 凡十八章. 而張孫氏·博士江翁·少府后倉·諫议大夫翼奉, 安昌侯張禹, 皆名其学." 이에 비해 『한서』 예문지는 금문 출현의 이야기는 따로 없이 한대 금문경에 대한 전(傳)의 성립과 고문과의 관계만을 언급하고 있어 『수서』 경적지에 나오는 금문 전승의 이야기는 후대에 만들어졌을 가능성도 있다(『漢書』 卷30, 藝文志, 1719쪽, "漢興, 長孫氏, 博士江翁, 少府后倉, 諫大夫翼奉, 安昌侯張禹傳之, 各自名家. 經文皆同").

[**] 『漢書』 卷30, 藝文志, 1706쪽, "武帝末, 魯共王壞孔子宅, 欲以廣其宮, 而得古文『尙書』及『禮記』·『論語』·『孝經』凡數十篇, 皆古字也."; 『隋書』 卷32, 經籍志, 934쪽. "又有古文『孝经』, 與古文『尚书』同出."

[***] [漢] 許慎 撰 [清] 段玉裁 注, 『說文解字注』 15卷上, 上海古籍出版社, 1981, 765쪽. "許沖以爲魯國三老所獻, 議郎衛宏所校."

이 금문과는 다른 경로로 나왔다고 볼 수 있다.

이후『효경』은 일단 금·고문이 함께 전해지는데, 금문『효경』은 장손씨(長孫氏)·후창(后倉)·강옹(江翁)·익봉(翼奉)·장우(張禹) 등이 전(傳)을 만들어 각기 일가를 이루지만 경문은 같았다고 한다. 하지만 나중에 나온 고문『효경』은 금문과 경문이 다르고 전문가들이 고문자를 서로 다르게 읽어서 확정할 수가 없었다고 한다.* 어쨌든 고문은 무제 때 '벽중서'를 조정에 헌상함으로써 기가하는 공안국(孔安國)이 전(傳)을 지었다고 해서, 이를 '고문『효경』공전'이라고 한다. 이에 대비하여 금문은 후한말 정현이 주석을 한 '금문『효경』정주'가 중심이 되어 전해진다. 한대 이후『효경』은 복잡하게 전승되어 가면서 진위를 둘러싼 논쟁도 생기지만, 일단 여기서는 한대의 금·고문『효경』에만 국한해서 살펴본다.

와타나베 신이치로[渡辺信一郎]는 전한 초·중기에 금·고문 두 종류의『효경』이 출현한 것은 어느 한쪽이 위작이라기보다는 본래 하나였던 텍스트가 경로를 달리하여 전승된 것이라고 했다. 즉, 현재 전해지는 금·고문이 구성 및 내용과 글자 자수에서 큰 차이가 없으므로 금문의 출현에서 고문의 헌상 그리고 해설 및 주석의 등장까지를 경전의 권위를 둘러싼 일련의 유가 내부의 사유 운동 과

---

* 『漢書』卷30, 藝文志, 1719쪽. "孔氏壁中古文为異. '父母生之, 续莫大焉.' '故亲生之膝下.' 诸家说不安处, 古文字读皆異."

정으로 보는 입장이라고 할 수 있다. 이러한 입장은 기존의 복잡하면서도 쉽게 결론이 나지 않는 금·고문 논쟁에서 벗어나, 사상의 내부 운동 과정으로 통합하여 경전의 성립을 본다는 점에서 흥미로운 견해이다. 하지만 금문경이 이미 나와서 활발한 해석 작업을 통해 경전에 대한 '권위의 부여'가 이루어지고 있는 상황에서 다시 새롭게 고문이 등장했다면, 그 나름의 특수한 이유와 배경을 찾아보아야 할 것이다.

『효경』의 성립 시기와 『사기』에 나타나는 『효경』 인식

『효경』의 성립 시기와 작자에 대해서는 머리말 부분에서 이미 간단히 언급했지만, 여기서 다시 한대 『효경』의 수용 시기와 관련해서 좀 더 상세하게 시기별로 구분해서 정리한다. 『효경』의 성립 시기에 대해서는 대개 다음의 8가지 정도의 설이 있다. 즉 1) 공자 저작설, 2) 증자 술작설, 3) 공자 제자 기술설, 4) 증자 제자 기술설, 5) 자사 저작설, 6) 악정자춘 저작설, 7) 맹자 제자 저작설, 8) 한유 위작·찬집설 등으로 공자(孔子) 이래 한초까지 상당히 폭넓은 시기에 걸쳐있다. 이 설들은 제각기 제시하고 있는 나름의 근거들이 있기 때문에, 어느 하나만을 절대적으로 신뢰하기는 어렵다. 그래서

---

* 渡辺信一郎, 『中國古代國家の思想構造-專制國家とイデオロギ-』, 校倉書房, 1994, 172쪽.

이상의『효경』성립에 관한 제설들을 다시 시기별로 세 종류로 구분해서 한대 이후 중국 경학사의 흐름과 관련해서 각각의 특징을 살펴보고자 한다.

먼저 한대 이래 송대 이전까지는 1) '공자 저작' 혹은 2) '증자 술작설'이 중심을 이룬다.『효경』은 일단 형식상 공자와 증자의 문답 형식이어서 한대인들은 공자가 직접 지었거나 아니면 공자가 효에 대해 말한 것을 증자가 기술한 것으로 분명히 인식하고 있었다.* 더 나아가 한대에는 통치의 근본으로서 정치적으로 가장 존중되었던 경전인『춘추』와『효경』을 공자의 '술(述)'과 '작(作)'으로 대비시켜 그 존숭의 근거로 삼기도 했다.** 이처럼『효경』의 표면적인 형식과 정치사상에서 차지하는 위치에 의해서『효경』은 공자의 저작 혹은 증자가 기술한 것으로 의심의 여지 없이 받아들여졌다. 다만 두 가지 설 중에서 고문 학파는 증자의 기술이라고 주장하였고 금문 학

---

* 『史記』卷67, 仲尼弟子列傳, 2205쪽, "曾參, 男武城人, 字子輿. 少孔子四十六歲. 孔子以爲能通孝道, 故授之業. 作『孝經』. 死於魯"; 『漢書』卷30, 藝文志, 1719쪽, "『孝經』者, 孔子爲曾子陳孝道也."

** 『中庸』鄭玄 注, "孔子曰, '吾志在『春秋』, 行在『孝經』.'"; 『春秋公羊傳』序, "(何休曰), 昔者孔子有云, '吾志在『春秋』, 行在『孝經』.' 此二學者, 聖人之極致, 治世之要務也."; 『春秋公羊傳』序 인용 疏 "解云, 案『孝經 · 鉤命決』云, '孔子在庶, 德無所施, 功無所就, 志在『春秋』, 行在『孝經』.' 是也."; 『春秋公羊傳』隱公元年 인용 疏, "答曰, 『孝經說』云, '孔子曰, 『春秋』屬商(子夏), 『孝經』屬參.'"; 『隸釋』卷1, 孔廟置守廟百石孔龢碑, "孔子作『春秋』, 制『孝經』"; 『隸釋』卷1, 魯相史晨祠孔廟奏銘, "主爲漢制道, 審可行, 乃作『春秋』, 復演『孝經』."

파는 공자의 저술로 인식했다는 차이가 있었다.[*]

두 번째는 송대 이후 많이 제기되는 '증자 계열 전국 유가 기술 설'이다. 앞의 8가지 설 중에서 3), 4), 5), 6), 7)에 해당한다. 특히 한대 이래의 '공자 저작' 혹은 '증자 술작설'에 의문을 제기하고 전 국 초·중기 공자 또는 증자의 문인들이 집록했을 것이라는 주장은 송대 사마광[**]과 호인(胡寅)[***] 이래 많은 이들이 지지하는 입장이다. 이 중 작자를 직접 지목한 것으로는 증자 계열의 '자사 저작설'과 '악정자춘 저작설' 등이 있다. 이러한 입장은『효경』이 제자인 증삼 과 스승인 공자와의 대화인데도 증자라고 존칭하고 있는 점에서 출발하지만,[****] 다만 시기적으로 증자 문인들이 기술한 것인지 아니 면 증자 계열의 후대 유가들이 집록한 것인지는 논자마다 차이가

---

[*] 加地伸行,「〈『孝經』の作者〉の意味」,『待兼山論叢』24, 1990 · 1.

[**] 司馬光,『古文孝經指解』序, '孔子與曾參論孝, 而門人書之, 謂之『孝經』.' 이에 대해 왕정기(王正己)는「孝經今考」(『古史辨』第四冊, 1933년, 166쪽)에서 '문인(門人)' 을 공자의 문인으로 해석하여 사마광이『효경』을 공자의 제자가 기록한 것으로 억측했다고 한다. 반면 황득시(黃得時)는「孝經之流傳與今古文之爭(代序)」(『孝 經今註今譯』, 臺灣商務印書館, 1972년, 2쪽)에서 증자의 문인으로 보고 있다. 이 책에서는 황득시의 입장에 따른다. 공자와 증자의 효를 주제로 한 대화를 공자의 문인이 듣고 기술했다는 '공자 문인 기술설(孔子門人記述說)'은『사고전서총목제 요(四庫全書總目提要)』, 당중우(唐仲友)의『효경해(孝經解)』, 모기령(毛奇齡)의 『효경문(孝經問)』등 여러 곳에서 찾아볼 수 있다.

[***]『困學記聞』卷7, "『孝經』非曾子所自爲也. 曾子問孝於仲尼, 退而與門弟子言之, 門 弟子類而成書."

[****] 晁公武,『郡齋讀書志』卷3, "今首章云 '仲尼居, 曾子侍', 則非孔子所著明矣. 詳其 文書, 當是曾子弟子所書. 柳宗元謂『論語』載弟子必以字, 獨曾參不然, 蓋曾氏之徒 樂正子春子思相與爲之耳, 余於『孝經』亦云."

있다. 그래서『중용』,『맹자』,『대대례기』등 다른 유가 문헌과 비교해서 내용과 사상의 유사성을 찾아 각기 작자와 시기를 추정하고 있다.

세 번째는 송대 주희가 처음 제기한 이래 청대를 거쳐 지금까지 많이 논의되고 있는 '후인 부회·가필·위서설'이다. 주희는『효경 간오(孝經刊誤)』에서 고문『효경』을 주된 텍스트로 장마다 검토를 해서 이를 경 1장과 전 14장으로 구분했다. 즉, 현행『효경』의 제1 장 개종명의장(開宗明義章)에서 6장인 서인장(庶人章)까지가 공자와 증자의 문답을 증자의 문인이 기록한 본래의 경문이고, 그 이하는 후인들이 경문을 해석하기 위해 부회한 전기(傳記)라고 구분하고 있다.* 그래서『효경』이라는 하나의 텍스트는 본래의 오래된 부분과 나중에 새롭게 부가된 부분으로 나누어진다고 주장했다. 주희의 견해는 종래 의심의 여지가 없던 경전의 본문을 문헌 비판의 방법으로 새롭게 해석한 시도였는데, 더 나아가 후대에 부회된 전기 부분은 아직『춘추좌전』이 성행하지 않던 한초 제로 지방의 유가들이 만든 것으로 추정했다.** 주희 이후로 특히 청대 고증학자들

---

* 朱熹 撰,『孝經刊誤』(『朱子大全』卷66, 雜著),『經苑』百部叢書集成, 藝文印書館. "此一節, 夫子曾子問答之言, 而曾氏門人之所記也. 疑所謂『孝經』者, 其本文止如此, 其下則或者雜引傳記以釋經文, 乃孝經之傳也. 竊嘗考之傳文, 固多傅會, 而經文亦不免有離析增加之失."

** 朱熹 撰,『孝經刊誤』(『朱子大全』卷66, 雜著),『經苑』百部叢書集成, 藝文印書館. "孔叢子亦僞書而孝多用左氏語者, 但『孝經』相傳已久, 蓋出於漢初, 左氏未盛行之

은 아예 '한유 위작설'을 주장하기도 했다. 이와 같은 전통적인 제설들은『효경』과 다른 선진·한대 문헌을 서로 비교하여 그 시기 및 작자를 비정하는데, 근대 이후의『효경』연구는 대부분 이러한 방법론을 계승해서 전개된다.

따라서 일찍이 한대인들이 믿었던 '공자 저작설', '증자 술작설'은 이미 오래전에 완전히 부정되었다고 할 수 있다. 여전히『효경』이 증자 계열 문인들에 의해 전국 초·중기에 찬집되었다는 주장도 견지되기는 하지만,* 지금은 대체로 주희 이래의 '후인 부회·가필·위서설'을 계승해서『효경』의 성립 시기를 전국말·한초로 보는 입장이 우세하다.

그런데 여기서도『효경』의 성립을 전국말 혹은 한초로 보는 데에서 견해가 달라진다. 즉, 1930년대 왕정기(王正己)는『장자』천운편**에『효경』의 명칭이 나오지 않으며, 선진 문헌 중에서는 처음으로『여씨춘추』에서『효경』을 인용하고 있다는 이유를 들어,『효경』의 성립을 적어도『장자』이후『여씨춘추』보다는 조금 이른 전국

時, 不知何世何人爲之也."; 朱熹,『經義考』권222, "『孝經』獨篇首六七章爲本經, 其後內傳文, 然皆齊魯間陋儒纂取『左氏』諸書之語爲之, 至有全然不成文理處."

* 黃得時,「孝經之流傳與今古文之爭(代序)」,『孝經今註今譯』, 臺灣商務印書館, 1972, 3쪽; 胡平生,『孝經譯註』, 中華書局, 1996, 張濤,「〈孝經〉作者與成書年代考」,『中國史研究』1996-1 등. 여전히 많은 중국 연구자들은 전국초 증자 계열 문인들의『효경』제작을 주장하고 있다. 이는 최근 중국학계가 갈수록 '의고'에서 '신고'의 방향으로 경향을 보이는 것과 맥락을 같이한다고 할 수 있다.

** 『莊子』天運篇, '丘治詩書禮樂易春秋六經.'

후기라고 주장했다.* 채여곤(蔡汝堃)은 주희 이래 '한초 위서설'을 계승하면서 선진 시기 고『효경』이 존재했지만 실전되었고, 그 후 한초 유가들이 여러 선진 문헌의 문장을 모아서 현행 금문『효경』을 만들었다고 주장했다.** 그 이후의 연구자들은 각기 전국말*** 혹은 한초****의 어느 시기로 비정하여『효경』의 성립을 논하고 있다.

* '전국후기설'은 왕정기가 「孝經今考」(『古史辨』第四册(諸子續考), 景山書社, 1933, 173~174쪽)에서 처음 주장한 바 있다.

** 蔡汝堃, 「今文孝經成書年代考」, 『古史辨』第六册(諸子續考), 開明書店, 1938, 122~129쪽.

*** 쓰다 소키치[津田左右吉]는 『순자』 악론편(樂論篇)이 나온 이후, 『여씨춘추』 이전 시기로 『효경』의 성립 시기를 더욱 좁혀서 추측하고 있으며(「儒家の實踐道德」, 『滿鮮地理歷史研究報告』第13, 東京帝國大學文學部, 1932, 528쪽), 이타노 쵸우하치[板野長八]는 왕정기가 『효경』 성립의 상한으로 근거하는 『장자』 천운편(天運篇)이 내용상 타당하지 않으며, 채여곤도 현행 『효경』의 내용이 이미 선진 시대에 존재했음을 인정하고 있으며, 『효경』의 중심 내용이 전국말 군권 일원화의 흐름에 부합하므로 쓰다 설에 따른다고 하고 있다(板野長八, 『儒教成立史の研究』, 岩波書店, 1995, 2-5쪽). 또한 서복관은 『효경』의 성립을 『맹자』 이후, 『여씨춘추』 이전의 시기에 전국 유자에 의해 일반 교육용 서적으로 편찬되었다고 한다(『兩漢思想史-周秦漢政治社會結構之研究-』卷1, 臺灣 學生書局, 1979, 330쪽).

**** 타케우치 요시오[武內義雄]는 주희의 『효경간오』를 계승하여, 현행 『효경』에서 매 장 끝에 『시』『서』를 인용하고 있는 것은 한대 『시』『서』 박사의 손을 거쳤음을 암시하므로 한초에 현행 『효경』이 고『효경』을 바탕으로 성립되었다고 본다(「孝經の研究」, 『武內義雄全集』第2卷 儒教一, 角川書店, 1978, 127쪽). 또한 와타나베 신이치로[渡邊信一郞]도 주희-무내 설을 계승하여 '한초 성립설'을 인정하면서, 앞서 『효경』의 한시(韓詩) 학파와 순자와의 관련을 간단히 언급했던 채여곤의 설(「今文孝經成書年代考」, 127-128쪽)을 더욱 발전시켜 자사-맹자 학파와 순자 학파를 절충하는 입장의 한시 학파가 편찬했을 것으로 본다. 기존에 『효경』을 증자-자사-맹자 계열의 문헌이라고 보던 일반적 입장에서 와타나베 신이치로의 견해는 주목할 필요가 있다(『中國古代國家の思想構造-專制國家とイデオロギー-』, 校倉書房, 1994, 183~188쪽). 이케자와 마사루[池澤優]는 이러한 '한초 성립설'을 비판적으로 계승하여 『효경』의 찬술에는 한시 학파 외에도 하간(河間) 지역의

성립 시기와 맞물려서 작자 문제도 현재 공자 이래 증자-자사-맹자로 이어지는 유가 학파에서『효경』이 만들어졌다는 주장이 대세를 이루지만, 여기에도『효경』의 형식 비교를 통해서 전국말·한초 순자 학파의 영향이나 한초 시·서 박사관 또는 한시 학파(韓詩學派)의 찬집 혹은 지역적으로 하간(河間) 지역 유가의 참여 등 여러 가지 견해가 제기되어서 현행『효경』의 형식과 내용만을 놓고『효경』의 작자를 누구라고 특정하기 어렵다. 지금으로서는 증자 계열의 유가 학파를 중심으로『효경』의 원형이 만들어졌고, 여기에 어떤 목적을 가진 다양한 개입이 있었을 가능성을 추론할 수 있다. 다시 말해 현행『효경』의 형태가 최종적으로 성립하기 전까지, 작자를 특정하기 어려운 유가 내부의 오랜 사유 과정이 전개되었다고 가정할 수 있다.

그리고 이러한 가정을 뒷받침해 주는 것이 바로『효경』의 금·고문에 대해 앞서 정리했던 전승 과정이다. 사실 금·고문이 내용상 차이가 미비하고 자구의 차이 역시 몇십 자 되지 않는다고 하지만, 그래도 지금 전해지는 현행『효경』의 금·고문에는 체제와

유가들이 참여했을 가능성도 있으며,『효경』은 하나의 통일된 학설로 정리되지 않고 서로 다른 사상이 중첩되어 있어 일률적으로 한초의 상황으로만 결론짓기에는 문제가 있다고 한다(『「孝」思想の宗敎學的硏究-古代中國における祖先崇拜の思想的發展』, 東京大學出版會, 2002, 210~212쪽).

* 王正己, 「孝經今考」, 『古史辨』 第四冊(諸子續考), 景山書社, 1933.

문구의 차이가 분명히 있다. 또 처음 세상에 나오는 과정을 보면 한초 당시에 이미 『효경』의 판본이 시기별·지역별로 서로 다르게 존재했다고 봐야 할 것이다. 그래서 다른 한초의 유가 문헌과 마찬가지로 민간에 다르게 존재했던 『효경』의 판본이 국가에 헌상되는 과정은 달리 말해서 국가권력의 '공인'을 획득하려는 경쟁이었다고도 할 수 있다. 그리고 이 과정에서 수집된 여러 판본들을 교감·교열하는 국가권력의 의지와 목적이 중요하게 작용했을 것이다.

여기서 『효경』의 성립 시기에 대한 최소한의 하한을 앞서 이야기한 국가권력의 '공인'으로 보고 그러한 국가 '공인' 이후에야 비로소 본격적인 보급과 전파가 이루어진다고 한다면, 당시 사람들의 시각에서 『효경』이 명확하게 하나의 경전으로 인식되었던 시점을 세밀하게 확인해 볼 필요가 있다. 이러한 점에서 사마천의 『사기』 기록을 분석해 본다.

물론 『사기』 이전에도 『효경』을 언급하는 문헌이 있어서 『효경』 성립의 근거로 삼기도 하지만 제각기 문헌 자체에 일정 부분 문제점이 있다. 예를 들어 『효경』 성립의 근거로 『여씨춘추』의 효행람(孝行覽)·효행(孝行)과 선식람(先識覽)·찰미(察微)의 내용*이 흔히 인

---

* 『呂氏春秋』先識覽 · 察微, "『孝經』曰, '高而不危, 所以長守貴也. 滿而不溢, 所以長富也. 富貴不離其身, 然後能保社稷, 而和其民人.' 楚不能之也."; 『孝經』諸侯章
『呂氏春秋』孝行覽 · 孝行, "故愛其親, 不敢惡人, 敬其親, 不敢慢人, 愛敬盡於事親, 光燿加於百姓, 究於四海, 天子之孝也."; 『孝經』天子章

용되지만, 이에 대해 와타나베 신이치로는 선식람·찰미편의 내용은 앞뒤 문맥이 잘 연결되지 않으므로 후인이 잘못 끼워 넣었거나 『여씨춘추』에 주석을 단 한대인 고유(高誘)의 주문이 본문에 잘못 들어간 경우이며, 효행람·효행편의 내용은 본래 『여씨춘추』의 문장이지 인용한 것은 아니라고 비판하면서, 『여씨춘추』에 근거한 『효경』의 성립에 의문을 제기하고 있다.[*]

그리고 『사기』보다 시기적으로 앞선 한대 문헌 중에는 동중서의 『춘추번로』에 『효경』을 직접 언급하는 부분이 있고,[**] 육가의 『신어』에 『효경』 개종명의장의 첫 부분과 일치하는 내용이 나온다.[***] 하지만 이 두 책은 『한서』 예문지에 그 서명이 나오지 않으며 지금의 통행본은 훨씬 후대에 집록되어 본래의 원본과 일치하는지 그 진위가 의심되는 면이 있기 때문에,[****] 아무래도 『효경』 성립의 증거로 삼는 데에는 주의할 필요가 있다.[*****]

[*] 渡辺信一郎, 『中國古代國家の思想構造-專制國家とイデオロギ-』, 校倉書房, 1994, 175-176쪽.

[**] 『春秋繁露』 五行對篇, "河間献王问温城董君曰, '『孝經』曰, "夫孝 , 天之经 , 地之义" 何谓也?'"

[***] 『新語』 慎微, "孔子曰, '有至德要道以順天下.'"

[****] 嚴靈峯 編著, 『周秦漢魏諸子知見書目』 第5卷, 正中書局, 1978(『新語』 부분 161쪽, 『春秋繁露』 부분 259쪽).

[*****] 이 밖에도 후한말 채옹(蔡邕)의 「명당월령론(明堂月令論)」에 위문후(魏文侯)의 『효경전(孝經傳)』을 인용하고 있어([漢]蔡邕 撰, 『蔡中郎集』 卷10 明堂月令論, 臺灣中華書局, 1966), 『효경』의 전국 초기 증자 제자설의 주요한 근거로 들기도 한다(張濤, 「〈孝經〉作者與成書年代考」, 『中國史研究』 1996-1, 122~123쪽). 하지

또 『맹자』의 맹자제사(孟子題辭)를 보면 한초 문제 때 이미 『효경』의 전기박사가 있었다는 언급이 있다.

문제는 널리 학문의 길을 넓히고자 하여 『논어』, 『효경』, 『맹자』, 『이아』마다 박사를 두었는데 나중에 전기박사를 폐지하고 오경박사만을 세웠다.*

하지만 이는 당대인의 언급이 아닌 훨씬 뒤 후한말에 『맹자』에 주석을 단 조기(趙岐)의 언급이다. 역시 같이 나오는 『논어』, 『이아』의 성립 시기와 함께 조심스럽게 검토해야 할 것이다. 다만 여기서는 일찍이 한초부터 국가 차원에서 민간에서 수집된 선진 문헌에 대한 교감 작업을 박사관이 중심이 되어 진행하고 있었던 정황을 짐작할 수 있다.

위에 언급한 문헌들이 각각 나름의 시기와 진위의 문제점들이 있지만, 사마천의 『사기』는 의심의 여지가 없는 당대인의 기록이다. 즉, 사마천의 『사기』 저술은 기원전 104년(태초 원년)에 시작하여 늦어도 기원전 90년(정화 3년) 전후 무렵에는 최종적으로 완성된

만 역시 『한서』 예문지에 그 서명이 나오지 않으므로 근거로 삼는 데에는 주의해야 할 것이다.

* 『孟子』孟子題辭, "孝文皇帝欲廣遊學之路, 『論語』·『孝經』·『孟子』·『爾雅』皆置博士, 後罷傳記博士, 獨立五經而已."

다.* 따라서 여기에 언급된 『효경』 관련 기사를 분석해 본다면 적어도 한 무제 시기 한대인들에게 『효경』이 어떻게 인식되고 있었는지 확인할 수 있을 것이다.

『사기』 내 『효경』 관련 기사는 전부 8군데 나오는데, 다음과 같이 2종류로 구분할 수 있다.

　　a-1 '曾參, 南武城人, 字子輿. 少孔子四十六歲. 孔子以爲能通孝道, 故授之業. 作『孝經』, 死於魯.'(『史記』仲尼弟子列傳)

　　a-2 '『孝經』曰, "非法不言, 非道不行", 此聖人之法言也.'(『史記』梁孝王世家; 『孝經』卿大夫章)

　　a-3 太皇太后詔大司徒大司空, "…, 『孝經』曰, '安上治民, 莫善於

---

* 사마천 자신은 「태사공자서」에서 태초(太初) 연간(기원전 104~101년)까지 기술했다고 했으며, 반고는 『한서』 사마천전에서 천한(天漢) 연간(기원전 100~97년)까지 기술되어 있다고 했다. 반면 왕국유는 「태사공행년고(太史公行年考)」(『觀堂集林』 全一册, 藝文印書館, 1958(再版), 132쪽)에서 「흉노열전」의 이사장군(貳師將軍) 이광리(李廣利)의 흉노 항복(정화(征和) 3년, 기원전 90년)이 사마천이 직접 쓴 기록 중 가장 늦은 부분이라고 하고 있다. 이광리가 항복한 다음 해 흉노 차제선우(且鞮單于)가 사망하고 호록고선우(狐鹿姑單于)가 즉위하는데, 「사기색은」에 나오는 장안(張晏)의 말에 따르면 호록고선우부터의 흉노 기사는 유향(劉向)과 저소손(褚少孫)이 기록했고 이를 반표(班彪)가 다시 찬집해서 이 시기를 기준으로 『한서』의 「흉노전」이 상 · 하 두 권으로 나누어진다고 한다. 반면 「효무본기」의 기록은 이릉(李陵) 사건 바로 다음 해인 천한(天漢) 3년(기원전 98년)의 봉선 기사로 마무리된다. 따라서 「본기」를 이렇게 마무리하고 「흉노열전」에 무제 말년의 비극적인 사건인 '무고(巫蠱)의 화(禍)'와 관련 있는 이광리의 항복을 끝부분에 집어넣은 것은 사마천이 교묘하게 피휘하면서 무제를 비판하는 것이었다고 생각된다.

禮.'"(『史記』平津侯主父列傳;『孝經』廣要道章)

　　b-1 '且夫孝始於事親, 中於事君, 終於立身. 揚名於後世, 以顯父母, 此
孝之大者.'(『史記』太史公自序;『孝經』開宗明義章)

　　b-2 '太史公曰 …, 以其教不肅而成, 其政不嚴而治.'(『史記』萬石張叔列
傳;『孝經』三才章)

　　b-3 '周公旣相成王, 郊祀后稷以配天, 宗祀文王於明堂以配上帝.'(『史
記』封禪書;『孝經』聖治章)

　　b-4 '太史公曰, …, 此所謂"進思盡忠, 退思補過"者哉!'(『史記』管晏列
傳;『孝經』事君章)

　　b-5 '太史公曰, …, 語曰"將順其美, 匡救其惡. 故上不能相親也." 豈管
仲之謂乎'(『史記』管晏列傳;『孝經』事君章)

　　위의 기사 중 a-1~3은『사기』에서 직접『효경』의 서명을 언급
하는 부분이다. 반면 b-1~5는 서명은 안 나오지만『효경』내 문구
를 직접 인용하는 부분이다. 그런데 a의 2와 3은 사마천이 직접 기
술한 부분이 아니라, 후대에 '태사공왈(太史公曰)'의 뒷부분에 끼워
넣은 내용이다. 즉 a-2는 사마천이 죽은 후 원·성제 연간『사기』의
망실된 부분을 보충했던 저소손(褚少孫)이 쓴 부분이며,˙ a-3도 전

* 　『사기』권58의 양효왕세가(梁孝王世家)는 '태사공왈(太史公曰)'로 일단 사마천이
　쓴 부분이 끝나고, 다시 '저선생왈(褚先生曰)'로 하여 경제 때 양효왕을 둘러싼 이
　야기를 전하고 있는데, a-2는 여기에 나오는 부분이다.

한말 평제 원시 연간(기원후 1~5년)의 기록으로 누군가 『사기』에 끼워 넣은 부분이다.˙ 따라서 a-2와 3은 전한 중·후기 이미 『효경』이 널리 보급되었던 시기의 기록이라고 할 수 있다. 따라서 사마천이 직접 쓴 기록으로는 a-1에서만 『효경』의 서명이 나오는 것이다. 여기서 증자가 『효경』을 저술했다고 분명히 밝히고 있어, 당시 한대인들은 『효경』의 작자를 증자라고 인식했음을 분명히 알 수 있다.

다음으로 b-1은 아버지 사마담의 유언을 후에 사마천이 후술하는 부분이며, b의 2·4·5는 '태사공왈'로 시작하는 사마천의 비평 부분이다. b-3은 사마천이 「봉선서」에서 무제 때의 봉선 의식을 설명하면서 나오는 문장이다. b부분은 모두 사마천의 직접 진술 부분에서만 『효경』의 내용이 인용되었다는 특징이 있다. 적어도 이 인용례를 놓고 볼 때, 『사기』 내에서 사마천의 직접 진술이 아닌 그 이전 시대 다른 사람의 입을 통해 『효경』이 언급되는 경우는 확인할 수 없다.

이와 관련해서 흥미 있는 내용이 『한서』 양왕손전(楊王孫傳)에 나오고 있다.

˙ 『사기』 권112의 평진후주보열전(平津侯主父列傳)도 '태사공왈(太史公曰)'로 공손홍(公孫弘)과 주보언(主父偃)에 대한 사마천의 비평이 끝나고, '태황태후조대사도대사공(太皇太后詔大司徒大司空)'으로 시작되는 부분에서 a-3이 나온다. 이 부분은 서광(徐廣)의 주에 따르면 공손홍의 후손에게 다시 작위를 내리는 평제(平帝) 원시(元始) 연간(기원후 1-5년) 왕원후(王元后)의 조서로 후대 사람이 삽입한 것이라고 한다.

양왕손은 무제 때 사람이다. 황로학을 배웠는데 집안의 재산이 천금이어서 스스로 받들어 양생을 두터이 하니 이르지 않는 바가 없었다. …, 기후(祁侯)가 양왕손에게 편지를 보내 말하기를, "…, 또 『효경』에 말하기를 '관곽과 의금을 만들어 장사지내고'라고 했으니 이 또한 성인의 남겨진 제도이다. …"라고 했다.

즉, 무제 때 황로학을 익혔던 양왕손에게 후장을 권유하는 기후의 서신에서 『효경』 상친장(喪親章)을 인용하는 부분이 나오는데, 이는 『한서』를 통틀어 『효경』을 직접 언급하는 가장 빠른 기사이다. 따라서 앞서 『사기』의 『효경』 인용 사례와 『한서』 양왕손전의 기사를 놓고 보면, 적어도 한 무제 시기에는 이미 『효경』이라는 서명과 그 내용이 알려져 있었다고 할 수 있다. 반면 적어도 『사기』와 『한서』 내에서는 무제 이전 시기에 『효경』을 직접 언급하는 경우는 찾아볼 수 없다.

공자 이래 선진·한초 시기에 현행 『효경』의 원형이라고 할 수 있는 문헌이 존재했을 가능성은 부정할 수 없다. 그리고 진말·한초의 전란기를 거친 후 다시 선진 문헌을 결집하는 과정에서 약간의 차이가 있는 『효경』의 여러 판본이 존재했을 가능성도 있다. 그리고 이러한 민간의 판본들은 정황상 국가에서 수집·채록·교감하는 과

---

* 『漢書』 卷67, 楊王孫傳, 2907~2908쪽. "楊王孫者, 孝武時人也. 學黃老之術, 家業千金, 厚自奉養生, 亡所不致 ···, 祁侯與王孫書曰, '···, 且『孝經』曰, "爲之棺槨衣衾", 是亦聖人之遺制, ···.'"; 『孝經』 喪親章, "爲之棺槨衣衾而擧之."

정을 거쳤을 것이며, 『사기』와 『한서』의 기록을 봤을 때 적어도 한 무제 시기에는 일반적으로 통용되는 단계에 있었다고 할 수 있다.

따라서 늦어도 한 무제 때 사마천의 『사기』 집필을 전후해서 『효경』 텍스트의 국가 공인이 이루어졌고, 이후로 한 왕조의 '이효치천하'를 대표하는 경전으로서의 지위를 가지고 널리 전파 보급되었다고 할 수 있다. 그렇다면 이제 논의의 장을 바꾸어 『효경』 내에서 특정의 정치 이념으로 구체화할 수 있는 '효치' 이론과 특히 황제 권력을 정당화해 주는 '명당(明堂)' 관련 기사를 살펴보면서, 『효경』 내의 내용이 특히 한 무제 시기의 정치와 어떠한 관련성이 있는지 찾아보고자 한다.

『효경』 내 효치 이론과 명당의 문제

현행 『효경』은 전체 18장으로 구성되어 있는데, 호평생의 구분에 따르면 세 부분으로 나눌 수 있다. 먼저 효에 관한 기본 이론을

* 이 책에서는 『십삼경주소(十三經注疏) · 효경주소(孝經注疏)』(『十三經注疏』整理委員會 整理 · 李學勤 主編, 北京大學出版社, 1999)를 저본으로 사용하고, 『효경역주(孝經譯注)』(胡平生 譯注, 中華書局, 1996)와 『孝經今註今譯』(黃得時 註譯, 臺灣商務印書館, 1972)을 참고했는데, 모두 금문(今文)의 총 18장을 기준으로 한 것이다. 이에 비해 지금 전해지는 고문 『효경』은 한대 이래 산일되었다가 다시 나오는 과정을 되풀이하다가 송대(宋代)에 정리된 것이다. 이 고문은 금문과 거의 대등소이하지만, 제7장 효평장(孝平章), 제11장 부모생적장(父母生績章), 제12장 효우열장(孝優劣章), 제19장 규문장(閨門章) 등 총 22장으로 체제상 분명한 차이를 보여 주고 있다.

** 胡平生 譯注, 『孝經譯注』, 中華書局, 1996, 27~28쪽.

설명한 수장(首章)인 개종명의장에서 제6장 서인장까지이다. 주희
의『효경간오』에서 구분하는『효경』의 경부에 해당한다.* 개종명의
장에서는 효를 덕의 근본이자 가르침의 시작으로서 세 단계를 거
쳐 완성되는 것으로 설명하여 효의 전체적인 틀을 제시하고 있다.**
이어서 2장에서 6장까지는 천자-제후-경대부-사-서인의 각기 서
로 다른 효의 내용을 구분해서 설명하고 있다.

두 번째는 효와 정치와의 관계를 설명한 부분이다. 바로 제7장
삼재장, 제8장 효치장, 제9장 성치장, 제11장 오형장, 제12장 광요
도장, 제13장 광지덕장, 제14장 광양명장, 제16장 감응장, 제17장
사군장이 이에 해당하는데 효치의 이치와 방법을 설명하고 있다.
이 중에서도 특히 제7장 삼재장, 제8장 효치장, 제9장 성치장은 효
치 이론의 핵심이라고 할 수 있는 내용을 담고 있다.

세 번째는 효의 구체적인 실천에 관한 부분이다. 제10장 기효행
장, 제15장 간쟁장, 제18장 상친장 및 각 장에 내용이 조금씩 흩어

---

* 朱熹 撰,『孝經刊誤』(『朱子大全』卷66 雜著),『經苑』百部叢書集成, 藝文印書館.
"此一節, 夫子曾子問答之言, 而曾氏門人之所記也. 疑所謂孝經者, 其本文止如此.
其下則或者雜引傳記以釋經文, 乃孝經之傳也. 竊嘗考之傳文, 固多傅會, 而經文亦
不免有離析增加之失."

**『孝經』開宗明義章, "仲尼居, 曾子侍, 子曰, '先王有至德要道以順天下, 民用和睦, 上
下無怨. 汝知之乎?' 曾子避席曰, '參不敏, 何足以知之?' 子曰, '夫孝德之本也, 教之
所由生也. 復坐, 吾語汝. 身體髮膚, 受之父母, 不敢毀傷, 孝之始也. 立身行道, 揚名
於後世, 以顯父母, 孝之終也. 夫孝始於事親, 中於事君, 終於立身. 大雅云, "無念爾
祖聿脩厥德"."

져 있는데, 효를 실천하는 원칙과 그 예법을 설명하고 있다.

본고는 이상의 구분 중 두 번째 부분에서 효치 이론의 핵심이라고 할 수 있는 『효경』의 7장(삼재장)·8장(효치장)·9장(성치장)을 중심으로 분석해 본다. 먼저 제7장 삼재장을 보면, 개종명의장을 이어서 다시 공자와 증자의 문답 형식으로 새롭게 논의가 시작되는 형식을 취하고 있다. 그리고 여기서 효는 공자의 말을 빌려 '천지경(天之經)', '지지의(地之義)', '민지행(民之行)'으로 규정되고 있다.

증자가 말했다. "대단하군요. 효가 (그렇게) 위대하다니!" 공자께서 말씀하시길, "대저 효란 하늘의 변하지 않는 도리이며, 땅의 올바른 이치이며, 백성들의 행실이다. (효는) 하늘과 땅의 도리를 백성들이 본받는 것이다. 하늘의 밝음을 본받으며 땅의 이로움을 따라서 천하를 순리에 맞게 하는 것이다. 그래서 그 가르침은 엄숙하지 않으면서도 이루어지며 그 정치는 엄격하지 않으면서도 다스려지게 된다. 선왕께서는 (효를) 가르쳐 백성들을 교화할 수 있음을 알았다. 그래서 먼저 넓은 사랑으로 (효를) 실천하니 백성들은 그 어버이를 버리지 않게 되었으며, 덕의로 (효를) 설명하시어 백성들이 일어나 실천하게 되었다. 먼저 공경과 사양으로 (효를) 실천하시니 백성들이 다투지 않게 되었으며, 예악으로 (효를) 이끌어 내시니 백성들이 화목하게 되었다. 좋아하고 싫어하는 것으로 (효를) 보이시니 백성들이 금하여야 할 것을 알았다. 『시』

소아·절남산에 이르기를, '밝고 밝게 빛나는구나, 태사 윤씨여! 백성들이 모두 그대를 우러러 보는구나'라고 했다.*

    사실 이 말이 『효경』 전체를 관통하는 핵심이라고 할 수 있다. 즉, 수장인 개종명의장에서는 효를 덕을 실현하는 출발점으로 보는 데 비해,** 더 나아가 7장 삼재장의 이 말은 아예 효를 우주·자연 불변의 법칙으로 규정하고 인간 사회가 따라야 할 준칙으로 제시하고 있다.*** 『춘추번로』 오행대(五行對)에 나오는 하간헌왕(河間獻王)의 질문이나 『한서』 예문지와 『수서』 경적지에서의 『효경』에 대한 설명이 모두 이 말로 시작하는 점****은 바로 삼재장의 이 말이 『효경』의 핵심으로 인식되었음을 잘 보여 준다고 할 수 있다. 그리고 『효경』 삼재장의 이와 같은 효는 선진 시기 증자와 맹자 그리고

---

* 『孝經』 三才章, "曾子曰, '甚哉孝之大也.' 子曰, '夫孝, 天之經也, 地之義也, 民之行也. 天地之經而民是則之. 則天之明, 因地之利, 以順天下, 是以其教不肅而成其政不嚴而治. 先王見教之可以化民也. 是故先之以博愛而民莫遺其親. 陳之於德義而民興行. 先之以敬讓而民不爭. 導之以禮樂而民和睦. 示之以好惡而民知禁. 詩云赫赫師尹民具爾瞻.'"

** 『효경』 개종명의장의 "부효, 덕지본야, 교지소유생야(夫孝, 德之本也, 教之所由生也)"는 사실 『논어』에서 효를 인의 근본이라고 보는 것과 크게 다르지 않다(『論語』 學而, "孝弟也者, 其爲仁之本與").

*** 板野長八, 『儒教成立史の研究』, 岩波書店, 1995, 24~32쪽.

**** 『春秋繁露』 五行对, "河间献王问温城董君曰, '『孝经』曰, "夫孝, 天之经, 地之义." 何谓也?'"; 『漢書』 卷30, 藝文志, 1719쪽. "『孝經』者, 孔子爲曾子陳孝道也. 夫孝, 天之經, 地之義, 民之行也, 舉大者言, 故曰『孝經』"; 『隋書』 卷32, 經籍志, 934쪽. "夫孝者, 天之經, 地之義, 人之行."

『곽점초간』 등의 '상법(常法)'으로서의 효와 바로 연결된다고 할 수 있다.

그 뒤를 잇는 제8장 효치장은 삼재장에서 밝힌 우주 자연의 법칙인 효로써 천하를 다스릴 때 군주의 기본 마음가짐과 그 결과를 설명하는 내용이다.

공자께서 말씀하셨다. "지난날 명왕께서 효로써 천하를 다스릴 때에는 감히 소국의 신하라도 버리지 않았는데 하물며 공·후·백·자·남의 제후들에 있어서랴? 그래서 만국의 기뻐하는 마음을 얻어서 그 선왕을 섬기었다. 나라를 다스리는 자는 감히 홀아비 과부라도 업신여기지 않는데 하물며 사민(士民)에 있어서랴? 그래서 백성의 기뻐하는 마음을 얻어 그 선군을 섬기었다. 집안을 다스리는 자는 감히 신첩이라도 예를 잃지 않았는데 하물며 처자에 있어서랴? 그래서 사람들의 기뻐하는 마음을 얻어 그 부모를 섬기었다. 그러한 까닭에 살아 계실 때는 부모님이 평안하시고 돌아가시어 제사를 지내면 혼이 와서 흠향하는 것이다. 이로써 천하가 화평하며 재해가 생기지 않으며 화란(禍亂)이 일어나지 않게 된다. 그러므로 명왕이 효로써 천하를 다스리면 이와 같이 된다. 『시』 대아·억에서 노래했다. '(천자에게) 올바른 덕행이 있으니 천하 사방의 나라들이 모두 따르네.'"

* 『孝經』 孝治章, "子曰, 昔者明王之以孝治天下也. 不敢遺小國之臣而況於公侯伯子

여기서 명왕(明王), 즉 천자는 효로써 천하를 다스리는데, 소국의 신하라도 버리지 않고 존중하여 만국의 환심을 얻게 되며, 그 결과 선왕을 섬기게 되고 천하는 평안하여 재난이 일어나지 않는다고 하고 있다. 그리고 다시 같은 논리로 다음 단계의 통치자인 제후(국)-가장(경대부: 가)의 효치를 설명하고 있다. 그런데 여기서 특히 주목되는 점은 통치자들이 각각의 통치 단위인 천하-국-가를 효치로 다스림으로써 통치자의 조상을 섬기게 된다는 설명이다. 즉 위로는 천자에서 아래로 제후와 가장(경대부)에 이르기까지 치자는 조상이 물려준 것을 잘 다스려 끊어지지 않게 하는 것이 바로 효치의 가장 큰 목적이자 결과라고 강조하고 있다.

다음의 제9장 성치장*은 특히 자세히 살펴볼 필요가 있다. 여기서도 효치의 중요성을 다시 강조하면서 효치의 구체적인 방법으로

男乎? 故得萬國之歡心以事其先王. 治國者不敢侮於鰥寡而況於士民乎? 故得百姓之歡心以事其先君. 治家者不敢失於臣妾而況於妻子乎? 故得人之歡心以事其親. 夫然故生則親安之祭則鬼享之. 是以天下和平災害不生禍亂不作. 故明王之以孝治天下也如此. 詩云有覺德行四國順之.

* 『孝經』聖治章. "1) 曾子曰, 敢問聖人之德無以加於孝乎. 子曰, 天地之性人爲貴. 人之行莫大於孝 孝莫大於嚴父. 嚴父莫大於配天則周公其人也. 昔者周公郊祀后稷以配天. 宗祀文王於明堂以配上帝. 是以四海之內各以其職來祭, 夫聖人之德又何以加於孝乎. 2) 故親生之膝下, 以養父母日嚴. 聖人因嚴以敎敬, 因親以敎愛. 聖人之敎, 不肅而成, 其政不嚴而治. 其所因者本也. 3) 父子之道, 天性也, 君臣之義也. 父母生之, 續莫大焉. 君親臨之, 厚莫重焉. 故不愛其親而愛他人者, 謂之悖德, 不敬其親而敬他人者, 謂之悖禮. 4) 以順則逆民, 無則焉, 不在於善, 而皆在於凶德. 雖得之君子不貴也. 君子則不然. 言思可道, 行思可樂. 德義可尊, 作事可法. 容止可觀, 進退可度. 以臨其民, 是以其民畏而愛之則而象之. 故能成其德敎而行其政令. 詩云淑人君子其儀不忒."

천자가 실현하는 최고 최대의 효인 '배천(配天)'을 중심으로 부자지간의 도인 효와 군신지간의 의인 충을 연결시키고, 이 효와 충이 하나가 되는 논리가 거듭 전개되고 있다. 그래서 앞서 효치장에서 조상을 섬기는 통치자의 효가 각 단계 별로 설정되었던 것이 모두 천자의 조상배천(祖上配天)으로 포괄되고 있다.

1) 증자가 말했다. "삼가 여쭙니다. 성인의 덕으로 효보다 더한 것은 없습니까?" 공자가 말했다. "하늘과 땅 사이의 성품 중에 사람이 (가장) 귀하다. 사람의 행실 중에는 효보다 큰 것이 없으며 효는 아버지를 높이는 것보다 큰 것이 없으며 아버지를 높이는 데는 하늘에 배제(配祭)하는 것보다 큰 것이 없으니, 주공이 바로 그런 분이셨다. 지난 날 주공께서는 후직(后稷)을 교사(郊祀)에서 하늘에 배제하고 문왕을 명당에서 으뜸으로 제사 지내어[宗祀] 상제에 배제하였다. 이리하여 사해 안에서 각기 그 맡은 것을 가지고 와서 제사에 참여하였다. 대저 성인의 덕으로 또한 효보다 더한 것이 어찌 있겠는가?

2) 그러므로 부모를 친애하는 마음[親]은 그 슬하에 있을 때 생겨나며, 부모를 봉양하면서 날로 존엄[嚴]이 더해 간다. 성인은 존엄[嚴]으로써 공경[敬]을 가르치며 친애[親]로써 사랑[愛]을 가르친다. 성인의 가르침은 엄격하지 않으면서도 이루어지며 성인의 정치는 엄중하지

않으면서도 다스려지니, 그러한 일이 바탕 하는 것은 근본(효)이다.

3) 부자간의 도는 천성이며, 군신의 의리이다. 부모께서 낳으시니 그 뒤를 잇는 것보다 더 큰 일이 없다(古文; 부모께서 낳으시니 이보다 더 큰 공이 없으시다). 임금처럼 아버지가 임하시니 그 은혜의 두터움이 이보다 더 무거운 것이 없다(임금처럼 아버지가 임하시니 그 관계의 두터움이 이보다 더 중한 것이 없다). 그러므로 자기 부모를 사랑하지 않고 다른 이를 사랑하는 것을 패덕(悖德)이라고 하며, 자기 부모를 공경하지 않고 다른 이를 공경하는 것을 패례(悖禮)라고 한다.

4) 백성들을 교화하여 따르게 하는데 이처럼 어긋난 것을 본으로 삼으면 백성들이 본받을 곳이 없게 된다. 선행에 있지 않고 행실이 모두 흉덕(凶德)에 있으면, 비록 (천하를 얻어) 뜻을 이룰지라도 군자는 귀하게 생각하지 않는다. 군자는 그렇지 않다. 말을 할 때는 도에 맞는지 생각하며 행동할 때는 즐거움이 있는지 생각하며, 덕과 의는 따를 만하며 일을 하는 것은 법도에 부합하며 용모는 살펴볼 만하며 나아가고 물러남이 헤아릴 만하여 그 백성에게 임하면 이로써 백성들은 경외하면서도 사랑하게 되며 법도로 삼아 본받게 된다. 그래서 그 덕교를 이룰 수 있으며 그 정령을 행할 수 있게 된다. 『시』 조풍(曹風)·시구(鳲鳩)에서 노래했다. '훌륭한 군자여! 언행이 어긋나지 않구나.'"

성치장의 전체 내용이 비교적 복잡하므로 편의상 이 장을 다시 4부분으로 나누어 설명해 본다. 먼저 1)부분을 보면 삼재장과 같이 먼저 증자의 질문과 공자의 대답을 통해 효의 절대적인 가치를 다시 확인하고 있다. 그러면서 효의 가장 큰 행위로 주공의 예를 들어 교사(郊祀)와 명당(明堂)에서 하늘에 제사 지낼 때 조상을 배향하는 것이라고 하면서, 이러한 '조상배천'의 제사에 천하 사람들이 각기 맡은 바 직분을 가지고 참여함으로써 완성된다고 설명한다. 이는 부성(父性)의 절대적 권위를 지고한 하늘에 상징적으로 연결시키는 의례적 행위를 통해서 표현하는 효의 실천으로, 이를 통해 최고 효의 실천자로서 천자의 절대성을 확립한다고 할 수 있다.[*] 그리고 '조상배천'의 제사에 혈연·비혈연을 포괄하는 온 천하 사람이 참여함으로써, 천자를 중심으로 천하가 혈연관계를 맺게 되며 이를 통해 효와 충은 온전히 하나로 결합하는 것이다.[**]

그런데 이러한 성치장의 '명당' 기사는 앞서 언급했던 『사기』 봉선서에서도 똑같은 내용이 나오고 있다. 중국 고대의 '명당'은 다른 여러 문헌에도 나오며 이에 대한 해석도 다양하지만, 한 무제 이전의 기록에서는 『효경』의 '명당' 제사와 같은 내용은 찾아보기 어렵

---

[*] 地澤 優, 『「孝」思想の宗教學的研究-古代中國における祖先崇拜の思想的發展』, 東京大學出版會, 2002, 220~221쪽.

[**] 李成珪, 「漢代『孝經』의 普及과 그 理念」, 『韓國思想史學』 제10집, 1998 · 6, 214~ 215쪽 참조.

다.* 그런데 잘 알려진 대로 무제는 즉위 초 '명당'에 대해 강한 관심을 가지고 유가들에게 의론케 했다가, 당시 황로 사상에 심취해 있었던 두태후로 인해 중단한 적이 있었다.** 결국 이 '명당'은 훗날 무제가 태산에 봉선할 때 제남(濟南) 사람 공옥대(公玉帶)가 황제(黃帝) 때의 명당 도면이라고 바치자, 이에 따라 무제가 태산 아래 문수(汶水) 가에 명당을 만들면서 실현되었다.***

그런데 이때 명당의 배치를 보면 태일(太一)·오제(五帝)를 명당의 상좌에 두고 제사 지내는데, 그 맞은편에는 고조를 배향하고 있으며, 다시 그 아래 방에 후토(后土)를 모시는 구조였다.**** 그리고 『한서』무제기를 보면 원봉(元封) 2년 명당을 만든 후 3년 뒤인 원

---

* 후지카와 마사카즈[藤川正數](『漢代における禮學の研究』, 風間書房, 1985(增訂版), 237~270쪽)에 따르면, 선진시대 '명당(明堂)'관은 천자가 정령(政令)을 반포하고 제후가 조근(朝覲)하여 왕도정치를 행하는 장소라는 유가적 관념과 천자가 음양의 조화를 월령(月令)에 따라 이루는 장소라는 음양오행의 영향을 받은 종교적 관념이 있다. 후지카와 마사카즈는 무제 때 명당은 유가적 관념과는 거리가 있는 종교적·법술적 명당이며, 유가적 명당관은 왕망(王莽) 시기에 실현된다고 하여, 이런 맥락에서 무제의 '명당'은 『효경』의 '명당' 제사와 같은 윤리적 내용과는 거리가 있다고 한다. 하지만 『한서』무제기를 보면, 무제의 '명당' 제사는 바로 『효경』의 내용 그대로 시행되고 있음이 확인할 수 있다. 유가적 명당관은 『맹자』양혜왕하, 『순자』강국(彊國), 『예기』명당위(明堂位), 『대대례기』명당 등에서 찾아볼 수 있는데, 이 중 『대대례기』명당편에 나오는 '혹이위명당자, 문왕지묘야(或以爲明堂者, 文王之廟也)'(高明 註譯, 『大戴禮記今註今譯』, 臺灣商務印書館, 1975, 293쪽)라고 하는 부분이 『효경』의 '명당'과 맥락이 닿는다고 할 수 있다.

** 『史記』卷121, 儒林列傳, 3122~3123쪽.

*** 『史記』卷28, 封禪書, 1401쪽.

**** 『史記』卷28, 封禪書, 1401쪽.

봉 5년(기원전 106년)에 처음 고조를 명당에 제사 지내 상제에 배향하고 제후들의 조회를 받고 군국의 상계를 받았다는 기사를 확인할 수 있다.

(원봉5년) 춘삼월, 돌아와 태산에 이르러 봉토를 늘렸다. 갑자일에 고조를 명당에 제사 지내고 상제에 배향하였으며 이를 계기로 제후왕·열후들의 조례를 받고 군국의 상계를 보고받았다.[*] 이후 태초 원년(기원전 104년),[**] 천한 3년(기원전 98년), 태시 4년(기원전 93년),[***] 정화 4년(기원전 89년)[****]에도 각각 제사를 거행하여 전후 5차례 명당 제사를 지냈는데, 태시 4년의 경우 무제는 고조와 함께 아버지인 경제의 제사도 명당에서 올리고 있다.

이상『사기』,『한서』의 내용을 보면 무제가 명당에서 제사를 지내면서 고조 및 아버지 경제를 하늘에 배향했던 사실과『효경』성치장의 내용이 서로 일치하고 있음을 알 수 있다. 그런데 무제 이전

---

[*]『漢書』卷6, 武帝紀, 196쪽, "(元封) 五年春三月, 還至泰山, 增封. 甲子, 祀高祖于明堂, 以配上帝, 因朝諸侯王列侯, 受郡國計."

[**]『漢書』卷6, 武帝紀, 199쪽. 이때 명당 제사 기록은 상제(上帝)에 대한 제사만 있고 고조(高祖) 제사의 내용은 없다. 그리고 무제는 제사를 지낸 후 바로 돌아와 감천궁(甘泉宮)에서 상계(上計)를 받은 후 태초(太初) 개력(改曆)을 시행하고 있다.

[***]『漢書』卷6, 武帝紀, 207쪽, "(太始) 四年春三月, 行幸泰山, 壬午, 祀高祖于明堂, 以配上帝, 因受計. 癸未, 祀孝景皇帝于明堂." 태시(太始) 4년의 명당 제사는 고조의 배향(配享)만이 아니라 무제의 아버지인 경제의 명당 제사도 이루어지고 있어 주목할 만하다.

[****]『漢書』卷6, 武帝紀, 210쪽. 무제의 마지막 태산(泰山) 봉선 및 명당 제사인데, 이때도 고조 제사의 기록은 나오지 않고 있으며, 2년 뒤 무제는 사망한다.

의 기록에서『효경』성치장에 나오는 명당에서의 '조상배천'과 같
은 내용을 찾기 어렵다면, 기원전 106년 이후 실제 무제가 올리는
명당 제사와 이 사실이 기록되어 있는『사기』봉선서의 내용은『효
경』성치장의 명당 기사와 서로 매우 밀접한 관련이 있다고 생각할
수 있다. 그래서 무제의 실제 명당 건립과 비슷한 시기에『효경』성
치장의 명당 관련 기사가 만들어졌다고 생각하는 것은 다소 지나
친 생각일지는 몰라도, 어쨌든 당시 실제 이루어졌던 무제의 명당
건립 및 '조상배천'의 제사는『효경』성치장의 내용에 이론적으로
기반하고 있음은 분명해 보인다.

다음의 2)부분은 효의 근본되는 마음인 '애(愛)'와 '경(敬)'의 근
원을 자식의 부모에 대한 '친'과 '엄'에서 찾고, 친·엄-애·경으로 발
전하는 부자지간의 도리를 근본으로 해서 천자가 다스리면 정교가
자연스럽게 이루어진다고 말하고 있다. 이 부분은 2장 천자장과 8
장 효치장에 이어서 천자의 '이효치천하'하는 마음가짐을 부자지
간의 천생의 관계로 부연 확대 설명한 것이다.

3)부분은 역으로 앞서의 부자간의 도리를 군신의 의라고 해서
부모와 군주를 동일시한 후, 부성의 절대성을 다시 강조하고 있다.
흥미로운 것은 여기서 부성의 절대성을 강조하면서 경애하지 않

* 清水悅男,「『孝經』の成立についての一考察」,『早稻田大學大學院文學硏究科紀要』
  別冊13, 1987, 36~39쪽 참조.

는 경우를 '패덕', '패례'라고 하고 있는데, 이와 거의 비슷한 내용이 『한비자』충효편에도 나오고 있다.* 전국시대부터 제자 사상가들이 서로 영향을 주고받았으며, 특히 한초에 법가는 『한비자』, 도가는 『회남자』를 찬술하는 과정에서 다른 학파의 사상을 흡수 절충했다는 점은 익히 알려진 사실이다. 유가 또한 『역전(易傳)』, 『춘추공양전』 등을 만들면서 적극적으로 다른 학파의 사상을 흡수하고 있었다.** 이러한 측면에서 『효경』에서 법가의 영향을 추측할 수 있는 부분이다.*** 이상 2)와 3)은 한쪽은 부자간의 마음에서 군주의 정교로 확대하고 다른 한쪽은 군신의 의로 부자간의 도리를 절대시함으로써, 자연스럽게 부모에 대한 효와 군주에 대한 충을 하나로 결합시켜 '배천(配天)'을 통한 최고 효의 실천자로서 천자의 효치를 논리적으로 뒷받침해 주고 있다.

성치장의 마지막 부분 4)는 『춘추좌전』에 나오는 계문자(季文子)와 북궁문자(北宮文子)의 말을 바꿔서 옮겨 놓은 것으로,**** 윗부분

---

* 『韓非子』忠孝, "夫爲人子而常譽他人之親曰, '某子之親, 夜寢早起, 强力生財以養子孫臣妾.' 是誹謗其親者也. 爲人臣常譽先王之德厚而顧之, 是誹謗其君者也."

** 渡邊 卓, 『古代中國思想の研究-〈孔子傳の形成〉と儒墨集團の思想と行動-』, 倉文社, 1973, 815~823쪽.

*** 李成珪, 「漢代『孝經』의 普及과 그 理念」, 『韓國思想史學』 제10집, 1998 · 6, 212~215쪽 참조.

**** 『春秋左傳』 文公18年, "(季文子使大史克對曰), 以訓則昏, 民無則焉, 不度於善, 而皆在於凶德, 是以去之."; 襄公31年, "(北宮文子) 對曰, ……, 故君子在位可畏, 施舍可愛, 進退可度, 周旋可則, 容止可觀, 作事可法, 德行可象, 聲氣可樂, 動作有文, 言

276

과 내용이 잘 연결되지 않는다고 주희는 『효경간오』에서 이 부분을 삭제했었다.[*] 하지만 문맥을 잘 살펴보면 그렇게 연결되지 않는 것도 아니다. 앞에서 부모를 군주와 동일시하여 절대화한 후 이를 애경(愛敬)하지 않는 경우는 '패덕', '패례'라고 규정했는데, 이러한 경우를 막기 위해서 군주가 스스로 '덕'과 '예'의 모범을 보여 백성들에게 임하면 두려워하고 사랑하여 군주를 본받게 되어 정교가 이루어진다는 설명이다. 앞부분과 자연스럽게 연결해서 효치를 실현하는 군주의 몸가짐을 계속 설명하는 것으로 보면 된다.

다음은 효치를 실현하는 군주가 모범을 보였는데도 '패덕', '패례'한 경우, 즉 불효는 어떻게 처벌해야 하는지 설명이 이어진다. 그런데 현행 『효경』에서 제10장 기효행장[**]은 일견 그와 무관하게 거(居)·양(養)·병(病)·상(喪)·제(祭) 등 일상적인 범주의 효도를 설명하고 있다. 그래서 이를 갖춘 후에야 부모를 모실 수 있으며, 또 그러한 사람은 부모를 모시는 공경한 태도로 사회생활을 해야 한다는 당위성을 제시한다. 일견 천자장과 제후장의 내용을 다시 설

語有章, 以臨其下, 謂之有威儀也."

[*] 朱熹 撰, 『孝經刊誤』(『朱子大全』卷66 雜著), 『經苑』百部叢書集成, 藝文印書館. "但以順則逆以下, 則又雜取左傳所引所載季文子·北宮文子之言, 與此上文旣不相應, 而彼此得失又如前章所論子産之語, 今刪去凡九十字."

[**] 『孝經』紀孝行章, "子曰, 孝子之事親也居則致其敬. 養則致其樂. 病則致其憂. 喪則致其哀. 祭則致其嚴. 五者備矣然後能事親. 事親者居上不驕. 爲下不亂. 在醜不爭. 居上而驕則亡爲下而亂則刑在醜而爭則兵. 三者不除, 雖日用三牲之養, 猶爲不孝也."

명하는 듯하다. 그러면서도 공순한 태도로 사회생활을 하지 못하면 결국 불효가 된다는 결론을 내리면서 다음 11장 오형장으로 논지를 이어간다.

제11장 오형장은 효치에 순종하지 않은 불효에 대한 처벌을 언급하고 있다.

공자가 말했다. "오형에 속하는 형벌 삼천 가지 중에 불효보다 더 큰 것은 없다. 군주를 협박하는 자는 윗사람이 없는 것이며 성인을 잘못되었다고 하는 자는 법이 없는 것이며 효를 부정하는 자는 부모가 없는 것이니 이들은 대란의 근원이 된다.*"

먼저 『상서』여형(呂刑)**의 글을 끌어다가 불효를 가장 무거운 죄로 규정하면서 그 대상을 군주와 성인과 부모로 병치시키고 있다. 즉, 국가의 통치 질서(군주)와 사회의 전통 규범(성인)과 가족 내 질서(부모)를 모두 효로 묶어서 동일시하는 것이다. 그리하여 우주 자연 불변의 법칙임을 천명한 효는 인간 사회를 규율하는 최고의 가치 기준이 되어, 이를 어기는 불효는 최대의 형벌로 처벌해야 한다

---

* 『孝經』五刑章, "子曰, 五刑之屬, 三千而罪莫大於不孝. 要君者無上. 非聖人者無法. 非孝者無親. 此大亂之道也."

**『尙書』呂刑, "墨罰之屬千, 劓罰之屬千, 剕罰之屬五百, 宮罰之屬三百, 大辟之罰二百, 五刑之屬三千."

고 주장하고 있다. 이는 앞서 확인했던 실제 진한 율령에서의 불효죄와 비교할 때, 관념적·포괄적으로 그 범위가 확대되는 것으로서 내용을 구체적으로 규정해 놓은 율령과는 달리 천자의 효치라는 논리를 전개하기 위해서 효의 부정형인 불효의 개념을 제시한 것이라고 볼 수 있다.[*]

이상 『효경』에서의 효치 이론은 7·8·9장을 중심으로 기본 틀을 전개하고 이에 대한 반응으로 11장 오형장의 불효에 대한 처벌을 이야기함으로써 일단 완결된다고 할 수 있다. 그리고 제12장 광요도장, 제13장 광지덕장, 제14장 광양명장으로 이어지는데, 이 세 장은 공통적으로 수장 개종명의장에 나오는 '요도(要道)', '지덕(至德)', '양명(揚名)'을 해설하는 형식을 취하고 있다. 그러면서 효치의 출발점인 '애'와 '경' 중 '경'을 '예'와 연결해서 특히 비중을 두고 강조하는 특징을 보여 준다.[**]

먼저 제12장 광요도장[***]과 제13장 광지덕장[****]의 내용을 종합하

---

[*] 이와 관련해서 와카에 켄죠우[若江賢三](「秦漢律に於ける「不孝罪」」, 『東洋史研究』 제55권 제2호, 1996)는 진한율에서 기시로 처벌했던 '불효죄'가 점차 윤리적인 규범으로 외연이 확대되어 가는데, 그 구체적인 계기로 소제(昭帝) 사망 후 황제로 추대된 창읍왕(昌邑王)을 불효로 폐위시키는 사건을 들고 있다.

[**] 地澤 優, 『「孝」思想の宗教學的研究-古代中國における祖先崇拜の思想的發展』, 東京大學出版會, 2002, 226~229쪽.

[***] 『孝經』 廣要道章, "子曰, 敎民親愛莫善於孝, 敎民禮順莫善於悌. 移風易俗莫善於樂. 安上治民莫善於禮. 禮者敬而已矣. 故敬其父則子悅, 敬其兄則弟悅, 敬其君則臣悅. 敬一人而千萬人悅. 所敬者寡而悅者衆, 此之謂要道也."

[****] 『孝經』 廣至德章, "子曰, 君子之敎以孝也. 非家至而日見之也. 敎以孝所以敬天下

면, 경-예에 바탕을 두고서 부자, 형제, 군신 간의 인산관계가 효, 제, 신(충)의 윤리로 묶이면 부, 형, 군은 존엄함을 가지게 되고 자, 제, 신은 기뻐하게 된다는 것이다. 그리고 이것이 바로 천자가 특히 경과 예를 기준으로 교화해서 이루어지는 효치의 '요도(要道)'이고 '지덕(至德)'이라는 것이다. 그리고 제14장 광양명장*은 앞서 천자가 효치를 교화하는 설명에서 다시 반대로 가족 내부의 윤리인 '효', '제', '거가리(居家理)'가 외부로 확대하여 '충', '순', '치'라는 국가 사회의 도덕으로 발전하는 논리를 전개하고 있다. 이러한 논법은 앞서 성치장에서도 나왔지만, 먼저 천자의 효치가 어떻게 실현되는지를 설명하고 난 뒤 다시 본래 효가 실천되는 장소인 가족 내부에서 효가 외부로, 특히 군주에 대한 충으로 어떻게 확대 발전하는지를 설명해서 천자의 효치 속에서 효와 충을 결합시키고 있다.

다음은 제16장 감응장**이다. 감응장은 효치장의 내용을 부연하는 내용으로 천자 스스로 효를 실천하면 천지·신명이 감응하게 되어 효치의 실현이 우주-자연-인간 세상을 아우르면서 이루어진다

之爲人父者也. 敎以悌所以敬天下之爲人兄者也. 敎以臣所以敬天下之爲人君者也. 詩云愷悌君子民之父母. 非至德其孰能順民如其大者乎."

* 『孝經』廣揚名章, "子曰, 君子之事親孝, 故忠可移於君. 事兄悌, 故順可移於長. 居家理, 故治可移於官. 是以行成於內, 而名立於後世矣."

** 『孝經』感應章, "子曰, 昔者明王事父孝故事天明事母孝故事地察. 長幼順故上下治. 天地明察神明彰矣. 故雖天子必有尊也言有父也必有先也言有兄也. 宗廟致敬不忘親也. 脩身愼行恐辱先也. 宗廟致敬鬼神著矣. 孝悌之至通於神明光于四海無所不通. 詩云自西自東自南自北無思不服."

는 설명이다. 그리고 제17장 사군장'은 다시 앞서 감응장이 천자 자신의 효 실현으로 천지·신명이 감응하는 것에 비해, 아래에서 군주를 섬기는 이의 자세를 효에 바탕을 두고 충을 다하는 것으로 설명하는 방식을 취하고 있다.

이상 『효경』 내의 효치 이론을 각 장 별로 구분해서 살펴보았는데, 『효경』은 단순히 효에 관한 경전이라기보다는 효치, 즉 효를 핵심으로 하는 치론의 논리가 상당히 정교하고 체계적으로 구성되어 있음을 볼 수 있다. 즉, 이러한 『효경』 내 효치 이론을 볼 때 『효경』이야말로 황제 지배의 '치도(治道)'로 제시되었음을 알 수 있다. 다른 유가 전적에 비해서 그 서명에 처음부터 '경'을 붙인 것은 『효경』이 유일한데, 이는 유가의 근본 실천 윤리로써 효를 강조했다는 의미와 함께, 효로써 천하를 다스리는('이효치천하') 황제 지배의 '치도'로서 '경'의 의미가 강하다고 할 수 있다. 그리고 『효경』의 효치 이론에서 특히 중요한 위치를 차지하는 성치장의 명당에서의 '조상배천'은 무제 시기 실현되었던 명당 건립 및 동일한 형식의 제사와 서로 밀접한 관계가 있었다고 볼 수 있다.

이를 『사기』, 『한서』를 통해 살펴본 당시의 『효경』 인식과 함께 생각해 본다면, 『효경』의 헌상과 교감 작업 후 최종적인 '공인' 과

---

* 『孝經』 事君章, "子曰, 君子之事上也. 進思盡忠. 退思補過. 將順其美. 匡救其惡. 故上不能相親也. 詩云心乎愛矣遐不謂矣中心藏之何日忘之."

정이 한 무제 시기에 있었고,* 이 과정에서 '명당' 이론이 어떤 결정적인 작용을 했을 가능성을 추론할 수 있다. 그렇다면 이러한 가정을 뒷받침할 수 있는 당시의 상황을 한 번 확인해 볼 필요가 있는데, 이는 무제 시기를 전후하여 체계가 정립되는 한대의 황실 교육과 밀접한 관련이 있다.

무제 시기 황실 교육의 변화와
수성의 통치 이념 『효경』의 수용

한 왕조의 황실 교육을 살펴보면 무제 시기를 전후하여 상당히 의미 있는 변화를 발견할 수 있다. 일찍이 고조 유방 이래 한제국은 진왕조 패망의 원인 중 하나라고 인식했던 후계 문제에 대해서 일찌감치 태자를 세워 대비하였으며, 또한 체계적인 교육의 필요에 대해서도 아래 가의(賈宜)의 말처럼 특히 중요하게 인식하고 있었다.

천하의 명은 태자에 달려 있습니다. 태자의 훌륭함은 일찌감치 교육하고 측근을 뽑는 데 있습니다. 마음이 아직 방탕하지 않을 때 먼저 가르치면 교화가 쉽게 이루어집니다. ……, 대저 교육이 이루어지고 측근이 올바르면, 즉 태자가 바르게 됩니다. 태자가 올바르면 천하가 정해

---

* 渡辺信一郎, 『中國古代國家の思想構造-專制國家とイデオロギ-』, 校倉書房, 1994, 172쪽.

집니다.*

　하지만 이렇게 그 중요성을 인식하고 있었음에도 한초 황태자 교육이 구체적으로 어떻게 이루어졌는지는 분명하지 않다. 다만 소략하게나마 황태자의 스승이라고 할 수 있는 태자태부를 통해 약간의 단서를 찾을 수 있다. 태자태부는 황태자 교육을 책임지는 질 2000석의 고위직인데,** 고조 9년 봉상이던 숙손통이 임명되면서 처음 시작되었다.***

　그 이후 무제 때까지 태자태부를 맡는 인물들의 면면을 보면 대체로 학문보다는 인품으로 황태자를 훈도할 수 있는 일종의 정치적 후견인의 역할을 맡았다고 볼 수 있다. 특히 석분(石奮)·위관(衛綰)·석경(石慶)·복식(卜式) 등과 같은 이들은 모두 '공근(恭謹)'한 태도로 '장자'라는 평가를 받아 황태자를 훈도할 만했지만, 학문의 깊이는 없어서 직접 태자를 가르치기에는 어려운 인물들이었다. 이는 무제 이후 전한 중·후기에 학문으로 명망이 높은 유가들이 태자태부에 임명되어 직접 태자를 가르치는 것과 비교된다고 할 수 있다.

* 　王洲明·徐超 校注, 『賈誼集校注』新書·保傅, 人民文學出版社, 1996, 194~195쪽. "天下之命, 懸于太子. 太子之善, 在于蚤諭教與選左右. 心未濫而先諭教, 則化易成也. …, 夫教得而左右正, 則則太子正矣, 太子正而天下定矣."
** 『漢書』卷19上, 百官公卿表, 933~737쪽.
*** 『漢書』卷19上, 百官公卿表, 748쪽.

한편 한초에노 제후왕의 태부는 유가들이 다수 확인되는데, 특히 이 중에서도 『시』학파가 두드러진다. 노시(魯詩)의 종사인 신공(申公)은 문제 때 초왕의 사부였으며, 제시(齊詩)의 종사인 원고생(轅固生)은 경제 때 청하왕(淸河王)의 태부가 되었다. 한시(韓詩)의 종사인 한생(韓生)의 경우에도 문제 때 박사를 지낸 후 경제 때 상산왕(常山王)의 태부가 되었다.* 한편 신공에게 노시를 배운 왕장(王臧)은 경제 때 태자소부(太子少傅)를 지내기도 했다. 이는 『시』가 본래 서주 이래 전통적인 귀족계급의 필수 교양이었던 점에서 한의 지배층에게도 필요한 교양이었을 것이다. 또 『상서』등 다른 경전에 비해 비교적 암송을 통한 복원이 용이했다는 데도 원인이 있을 것이다. 그리고 고조의 동생으로 초 원왕(元王)에 분봉되는 유교(劉交)의 경우, 젊어서 순자의 제자인 부구백(浮丘伯)에게서 『시』를 노시의 종사인 신공과 함께 배웠으며 훗날에는 직접 『원왕시(元王詩)』를 저술하고 자식들 모두 『시』를 익히게 하는데,** 이러한 한 황실과의 직접적인 인연도 한초 『시』학파의 대두에 중요한 원인으로 작용했다고 볼 수 있다. 따라서 한초 태자태부들이 직접 태자를 가르치기 어려웠던 상황에서, 한초 황실 내의 직접적인 교습은 박사와 태자소부 또는 제후왕 태부 등에 활발히 진출해 있던 유가의

---

* 『史記』卷121, 儒林列傳, 3120~3124쪽.
** 『漢書』卷36, 楚元王傳, 1921~1922쪽.

『시』학파에서 주로 담당했을 가능성이 크다고 할 수 있다.

　반면 피교육자인 황태자나 제후왕들을 보면 그들이 익힌 학문이 분명히 확인되는 경우는 몇 명 되지 않으며, 그것도 개개인의 호불호에 따른 모습만이 나타날 뿐이다.* 이는 아직 제도 문물이 완비되지 않은 상태에서 유·법·도가 등 제자가 나란히 경쟁했던 한초 사상계의 상황에도 원인이 있을 것이다. 그런데 무제 때부터는 점차 황실 교육에서 유가 경전을 체계적으로 익히는 모습이 확인된다. 무제의 오경박사 설치와 '독존유술'이 가지는 의미 중 하나로 경전의 국가 공인과 권위의 독점이라고 한다면, 이러한 공인된 경전의 전파는 우선 황실 교육에서부터 시작되었다고 볼 수 있다.

　우선 무제의 황태자였던 여태자(戾太子)를 보면 원수(元狩) 원년(기원전 122년) 7세의 나이로 황태자로 책봉된다. 이때 무제는 당시 통치 이념으로 받아들이고 있던『춘추공양』을 배우도록 직접 조서를 내리지만, 여태자는 당시『춘추공양』과 대립하고 있던『춘추곡량』을 따로 사사로이 익히기도 했다.** 또한 무제의 아들 중 연왕 단의 경우에도 경서와 잡설에 박학했다고 언급하고 있어,*** 이때까지

---

* 『漢書』卷38 高五王傳; 卷47 文三王傳; 卷53 景十三王傳; 卷63 武五子傳.

** 『漢書』卷63, 武五子傳, 2741쪽, "戾太子據, 元狩元年立爲皇太子, 年七歲矣, ……, 少壯, 詔受『公羊春秋』, 又從瑕丘江公受『穀梁』."

*** 『漢書』卷63 武五子傳, 2751쪽, "旦壯大就國, 爲人辯略, 博學經書雜說, 好星曆數術倡優射獵之事."

피교육자인 황태자나 황자들은 자신의 기호에 따라 임의로 선택하는 모습이 보인다.

반면, 여태자가 '무고의 화'로 죽은 후 8세의 어린 나이로 즉위하는 소제는 자신이 배운 내용을 분명히 밝히고 있다.

시원 4년(기원전 83) 6월 조를 내려 말하기를 "짐은 미약한 몸으로 종묘를 이어받아 두려워 벌벌 떨면서 아침 일찍 일어나고 밤늦게 자면서 옛 제왕의 일을 익혀『보부전』,『효경』,『논어』,『상서』에 통하였으나 아직 밝다고 할 수는 없다." *

『보부전』은 한초 가의가 지었다고 하는『보부(保傅)』**이다.『대대례기』에도 같은 내용의 편명이 있어서 태자 교육의 중요성과 그 교육 방법을 역설하여 왕조의 '장구지책'으로 제시된 것이라고 할 수 있다. 이와 함께 처음으로 소제는 직접 자신이『효경』과『논어』를

---

* 『漢書』卷7, 昭帝紀, 223쪽, "始元四年六月, 詔曰, '朕以眇身獲保宗廟, 戰戰栗栗, 夙興夜寐, 修古帝王之事, 通『保傅傳』·『孝經』·『論語』·『尙書』, 未云有明.'"

** 보부(保傅)는 천자나 제후의 자식을 훈도하는 관원이다. 전래본 중 가의(賈誼)의 『신서(新書)』와『대대례기』에「보부편(保傅篇)」이 있는데 하상주 삼대와 진을 비교해서 왕조의 장구지책으로 태자 교육의 중요성을 강조하는 내용이다. 출토 자료로는 전한 선제 시기에 해당하는 정주(定州) 팔각랑(八角廊) 한간과 남창(南昌) 해혼후묘(海昏侯墓) 한간에도「보부(保傅)」잔간이 나왔는데, 내용은 기본적으로 전래본과 동일하지만 전래본에 비해 문자나 장절의 차이가 다소 있어서 당시 서로 다른 판본이 존재했음을 알 수 있다. 전래본과 출토 자료를 각각 비교하면,「보부」는 한초 가의의 저술에서 유래하며 '무고(巫蠱)의 화', 즉 여태자의 난을 겪은 후 무제 말 소제 시기 황태자를 비롯한 황실 교육에서 훈도하는 사부의 역할이 중시되면서 여러 판본의 교재가 성립되었고 선제 때 널리 보급되면서 최종적으로는『대대례기』의「보부편」으로 종합되었다고 한다(朱鳳瀚 主編,『海昏簡牘初論』, 北京大學出版社, 2020, 120~136쪽 참고).

[표 4-1] 한초 유가 종사들의 취관(『史記』卷121 儒林列傳)

학파		한초 종사	취관	제자
『詩』	魯詩	申公	博士, 楚王傅(文帝), 太中大夫(武帝)	王臧(太子少傅)
	齊詩	轅固生	博士(景帝), 淸河王太傅(景帝)	
	韓詩	韓嬰	博士(文帝), 常山王太傅(景帝)	
『書』		伏生	秦代 博士	朝錯, 張生, 歐陽生
『禮』	士禮	高堂生		
	禮容	徐生	禮官大夫(文帝)	
『春秋』	公羊	董仲舒趙)		
	穀梁	瑕丘江生		公孫弘(丞相)
『易』		田何		

익혔다고 밝히고 있다. 또한 무제 말 정화 원년(기원전 92년) 광천왕 (廣川王)으로 책봉되는 유거(劉去)는 태자 시절『역』과 함께『효경』, 『논어』를 익혔다고 한다.[*] 그리고 소제 사망 후 즉위하였다가 곽광 (霍光) 등 대신들에게 폐위당하는 창읍왕 유하(劉賀)는 직접『효경』 간쟁장의 내용을 언급하면서 항변하기도 하는데,[**] 바로 그 유하의

---

[*] 『漢書』卷53, 景十三王傳, 2428쪽. '(武帝時)去卽繆王齊太子也, 師受『易』『論語』 『孝經』皆通, 好文辭 · 方技 · 博奕倡優.'

[**] 『漢書』권68, 霍光傳, 2964쪽. '(昌邑)王曰, "聞天子有爭臣七人, 雖無道不失天下"'; 『孝經』諫諍章, '昔者天子有爭臣七人, 雖無道不失其天下.'

묘, 즉 해혼후(海昏侯)* 묘에서 나온 간독 중에는 약 660여 매의 『효경』과 관련 있거나 효를 설명하고 있는 문헌**이 있어서 유하도 당시 『효경』류의 문헌을 학습한 것은 분명하다. 또 후술하겠지만 바로 그 창읍왕에게 태부 왕식이 『시』를 직접 가르쳤다고 하는 『한서』의 기사도 흥미로운 부분이다.*** 또 창읍왕 폐출 이후 즉위하는 선제의 경우를 보면 여태자의 손자로 '무고의 화'에서 겨우 살아남

* 창읍왕 유하는 한 무제의 손자이자 제1대 창읍왕 유박(劉髆)의 아들이다. 후원(後元) 2년(기원전 87년) 5살의 나이로 제2대 창읍왕이 되었고, 소제 사망 후 18세에 곽광 등 대신들에 의해 황제로 옹립한다. 하지만 바로 27일 만에 다시 곽광 등에 의해 폐출되어 10여 년 동안 유폐되었다가 선제 원강(元康) 3년(기원전 63년) 지금의 중국 강서성 남창시 지역에 해혼후(海昏侯)로 봉해졌고 여기서 선제 신작(神爵) 3년(기원전 59년) 33세의 나이로 사망한다. 2011~2016년 바로 이 해혼후 유하의 묘에서 모두 1만여 건의 진귀한 유물이 나와서 다시 2000여 년만에 세상의 주목을 받게 되었다. 그중에서 특히 5,200여 매의 간독은 『논어』, 『시』, 『예기』, 『춘추』, 『효경』류 등의 육예류(六藝類) 문헌을 비롯하여 제자(諸子)·시부(詩賦)·수술(數術)·방기(方技)·기보(棋譜) 등 각종 한대 문헌을 포괄하고 있어서 한대 정치·경제·사회·문화·학술·사상 등 제 방면 연구에 중요한 가치를 가진다(江西省文物考古研究院 等, 「江西南昌西漢海昏侯劉賀墓出土簡牘」, 『文物』 2018-11 참고).

** 해혼후묘 간독의 『효경』류 죽간은 약 660여 매로 모두 심하게 파손된 상태이지만, 내용은 효에 관한 해석으로 '효', '친', '형제'가 높은 빈도로 사용되며 일문일답의 형식이 많다. 간독에서 『효경』이라는 서명을 직접 언급하지는 않지만, 문구는 『효경』과 유사한 점이 많다. 해혼후묘 출토 『효경』류 문헌은 지금까지 출토된 관련 간독 자료 중 가장 풍부한 내용이어서, 효와 관련된 한대 유가 학설 및 『효경』의 성립과 전파를 연구하는 데 매우 중요한 의의를 가진다(朱鳳瀚 主編, 『海昏簡牘初論』, 北京大學出版社, 2020, 180~224쪽 참고). 해혼후묘 간독 이전에는 1973년 출토 정주 팔각랑 한간 「유가자언(儒家者言)」의 일부 내용과 역시 1973년 출토 견수금관(肩水金關) 한간 T31간의 내용이 『효경』의 문구와 관련이 있다고 한다(劉嬌, 「漢簡所見〈孝經〉之傳注或解說初探」, 『出土文獻』 第6輯, 中西書局, 2015).

*** 『漢書』 卷88, 儒林傳, 3610쪽. "(王)式爲昌邑王師. ……, 式對曰, '臣以詩三百五篇朝夕授王, 至於忠臣孝子之篇, 未嘗不爲王反復誦之也.'"

아 액정(掖庭)에서 양육되는데, 이때 액정령 장하(張賀)는 자기 개인 돈으로 선제에게 책을 공급했다고 한다. 후에 곽광이 선제를 추대하는 말에서 『시』, 『논어』, 『효경』을 익혔다고 언급하는데, 『시』는 선제가 장성한 후 민간에 나와 살면서 배웠다고 하기에 어릴 때 액정에서는 『효경』과 『논어』를 배웠다고 할 수 있다.

가을 칠월, 곽광이 상주해서 의론하여 말했다. "예에 사람의 도리로 친한 이를 친히 하므로 조상을 높이고, 조상을 높이므로 종자를 공경합니다. 대종에 후사가 없으면 지파의 자손 중 어진 이를 골라 후사로 삼습니다. 효무황제의 증손 병기는 조서로 액정에서 보살핌을 받았는데 지금 나이가 18세가 되었습니다. 『시』, 『논어』, 『효경』을 가르침 받아서 품행에 절도가 있고 검소하며 다른 이를 자애하니 효소황제의 뒤를 이어 조종을 받들어 계승하고 만백성의 어버이가 될 만합니다"라고 했다.*

그리고 위의 이러한 변화는 다음과 같이 표로 정리해 보면 아주 명확하게 보인다.

---

* 『漢書』 卷8, 宣帝紀, 235~238쪽. "秋七月, 光奏議曰, '禮, 人道親親故尊祖, 尊祖故敬宗. 大宗無嗣, 擇支子孫賢者爲嗣. 孝武皇帝曾孫病已, 有詔掖庭養視, 至今年十八, 師受 『詩』 『論語』 『孝經』, 操行節儉, 慈人愛人, 可以嗣孝昭皇帝後, 奉承祖宗, 子萬姓.'"

[표 4-2] 무제·소제 시기 황실 교육의 변화

인물	교육 내용	관계	사료 비고
戾太子	『公羊春秋』,『穀梁春秋』	武帝의 子	'故多以異端進者'
燕王 旦	'博學經書雜說'	武帝의 子	'好星曆數術倡優射獵之事'
昭帝	『保傅傳』,『孝經』,『論語』, 『尙書』	武帝의 子	8세로 즉위(기원전 87년)
廣川王 去	『孝經』,『論語』,『易』	武帝의 孫	武帝의 형인 廣川惠王의 孫
昌邑王 賀	『孝經』,『詩』	武帝의 孫	昭帝의 後嗣로 즉위하지만, '淫 辟' '不孝'를 이유로 廢黜
宣帝	『孝經』,『論語』,『詩』	武帝의 曾孫	戾太子의 孫으로 掖庭에서 養育

이를 보면 무제 말부터 황실 내에서 육예 중의 하나와『효경』,
『논어』를 배우는 방식의 체계적인 교육이 시작되었음을 알 수 있
다. 그런데 왕국유에 따르면 한대 학교의 '송습지서(誦習之書)'로 소
학 과정에서『창힐(蒼頡)』,『범장(凡將)』,『급취(急就)』,『원상(元尙)』
등의 식자서, 중학 과정에서『논어』,『효경』, 대학 과정에서 육예로
『시』,『서』,『예』,『악』,『역』,『춘추』를 익혔다고 한다.* 그리고 바로
이러한 한대 학교 제도의 교과 과정이 적어도 무제 말 여태자 이후
부터 시행되고 있음을 위의 표에서 분명히 확인할 수 있다. 이러한

---

* 王國維, 「漢魏博士考」,『觀堂集林』全一册, 藝文印書館, 1958(再版), 44쪽.

교과 과정에 당시『효경』이 포함되어 있는 것도 분명하지만,『효경』이 본격적으로 보급되는 선제 이후『효경』전문가들의 학맥 전승 관계를 살펴보면『효경』의 채택과 보급에 어떠한 이들이 중심에 있었는지도 확인할 수 있다.

『한서』예문지에는 한대『효경』으로 일가를 이루는 이로 장손씨, 강옹, 후창, 익봉, 장우 등 모두 다섯을 들고 있는데,* 모두 선제·원제 시기 활약하는 사람들이었다. 이들의 학맥 전승관계를 살펴보면, 대개 한초 유가들 중『시』학파에서 유래하고 있음이 확인된다. 먼저 장손씨는 한영(韓嬰)-채의(蔡義)-왕길(王吉)로 이어지는 한시(韓詩)를 전수받아 일가를 이루는 장손순(長孫順)과 동일 인물일 가능성이 높다.** 그런데 한영은 문제 때『시』로 박사가 되어 무제 때 동중서와 쟁론을 벌이기도 했던 인물이며,*** 그의 한시를 전수받은 채의는 무제 때 한시로 발탁되어 소제에게『시』를 가르치며 승상까지 오르는 인물이다.**** 그리고 왕길은 소제 사망 후 즉위하였다가 폐위되는 창읍왕의 신하로 형벌을 받지만 후에 다시 등용되어 선제·원제 무렵까지 학문으로 이름이 높았던 사람이다.***** 이 왕길

---

* 『漢書』卷30, 藝文志, 1718~1719쪽.
** 『漢書』卷儒林傳, 3614쪽.
*** 『漢書』卷88, 儒林傳, 3613~3614쪽.
**** 『漢書』卷66, 蔡義傳, 2898~2899쪽.
***** 『漢書』卷72, 王吉傳, 3058~3068쪽.

이 장손순에게 한시를 전수하여 장손순이『시』박사가 되므로,『효경』일가 중 장손씨는 바로 한시 계통에 속한다고 할 수 있다.

두 번째 박사 강옹은 노시의 종사인 신공에게서『시』와『곡량춘추』를 전수받아 무제 때 문호를 크게 여는 하구(瑕丘) 강공(江公)을 계승하여 노시의 종사로 박사가 되는 인물이다. 그는『효경설』을 저술하여『효경』의 일가를 이루었다.[*] 그런데 이 노시 계통에서 주목되는 점은 노시의 종사인 신공이 순자의 제자인 부구백[**]에게『시』를 배웠으며, 무제 초에는 제자 조관(趙綰)과 왕장(王臧)의 추천으로 바로 '명당' 논의에도 참여했던 인물이라는 사실이다.[***] 그리고 하구 강공은 바로 여태자에게『곡량춘추』를 전수했던 인물이기도 했다. 순자-부구백-신공-하구 강공으로 이어지는 노시 계통의 학맥에서 강옹의『효경』일가가 나오고 있다.

세 번째로 후창은 제시의 일맥을 잇는 인물이다. 제시의 종사인 원고는 경제 때『시』박사가 되어 황로 학파로 생각되는 황생과 역성혁명에 관한 논쟁을 벌이기도 하며, 역시 황로 사상에 심취해 있

---

[*] 『漢書』卷88, 儒林傳, 3610쪽.

[**] 蒙文通,『古學甄微』浮丘伯傳, 巴蜀書社, 1987, 209~210쪽. 부구백(浮丘伯)은 제나라 사람으로 순자에게서 수업하여 명유가 되었다. 같은 문하의 이사는 진에 들어가 출세하지만 부구백은 은거하면서 가난하게 살았다. 이 부구백에게서 신공(申公)과 고조의 동생인 초원왕(楚元王)이『시』를 배워, 신공은 노시(魯詩)의 종사(宗師)가 되고 초원왕의『시』는 원왕시(元王詩)라고 했다.

[***]『漢書』卷88, 儒林傳, 3608쪽.

던 두태후의 노여움을 받기도 했던 인물이다.* 원고의 제자 중 무제 때 창읍왕의 태부를 지내는 하후시창(夏侯始昌)이 가장 뛰어났는데, 후창은 바로 하후시창에게서 『시』와 『예』를 배워 박사가 되며 관직이 소부에까지 이른다.** 따라서 『효경』 일가로 후창은 제시 계통에서 유래하는 인물이라고 할 수 있다.

네 번째 익봉은 바로 후창에게 소망지(蕭望之), 광형(匡衡)과 함께 제시를 배우며, 원제 때 박사가 되는 인물이니 후창과 마찬가지로 제시 계통에 속한다고 할 수 있다.

그리고 마지막으로 장우는 선제 때 박사인 시수(施讎)에게 『역』을 배우며, 한시 학파이면서 제『논어』의 일가를 이룬 왕길과 용생(庸生)에게 『논어』를 익히고, 선제 말 박사가 되어 원제 때는 후에 성제가 되는 황태자에게 『논어』를 가르치기도 하는 인물이었다.*** 장우의 경우는 한시 학파와 연결되면서 『논어』의 전수와도 밀접한

---

* 『史記』 卷121, 儒林列傳, 3122~3123쪽.

** 해혼후묘 간독의 『효경』류 문헌은 무제 때 창읍왕의 태부를 지낸 하후시창에게로 학맥이 연결되는 후창의 『후씨설(后氏說)』과 익봉의 『익씨설(翼氏說)』과 매우 밀접한 관련이 있을 가능성을 제기하기도 한다(朱鳳瀚 主編, 『海昏簡牘初論』, 北京大學出版社, 2020, 219~220쪽). 이는 해혼후묘 간독의 『시』가 제시(齊詩)일 가능성이 크다는 점을 고려하면, 하후시창→후창→익봉으로 이어지는 제시(齊詩) 학맥과 해혼후묘 간독 『효경』류 문헌이 밀접한 관계가 있었음을 짐작케 해 준다.

*** 『漢書』 卷81, 張禹傳, 3347쪽. 당시 『논어』는 제『논어』와 노『논어』로 나뉘어져 체제가 서로 달랐는데, 장우(張禹)가 성제(成帝)를 위해 『논어장구(論語章句)』를 만들어 바치면서 점차 다른 파를 누르고 세상에 전파되었다. 따라서 현재 전해지는 『논어』는 장우의 『논어장구』에서 비롯한다고 한다.

관련을 보인다.

이상의 전승 관계에서 볼 수 있는 특징으로, 먼저『효경』전문가들의 학맥은 대체로 한시·제시·노시 계통의 각『시』전문 학파와 연결되고 있음을 보여 준다. 한편『한서』예문지에 나오는『효경』제가들은 강옹의「효경설」외에는 다른 기록에서『효경』과 관련된 기록을 찾아볼 수 없다.* 따라서『효경』제가들의 사승 관계는『효경』의 전수가 아닌『시』의 전수를 중심으로 이어졌다고 할 수 있다. 이는 무제 이후『효경』이 중학의 교과에 포함되고 박사관은 대학 과정의 오경박사가 중심이 되는 관학 체제가 확립되는 데에서 이유를 찾을 수 있을 것이다. 두 번째로 이들의 전승은 아직 사문의 경계가 엄격하지 않은 상태에서 비교적 자유롭게 학파에 얽매이지 않고 이루어졌다. 장우의 경우 제『논어』에 속하는 왕길과 용생에게 배운 뒤 다시 노『논어』로 일가를 이루었으며, 왕길은 한시를 익히고 또 제『논어』의 일가를 이루었다. 소망지도 제시를 익히면서 또 노『논어』의 일가를 이루었다. 이는 당시 아직 민간의 '가학(家學)'이 자리 잡지 않은 상태에서 '관학', 즉 박사관를 기준으로 학문의 전수가 이루어졌던 상황을 반영한다고 할 수 있다. 세 번째,『효

---

* 『효경』의 해석서라고 할 수 있는『효경설(孝經說)』은『한서』예문지에는『장손씨설(長孫氏說)』,『강씨설(江氏說)』,『익씨설(翼氏說)』,『후씨설(后氏說)』,『안창후설(安昌侯說)』등이 나오지만, 그 밖의 다른 기록에서는『한서』유림전에 강옹(江翁)의『효경설』만이 확인된다.

경』과 연결되는『시』계통의 학파에서 전한 중후기 채의, 왕식, 소망지, 위현성, 장우 등 황제나 제후왕의 스승이 되는 인물들이 다수 나오고 있다. 이는 앞서 언급했었던 황실 교육에서의 한초『시』학파의 영향이 계속 이어졌다고 볼 수 있는 점이다. 이러한 특징을 보면 전한 초·중기 황실 교육에서 두드러지게 활약하고 있던『시』학파의 유가들이 무제 시기『효경』의 '공인'과 이후 황실 교육이 체계를 갖추는 데 강한 영향을 미쳤다고 생각된다. 즉, 바로 이들의 학맥 전승 관계 속에서『효경』이 널리 보급되는 전한 중·후기『효경』의 전문가들이 나온 것이다.

지금까지의 논의에서 확인했던 내용을 다시 간단히 정리해 본다. 첫째 최소한 한 무제 시기에는『효경』에 대한 인식이 어느 정도 일반적이었으며, 특히『효경』성치장의 '명당' 관련 기사는 실제 무제가 '명당'을 건립하고 한 황실의 조상을 배천했던 사실과 밀접한 관련이 있다고 할 수 있다. 두 번째로 황태자를 중심으로 하는 한 황실의 교육은 무제 말 소제의 교육에서부터 체계적인 유가식 교과 과정이 시행되는데, 여기에는『효경』의 교습도 포함되었다. 아울러 이러한 황실 교육의 체계화 과정에는 한초 이래『시』계통 유가들이 두드러지게 참여하고 있으며, 이들의 학맥에서 이후『효경』의 전문가들이 형성되었다. 이러한 점을 놓고 볼 때『효경』은 한초 유가 내부에서 정리된 후, 여러 판본에 대한 수집·교감 작업을 거쳐 무제의 '명당' 건립을 전후한 무제 시기에 국가 '공인'이 이루어졌다고 할 수 있다. 그 과정에서 황제의 영원성·절대성을 대변하는 '이효치천하' 이념의 경전으로 『효경』은 최종 성립되어, 무제 말·소제 때부터 황태자 교육을 중심으로 한 황실에서부터 아래로 교육과 전파가 전면적으로 진행되어 사회 전체로 확산되어 갔다고 할 수 있다.

이와 함께 참고할 만한 기사가 『한서』 순리전에 나온다.

소제가 어려서 곽광이 정치를 맡아보았다. 사치와 전쟁의 뒤를 이어서 해내가 고갈되었으므로 곽광은 순리에 따라 직분을 지키고 바꾸는 바가 없었으니 시원·원봉 연간에 이르러 흉노가 천자의 교화에 따르고 백성들은 더욱 풍족해져서 현량·문학을 불러 백성들의 질고를 묻게 되었으니 이에 술의 전매를 폐지하고 염철을 논의하였다.*

이 기사를 보면 무제 사후 무제의 유촉을 받들어 어린 소제를 보정하게 된 곽광 정권은 무제의 화려한 궁정 생활과 흉노 전쟁을 비롯한 오랜 대외 전쟁의 결과, 피폐해진 국가 재정과 민간의 고통에 직면해 있었다. 여기에 무제 말년 여태자의 죽음과 어린 소제가 즉

* 『漢書』卷89, 循吏傳, 3624쪽. "孝昭幼冲, 霍光秉政, 承奢侈師旅之後, 海内虛耗, 光因循守職, 無所改作, 至於始元元鳳之間, 匈奴鄉化, 百姓益富, 擧賢良文學, 問民所疾苦, 於是罷酒榷而議鹽鐵矣."

위하는 과정에서 내부적으로 권력의 기반이 취약했던 상황은 더는 무제 때와 같은 화려한 정치가 허용되지 않았다. 즉, 어떻게든 당면한 정치적 위기를 극복하고 더 나아가 무제가 구축한 왕조의 통치 체제를 안정적으로 이어나갈 '장구지책'이 강구되어야만 하는 '수성(守成)'의 시점이었다고 할 수 있다. 위의 『한서』 순리전의 기사는 이러한 현실을 분명히 인식했던 곽광 정권이 달리 새로운 정책을 시행하지 않고 '안분수직(安分守職)'의 자세를 고수했다는 내용을 잘 보여 주고 있다.

그런데 일찍이 무제의 적극적인 중앙집권과 대외 전쟁을 뒷받침했던 이념은 '대일통'과 '복수'의 논리로 대표되는 동중서의 『춘추공양전』이었다. 이를 가장 분명히 보여 주는 기사가 『사기』 흉노열전에 보인다.

한이 이미 대원을 주멸하여 외국에 위세를 떨쳤다. 천자는 마침내 흉노를 곤핍하게 하고자 뜻을 품고 조서를 내려 말했다. "고황제께서는 짐에게 평성의 근심을 남겨 주셨고 고후 때 선우의 편지는 패역하기가 이루 말할 수 없었다. 지난 날 제 양공은 백세의 원수를 갚았으니 춘추에서는 이를 크게 칭찬하였다." 이 해가 태초 4년이었다.*

* 『史記』卷110, 匈奴列傳, 2917쪽. "漢既誅大宛, 威震外國. 天子意欲遂困胡, 乃下詔曰, '高皇帝遺朕平城之憂, 高后時單于書絶悖逆, 昔齊襄公復百世之讎, 春秋大之.' 是歲太初四年也."

하지만 이제 '안분수직'과 '수성'의 방향을 가지게 된 무제 말·소제 시기 한 왕조의 입장에서 이와 같은 '공양학'의 명분은 더는 적합한 통치 이념이 될 수 없었다. 물론 표면적으로 '공양학'을 폐기할 수 없었지만, 이렇게 변화된 정치 상황을 뒷받침해 주는 또 다른 정치 이념이 필요했으며, 이에 새로운 통치 이념의 전파는 특히 왕조를 계속 이어 나가야 하는 입장이었던 소제를 비롯한 황실의 어린 황족들의 교육에서부터 시작되었을 것이다. 그리고 이러한 '수성'의 정치적 필요에 가장 적합한 이념을 담고 있었던 서적이 바로 『효경』이었다고 할 수 있다.

여기서 다시 『효경』의 효치 이론을 정리해 보면, 『효경』에서 효는 부모 자식 간 자연스러운 친애의 감정에서 출발하여 인간 사회의 보편적인 윤리이자 국가 질서의 핵심이 되며 더 나아가 우주 자연의 질서를 포괄하는 '대도'로까지 확장된다. 그 중심에는 조상을 하늘에 배향함으로써, 우주 자연의 '대도'인 효를 인간 세상에서 구현하는 최고 존재인 천자, 즉 황제가 위치한다. 황제는 하늘에 조상을 배향하는 천자의 효를 통해 절대성과 영속성을 확립하며, 여기에 국가 질서, 사회 전통, 가족 질서가 모두 포괄되고 이를 어기는 경우는 최대의 형벌인 불효로 처벌받게 된다. 그래서 가족-사회-국가-우주 자연의 동심원적인 질서가 천자의 효를 핵심으로 하여 과거의 조상-현재의 황제-후대의 황제로 이어지는 왕조의 수직적인 계승을 통해서 영속적으로 구현되고 있다.

여기서『효경』에 나오는 천자의 효를 명당에서 한 왕조의 조상 (고조·경제)을 배천함으로써 사실상 처음 구현해 내었던 무제의 효가 중요한 의미를 띠게 된다. 즉, 실제로 실현되었던 무제의 효는 『효경』내 효치 이론의 틀에서 핵심인 천자의 효와 이념적으로 동일시되고, 여기에 후대의 황제들은 이를 계승해서 계속 유지하는 효를 통해 무제가 확립했던 왕조의 체제를 영속적으로 이어가게 되는 것이다. 바로 이러한『효경』의 논리가 당시 왕조의 '장구지책'을 모색해야 하는 무제 말·소제 시기 정치의 필요에 가장 부합했다고 할 수 있다.

그러므로『효경』은 유가의 경전으로서 '경'의 의미와 함께 한 왕조가 표방하는 '이효치천하'를 표상되는 왕조의 헌장으로서 '경'의 성격도 강하다고 볼 수 있다. 그리고 이후『효경』이 점차 민간으로 널리 전파 보급되면서 한 왕조의 황제 권력은 영구불변의 체제로 한대인들의 '심성'에 깊은 이념적 힘을 가지게 되었다. 중국사 전체를 통해서도 한 왕조 이후 역대 왕조는『효경』의 교육을 장려하고 '조상배천'의 제사를 중시하였는데, 이는『효경』의 효치 이론이 단순히 형식적인 의례가 아니라 왕조의 지속성·영속성을 보장하는 강한 이념적·정치적 함의를 내포하고 있었기 때문이다.

한대 효의 사회화·종교화

한 무제 시기를 전후하여 『효경』을 중심으로 이념화된 '효'는 이후 위로부터 사회 저변에 전면적으로 전파되면서 '효'를 기준으로 사회 질서가 재편되는 사회화의 과정을 거치게 된다. 그 최종적인 결과가 이른바 후한 '예교 사회'의 성립일 것이다.

국가권력에 의해 이념화된 효가 다시 기층 가족과 향촌 질서를 재규정하는 사회화 과정에서 먼저 언급할 내용은 왕조의 '장구지책'으로 이념화된 효를 사회에 적용하기 위해 먼저 유가의 논리를 사용하여 인간이 반드시 실천해야 하는 윤리 강목으로 구성했다는 것이다. 이는 한 무제 시기 동중서에서 바로 확인할 수 있다. 이른바 삼강(三綱)의 강목은 『한비자』에서 먼저 찾아볼 수 있지만,* 동중서에 이르러 군신-부자-부부라는 인간 세상의 기본 질서를 '천존지비(天尊地卑)'의 천지와 음양의 자연법칙으로 절대화하는 논리로 구성하게 된다. 즉, 군과 부와 부(夫)는 양으로, 신과 자와 부(婦)는 음이라고 해서 음양설에 따라 구분하면서,** 양인 천은 존하고 음인 지는 비인 '천존지비'의 이치에 따라 존한 군·부·부에 비인

---

* 『韓非子』忠孝篇, "臣事君, 子事父, 妻事夫, 三者順則天下治, 三者逆則天下亂, 此天下之常道也, 明王賢臣而弗易也."

** 『春秋繁露』基義, "君臣 · 父子 · 夫婦之義, 皆取諸陰陽之道. 君爲陽, 臣爲陰, 父爲陽, 子爲陰, 夫爲陽, 妻爲陰."

신·자·부는 그 명을 받들어야 한다는 논리를 전개하고 있다.*

　앞서 3장에서 살펴보았던『곽점초간』육덕이 부·부·자를 내로, 부·군·신을 외로 구분해서 상대적인 관계로 각각 그 위치에 맞는 역할을 강조했던 것에 비해, 동중서의『춘추번로』는 내재적 관계의 부(父)와 부(夫), 즉 가족 내 가부장을 외재적 관계인 군과 함께 존의 위치로 올리고 반대로 내재적 관계의 자와 외재적 관계인 부(婦)·신을 비의 위치로 내리면서 존비의 자연법칙과 연결시킴으로써 그 수직적인 관계의 의무를 절대시했다고 할 수 있다. 이처럼 상대적 관계를 수직적인 복종의 존비 관계로 구성한 것은 황제를 중심으로 국가-사회-가족 질서를 재구성하려는 한 왕조 측의 필요가 반영된 것으로, 여기에 '이효치천하'로 이념화된 효가 배경에 있다고 할 수 있다. 그리고 후한대『백호통의』에서는 '군위신강, 부위자강, 부위부강(君爲臣綱, 父爲子綱, 夫爲婦綱)'의 삼강을 절대 윤리의 의무로 확립하면서,** 부자 관계에 대해서 아버지는 잣대로서 자식을 가르치는 법도라고 하면서 자식은 그 가르침을 무조건적으로 따라야만 한다고 강조하고 있다.*** 전한 동중서에서 후한『백호통

---

* 『春秋繁露』順命, "父者, 子之天也. 天者, 父之天也. ……, 天子受命於天, 諸侯受命於天子. 子受命於父. 臣妾受命於君, 妻受命於夫. 諸所受命者, 其尊皆天也. 雖謂受命於天亦可."

** 『白虎通義』卷7, 三綱六紀, "三綱者何謂也? 謂君臣 · 父子 · 夫婦也. ……, 君爲臣綱, 父爲子綱, 夫爲妻綱."

*** 『白虎通義』卷7, 三綱六紀, "父子者, 何謂也? 父者, 矩也, 以法度教子也. 子者, 孳孳

의』에 이르기까지, 한 왕조에 의해 통치 이념화된 효가 삼강이라는 유가의 실천 강목으로 제시되어 사회화되는 기준을 확립했다고 할 수 있다. 이는 선진 유가의 다양한 효의 사유 중에서 『효경』으로 수렴되면서 우주·자연의 상법(常法)으로 절대화하는 논리와 향촌 질서의 안정을 목적으로 하는 법가류의 기능적인 효 인식이 결합한 것으로도 볼 수 있을 것이다.

이러한 효의 사회화가 진행되는 과정에서, 국가와 사회가 효를 매개로 연결되는 통로의 구실을 한 것이 한대 다양한 관리 임용 방식 중 하나인 효렴(孝廉)이었다. 한대 관리 임용은 다양한 방식이 있었는데, 그중 찰거(察擧)는 무제 때 처음 실시되어 현량방정(賢良方正)·효렴(孝廉)·무재(茂才)·명경(明經)·명법(明法)·명병법(明兵法) 등 사람들의 재능과 덕망을 기준으로 선발했다. 그중 효렴은 무제 원광 원년 동중서의 건의에 따라 처음 실시되었다.* 하지만 당시 군국에서 제대로 천거가 이루어지지 않자, 다시 군의 장관에게 효렴의 천거를 강제하는 조를 내려 정착시키고 있다.** 이때의 논의를 보면 효를 천거하지 않으면 불경으로 논죄하고 염(廉)을 천거하지 않으면 면직으로 처분해서 구분하고 있다. 본래 효렴은 효와 염

無已也."

* 『漢書』卷6, 武帝紀, 160쪽, "元光元年冬十一月, 初令郡國擧孝廉各一人."

** 『漢書』卷6, 武帝紀, 167쪽, "令二千石擧孝廉, 所以化元元, 移風易俗也. 不擧孝, 不奉詔, 當以不敬論. 不察廉, 不勝任也, 當免. 奏可."

이 각각의 덕행으로 구분되었던 별개의 과목이었고, 염보다는 효를 천거하지 못한 처벌이 더 무거워서 효를 더 중시했음을 알 수 있다. 이후 효와 염은 대체로 전한 후기에 하나의 과목으로 합쳐져서 한 일대 관리 임용의 중요한 경로가 되었다. 다만『한서』,『후한서』의 관련 기사들을 보면, 효렴으로 찰거되는 인물들은 군현 속리·명경·처사 등 다양한 출신들로 반드시 효렴의 덕행만으로 출사하는 것은 아니어서 효렴은 좀 더 포괄적인 찰거 과목의 명목으로 존재했던 것 같다.* 이는 효렴 과목의 실효성에 의문을 제기할 수도 있는 문제이지만,** 한 무제 이후로 전한 중후기에서 후한 일대에 걸쳐 어떤 경로로 출사하든지 간에, 효는 관리 임용의 기본 자격이었다고 할 수 있다. 효가 관리 임용 및 이후 관직 경력에 있어서도 기본 품행으로 요구되었다는 것은 그 대상인 관리 및 관리 희망자인 사인들에게 효가 일상생활 속에서 반드시 의무적으로 실천해야 하는 덕목이 되었음을 의미한다.

한대 관리 및 관료 예비군으로서 사인들에게 효의 의무는 두 가지 방향으로 요구되었는데, 이를 통해 한대 효의 사회화 과정이 전

---

* 孫筱,『心齋問學集』, 團結出版社, 1993, 76~77쪽.
** 이성규는『윤만한간(尹灣漢簡)』「동해군하할장리명적(東海郡下轄長吏名籍)」의 동해군 장리 114명 중 효렴(孝廉)으로 선발된 사람이 단 1인에 불과해서, 적어도 전한말까지도 효렴과의 실제 기능은 대단히 미약했다고 평가한다(「전한 현장리의 임용방식: 동해군의 예-윤만한간〈동해군하할장리명적〉의 분석-」,『역사학보』160, 1998).

면적으로 진행되었다고 할 수 있다. 먼저 스스로 각종 효의 의무를 실천하는 것이었다. 예를 들어 유가적인 효행을 대표한다고 할 수 있는 부모 복상의 3년상은 선진 유가 단계에서는 공자 이래로 유가만이 전유하는 주장이었고 묵가는 이를 격렬히 비판했었다. 한대에 와서도 3년 복상은 국가 차원에서 고려되지 않았고, 진 이래로 부모 장례를 위한 휴가 30일을 보낸 후에는 다시 복귀해야 했다. 『악록진간』, 『장가산한간』 등 진한율에서 관리의 부모 장례를 위한 휴가는 30일로 규정되어 있다.

하지만 전한 중후기 이래로 점차 3년상이 장려되다가 결국 효행의 중요한 표식으로 의무화되어, 관리는 복상을 위해 관직을 물러나야 했고 만약 부모상을 행하지 않거나 속이면 탄핵되거나 임관되지 못하는 경우는 원제 때 진탕(陳湯)의 경우처럼* 전한 중후기 이래로 흔히 찾아볼 수 있었다.

다음으로 사인은 '이풍이속'의 담당자로서 효로써 교화를 실천하는 것이다. 이러한 교화의 치적을 거둔 관리를 흔히 순리(循吏)라고 하는데, 그 명칭은 『사기』 순리열전에서부터 시작한다. 다만 『사기』 순리열전의 인물들은 춘추시대 자산이나 숙손오(叔孫敖) 등으로 유가적인 색채는 그다지 찾아볼 수 없다. 이에 비해 『한서』와

---

* 『漢書』 卷70, 陳湯傳, 3007쪽, "元帝詔列侯舉茂材, 勃舉湯. 湯待遷, 父死不犇喪, 司隷奏湯無循行, 勃選舉故不以實, 坐削 (二百戶) 〔戶二百〕, 會薨, 因賜諡曰繆侯. 湯下獄論."

『후한서』의 순리전에 나오는 한대 순리들은 명백히 유교적 이념에 충실한 교화의 관리들이었다. 특히 지방관의 치적으로서 관할 지역의 효자·순손(順孫)의 수가 중요한 기준이었기 때문에,[*] 한대 순리들은 공권력으로 교화를 펼쳐 기층 향촌 사회에 유가 이념이 실천적으로 뿌리내리는 데 전력을 기울였다. 그리고 그러한 교화의 가장 두드러진 덕목이 바로 효제였다. 효제의 실천을 장려하는 것과 함께 교화에 역행하는 불효에 대해서는 왕존(王尊)의 경우처럼 법령에 규정된 처벌의 상한을 넘어서는 엄혹한 처벌을 함으로써,[**] 국가로부터의 효적 질서를 강제하기도 하였다. 이같이 전한 중후기 이후 열전에서 확인되는 많은 사례를 통해, 국가 통치 이념이자 유가의 윤리 강목으로서 효는 순리로 대표되는 지방 관리들의 교화 활동을 통해 기층 향촌 사회로 사회화되는 과정을 거쳤다고 할 수 있다.

순리들의 교화 활동 중 대표적인 것으로 효의 교육과 보급이 있다. 이미 앞 절에서 분석했지만, 한 왕조는 특히 무제 말 국가 통치 이념의 대강으로 성립한 『효경』의 보급과 교육에 힘을 쏟았다. 황태자 교육을 시작으로 『효경』의 전수는 전면적이면서 지속적으로

---

[*] 李成珪, 「漢代『孝經』의 普及과 그 理念」, 『韓國思想史學』 제10집, 1998, 193쪽.

[**] 『漢書』 卷76, 王尊傳, 3227쪽, "春正月, 美陽女子告假子不孝, 曰兒常以我為妻, 妒笞我. 尊聞之, 遣吏收捕驗問, 辭服. 尊曰律無妻母之法, 聖人所不忍書, 此經所謂造獄者也. 尊於是出坐廷上, 取不孝子縣磔著樹, 使騎吏五人張弓射殺之, 吏民驚駭."

확대되어 제도화되기에 이르렀다. 무제 때 중앙 교육기관으로 태학을 설치하고 오경박사와 박사제자원을 두어 유가 경전을 전문적으로 배우게 했는데, 후에 『논어』와 『효경』이 더해졌다.* 중앙의 태학과 함께 군국의 학교도 마찬가지로 『효경』을 주요 교과로 가르쳤고 심지어 왕망은 향학(鄕學)으로 상(庠), 취학(聚學)을 서(序)라고 하면서 각각 효경사(孝經師) 1인을 두었다고 하는 것을 보면,** 무제 이후 전한 중후기 『효경』의 교육과 보급은 중앙에서부터 각 지방의 기층에 이르기까지 전면적으로 이루어졌음을 알 수 있다.

후한에서도 광무제 때 이충(李忠)이 단양(丹陽) 태수로 있으면서 학교를 설립하여 교화에 힘쓴 것을 시작으로,*** 지방 장관이 학교를 설립하여 교화에 힘쓴 사례가 계속 이어지는데 이때도 역시 『효경』을 주된 교육의 대상으로 하고 있다. 관학 외에 사학도 마찬가지여서 후한말 병원(邴原)은 마을 서사(書舍)에서 『효경』을 익히는 모습을 전하고 있다.**** 이처럼 한대 중앙과 지방의 관학에서 민간 사학에 이르기까지 『효경』은 중요한 교육 대상이어서, 후한말 순상(荀爽)은 "한나라 제도는 천하에 『효경』을 외우게 했다"라고

---

* 『漢書』卷12, 平帝紀, 358쪽, "徵天下通知, …… 及以五經 · 論語 · 孝經 · 爾雅敎授者, 在所爲駕一封軺傳, 遣詣京師."

** 『漢書』卷12, 平帝紀, 355쪽, "鄕曰庠, 聚曰序. 序 · 庠置孝經師一人."

*** 『後漢書』卷21, 李忠傳, "忠以丹陽越俗不好學, 嫁娶禮儀, 衰於中國, 乃爲起學校, 習禮容, 春秋鄕飮, 選用明經, 郡中向慕之."

**** 『三國志』卷11, 魏書, 邴原傳, "於是遂就書. 一冬之間, 誦孝經 · 論語."

말할 정도였는데,* 후한 명제 때 기문(期門)·우림(羽林)의 사들도 『효경』을 통독해야 했고,** 『사민월령』에는 일반 서민의 어린아이까지 『효경』의 강습이 널리 시행되었던 모습이 전하고 있다.*** 전한 중후기 이래로 후한대까지 『효경』의 전면적이고 체계적인 교육과 전파는 최기층에 이르기까지 지속적으로 이루어져, 한대인들의 집단심성에 깊이 각인되는 효과를 거두었고 결국 모든 일상생활을 지배하는 행위규범의 핵심이 되었다고 할 수 있다.

한 왕조 수성의 통치 이념으로 『효경』이 최종 성립하는 무제 말부터 효는 이념화되었고, 이렇게 이념화된 국가 쪽으로부터의 효는 다시 삼강이라는 윤리 강목의 성립으로 인해 다시 사회로 확산되는 틀을 만들게 된다. 그리고 효렴이라는 관리 선발 방식을 통해 사회와의 연결 통로가 만들어져서, 이를 통해 당시 사인들은 직접 실천하는 효의 체현자이자 이를 기층 사회에 전달하는 교화자로서 국가 이념으로서의 효를 최기층 사회에까지 사회화시키는 주된 역할을 담당했다. 그 중요한 방식으로서 『효경』을 중심으로 효의 전면적이고 체계적인 교육이 지속적으로 이루어짐으로써 한대인들의 집단심성에 각인된 효는 결국 한대 사회를 근본적으로 재편해

---

* 『後漢書』 卷62, 筍爽傳, 2051쪽, "故漢制使天下誦孝經, 選吏舉孝廉."

** 『後漢書』 卷79上, 儒林列傳, 2546쪽, "自期門羽林之士, 悉令通孝經章句."

*** 『齊民要術』 卷3, 雜說, "十一月, 陰陽爭, 血氣散. 冬至日先後各五日, 寢別內外. 硯冰凍, 命幼童讀『孝經』, 『論語』, 篇章, 小學."

서 안정화시키는 핵심 기제가 되었다.

국가 이념으로서의 효가 사회화되는 과정에서 이를 절대시하여 정신세계에 각인하기 위해서는 어쩌면 필연적일 수도 있지만, 주술화·신비화·종교화의 과정도 수반되었다. 이미 동중서가 효를 '천존지비'의 음양오행으로 해석하여 부자 관계를 천도의 상법(常法)에 견줌으로써 그 종교화의 발단을 열었다. 그리고 전한말 애·평제 시기 참위(讖緯)가 유행하면서 특히『효경』의 위서(緯書)가 만들어져 효를 신비롭게 채색함으로써 그 종교화가 본격적으로 진행되었다.『효경』의 위서는『효경원신계(孝經援神契)』,『효경구명결(孝經鉤命決)』,『효경중계(孝經中契)』,『효경우계(孝經右契)』,『효경좌계(孝經左契)』등 다수 있는데,＊ 대체로『효경』에서 주장하는 우주 자연의 상법으로서의 효를 천문·역법·수술(數術) 등의 방식으로 더욱 신비화하여 통치 이념으로서의 효를 강화하고 있다. 아울러 조상으로부터의 생명의 영속이라는 효의 본원적 가치를 주술화하여『효경』을 일종의 신통력을 가진 주문처럼 인식하는 경향도 내포하고 있었다.＊＊ 이처럼『효경』의 위서가 유행하면서『효경』을 중심으로 효는 종교화의 모습을 보여 주면서 기층 사회의 일반 민들에게 강력

＊ 한대『효경』의 위서(緯書)는 安居香山·中村璋八 編,『重修緯書集成』, 明德出版社, 1978 참고.

＊＊『효경』의 주문화(呪文化)·종교화에 대해서는 이성규,「漢代『孝經』의 普及과 그 理念」,『韓國思想史學』제10집, 1998, 188~190쪽 참고.

한 구속력을 가지게 된다.

　그리고 일단 효가 천인감응의 신비화 논리로 설명되고 그 주술적 효과에 대해서도 광범위하게 인식되자, 효행의 내용도 단순히 인륜의 실천 도덕을 넘어서 천지를 감동시킬 정도로 극단적인 행동으로 나타나게 된다. 그래서 후한대가 되면 하늘을 감동시키는 효자의 괴이한 효행 이야기가 다수 출현하게 된다. 원대 곽수정이 편집해서 완성되는 『이십사효(二十四孝)』는 효를 기층 민중들에게 효과적으로 전달하기 위해 만들어진 서적으로, 광범위하게 유전되면서 그 후에도 『이십사효도(二十四孝圖)』, 『여이십사효(女二十四孝)』, 『백효도(百孝圖)』, 『이백사십효(二百四十孝)』 등 일련의 유사한 책들이 계속해서 나와 유행했다. 바로 이러한 통속적인 효 관련 서적에서 다루는 일반적이지 않은, 천지를 감동시키는 극단적인 효행의 상당수가 바로 한대에서 비롯된다.* 전한 문제의 '친상탕약(親嘗湯藥)'에서부터 동영(董永)의 '매신장부(賣身葬父)', 곽거(郭巨)의 '위모매아(爲母埋兒)', 강시(姜詩)의 '용천약리(湧泉躍鯉)', 채순(蔡順)의 '습시공친(拾椹供親)', 정란(丁蘭)의 '각목사친(刻木事親)', 육적(陸績)의 '회길유친(懷橘遺親)', 강혁(江革)의 '행용공모(行傭供母)', 황향(黃香)의 '선침온금(扇枕溫衾)'에 이르기까지 24효 중 모두 9개의 이야기가 한대에 집중되어 있다. 이렇게 극단적이면서 천지를 감동

* 臧建, 「『二十四孝』와 중국 전통 효문화」, 『韓國思想史學』 제10집, 1998.

시키는 효행의 이야기는 당연히 기층 민중들에게 효를 효과적으로 전달하는 효과를 거둘 수 있을 것이다. 한대 화상석에도 이미 동영이나 정란 같이 세상에 널리 알려진 효행이 도상에 표현되고 있어서,[*] 당시 효를 전파하려는 노력이 얼마나 전면적으로 광범위하게 이루어졌는지 알 수 있다.

지금까지 설명한 한 무제 이후 이념화된 효의 사회화 과정의 결과로, 한대 사회는 기층의 가족 질서에서부터 사회 전반의 문화가 효를 중심으로 새롭게 체현되었다. 먼저 언급할 부분은 진대에서 한초까지는 법가의 기능적 효 인식이 '부모고자불효'와 같은 율문으로 법제화되었었는데, 한 무제 이후 전한 중후기에는 유가의 효 인식이 법제화된다는 점이다. 특히 두드러진 점은 앞서 3장에서 논의했던 '직궁(直躬)' 이야기가 담고 있는 부모의 위법 행위에 대해서 자식은 어떤 입장을 취할 것인지 효와 관련된 선진 제자의 중요한 논쟁에서 공자 이래 유가 쪽의 주장이 승리하여 법제화되었다는 것이다. 즉 선제 지절 4년(기원전 66년) 조서를 통해 '부자상은(父子相隱)'이 허용된 것이다.[**] 즉, 부모·남편·조부모의 죄를 자식·아

---

* 朱錫禄 編著, 『武氏祠漢画像石』, 山東美術出版社, 1992; 孫筱, 『心齋問學集』, 團結出版社, 1993, 75쪽.

** 『漢書』卷8, 宣帝紀, 251쪽, "夏五月, 詔曰, 父子之親, 夫婦之道, 天性也. 雖有患禍, 猶蒙死而存之. 誠愛結于心, 仁厚之至也, 豈能違之哉! 自今子首匿父母, 妻匿夫, 孫匿大父母, 皆勿坐. 其父母匿子, 夫匿妻, 大父母匿孫, 罪殊死, 皆上請廷尉以聞."

내·손자가 은닉하는 것은 연좌해서 처벌하지 않고, 반대로 자식·아내·손자의 죄를 부모·남편·조부모가 은닉하는 것은 정위에게 상청(上請)하여 보고해서 처분하는 조치가 취해진 것이다. 여기에도 존비의 차등이 적용되어 존의 범죄를 비가 숨기는 것은 허용된 반면, 비의 범죄를 존이 숨기는 것은 무조건 허용이 아니라 보고를 받아서 정황을 검토해서 처분한다는 것이다. 명백히 무제 이래 효의 이념화·사회화 과정이 반영된 결과라고 할 수 있다.

이와 함께 부모의 죄를 대신 받기를 청구하는 대형(代刑)이 효행의 하나로 나타났고, 이에 국가권력은 그 효심을 감안하여 감형이나 사면의 조치를 내리기도 했다. 한 문제 때 육형 폐지의 조치를 이끌어 낸 효녀 순우제영의 고사'에서부터 시작하여 이후로 자식이 부모를 대신하여 형을 받기를 요청하는 것은 흔히 찾아볼 수 있었다.

또 공자 이래 유가는 부모의 복수를 자식의 의무로 규정하고 있었는데, 특히 전한 중후기 이후로 후한대에는 부모의 원수를 갚는 효자의 사례가 급증하였고 그에 대해 국가 쪽에서도 감형이나 사면 등의 관대한 조치를 내렸다. 심지어 후한 장제는 나중에 장민(張

---

* 『史記』卷10, 孝文本紀, 427쪽, "齊太倉令淳于公有罪當刑, 詔獄逮徙繫長安. 太倉公無男, 有女五人. 太倉公將行會逮, 罵其女曰生子不生男, 有緩急非有益也! 其少女緹縈自傷泣, 乃隨其父至長安, 上書妾父爲吏, 齊中皆稱其廉平, 今坐法當刑. 妾傷夫死者不可復生, 刑者不可復屬, 雖復欲改過自新, 其道無由也. 妾願沒入爲官婢, 贖父刑罪, 使得自新.' 書奏天子.'

敏)의 반대로 취소하기는 했지만, '경모법(輕侮法)'이라고 해서 효사가 부모의 복수를 하는 행위를 법으로 보호하려고도 했었다.*

이와 함께, 새로운 효의 사회화는 상앙 변법 이래의 가족 질서를 재편하여 점차 혈연 구성원들이 '동거공재(同居共財)'하는 현상이 점차 확산되기 시작했다. 일방적으로 부모의 권리가 강조되고 이에 자식의 절대적인 복종의 의무가 강제되면서, 유가적 효제의 실천으로 누세(累世) 동거공재가 칭송되었다. 이러한 분위기에서 상앙 변법의 분이 정책 이래 성립되었던 '오구지가(五口之家)'라는 전형적인 진한대의 가족 형태가 보다 큰 규모로 변화했고, 이를 반영하여 서진 태시율령에서 마침내 상앙 변법 이래의 '이자지과(異子之科)'가 공식적으로 폐지되기에 이르렀다. 그리고 결국 당율에서는 '별적이재(別籍異財)' 자체를 아예 금지하게 된다. 다만 한대 효의 사회화에 따라 가족 질서에 일정한 변화의 분위기가 생겨났지만, 이런 형태의 누세 동거공재는 아직 부분적이었고 전반적인 현상으로까지는 진행되지 않았다. 그럼에도 이후 위진남북조 시기 누세 동거의 문벌 세족은 한대 이래의 효의 사회화 과정과 무관하지 않을 것이다. 즉, 부모이자 남편인 가장에 대한 절대복종을 전제로 가족 구성원 간의 협력을 강조하는 효의 사회화는 혈연 결합을

---

* 『後漢書』卷44, 張敏傳, 1502~1503쪽, "建初中, 有人侮辱人父者, 而其子殺之, 肅宗貰其死刑而降宥之, 自後因以為比. 是時遂定其議, 以爲輕侮法."

강화시키면서 '오구지가'에 기반하는 소농 경제의 약화를 불러 왔고, 이는 전한 중후기 이래 토지 겸병에 기반하는 '강종대성(强宗大姓)' 호족의 성장에 중요한 배경이 되었다고도 할 수 있다. 이는 그대로 후한말 이래의 위진남북조 문벌 세족의 성립으로 이어지게 된다.

지금까지 4장과 5장에 걸쳐 살펴본, 진한제국 시기 효의 법제화·제도화·이념화·사회화·종교화 등의 과정은 선진시대 사상화의 과정을 거쳐 논리적 토대를 갖춘 효가 이제 국가권력의 지배에 부합하는 일정한 방향성을 가지고 역으로 국가 → 사회 → 가족 쪽으로 문명화의 과정이 진행된 것으로 볼 수 있다. 그 결과 서주 시기의 효관념의 형성에서부터 시작된 효의 문명화 과정이 완성되면서, 이후 전통시대 동아시아 사회의 핵심 가치체계로서 기능하게 되었다.

6장

위진남북조 시기 효의 변화상

진한 시기 효의 문명화는 법제화-제도화-이념화-사회화-종교화 등의 과정을 통해 완성되었고, 그 결과는 이른바 후한 예교 사회의 성립으로 귀결된다고 할 수 있다. 즉, 이제 효의 가치로서 사회 일상생활의 모든 면이 규율되는 사회가 된 것이다. 바로 이에 효의 가치로 모든 행위가 재단되고 평가를 받는 사회에서, 그 효의 행위는 형식적으로 되거나 과도해질 수밖에 없는 문제에 직면하지 않을 수 없었다. 당대에도 공융 같은 이의 예리한 비판이 있었지만,[*] 그럼에도 여전히 후한말 이래의 급격한 정치·경제·사회·사상의 제 변화에도 효의 이름은 여전히 중시되었다. 다만 후한 예교 사회에서의 형식적이고 과도한 효행에 대해서는 위진 이래의 새로운 사조에 따라 일정한 비판과 변화가 있었는데, 6장에서는 위진남북조 시기의 효의 변화상을 전반적으로 이야기하고자 한다.

위진남북조 시기 효의 변화

　위진남북조 시기 유교는 상대적으로 쇠퇴해서, 한대 '독존유술'과는 거리가 있었다. 따라서 한대의 이념화되고 사회화되었던 효도 일정 부분 변화가 불가피했다. 하지만 사회 저변에 깊게 뿌리내린 효는 기층 민중들에게 여전히 영향력이 상당했고, 특히 후한 이

---

[*] 『後漢書』卷70, 孔融傳, 2278쪽, "父之於子, 當有何親? 論其本意, 實爲情欲發耳. 子之於母, 亦復奚爲? 譬如寄物甁中, 出則離矣."

래 그 영향력을 확대하고 있던 '강종대성(强宗大姓)'들은 가내 통합을 위한 핵심 기제로 효를 강력하게 지지하고 있었다. 이에 새로운 왕조를 개창한 위·진 지배층도 국가 통치 이념으로 '이효치천하'의 이념을 계속 표방하면서 한대 이래의 정책을 그대로 표면적으로 유지하고 있었다. 다만 사상적으로 현학(玄學)의 대두와 불교와 도교의 확산이라는 새로운 환경은 효에 관한 새로운 논쟁을 야기했고, 그에 따른 효의 실천 방식에서도 일정 정도 변화가 생겨났다.

　먼저 정치적으로 살펴보면, 위진 시기 통치층의 표면적인 효 중시와 한 이래의 '효치' 정책 계승은 사료 상으로 쉽게 확인된다. 한대 황제들의 조서와 다를 바 없이 위진 시기에도 여전히 효를 권면하는 조서를 내렸고,* 황제가 『효경』을 직접 강독하기도 했으며,** 황태자에게 『효경』을 교육하고 있다.*** 이런 분위기 속에서 『효경』은 국가·사회 차원에서 여전히 중요하게 널리 독송되면서 종교성을 가진 경전으로 도교·불교의 경전과 함께 무덤에 부장하기도 했다.****

* 『晉書』卷3, 武帝紀, 57쪽, "詔曰, ……, 士庶有好學篤道 , 孝弟忠信 , 清白異行者 , 舉而進之；有不孝敬於父母 , 不長悌於族黨 , 悖禮棄常 , 不率法令者 , 糾而罪之."
** 『晉書』卷8, 穆帝紀, 201쪽, "永和十二年二月辛丑, 帝講孝經"; 202쪽, "升平元年三月, 帝講孝經"; 『晉書』卷9, 孝武帝, 227쪽, "寧康三年九月, 帝講孝經".
*** 『晉書』卷25, 潘岳傳, 1510쪽, "元康元年冬十二月, 上以皇太子富於春秋, 而人道之始莫先於孝悌, 初命講孝經于崇正殿."
**** 吉川忠夫, 『六朝精神史研究』, 同朋舍, 1984.

또한 당시 상장례에 관한 의론이 상당히 치열하게 전개되면서 이와 관련된 내용이 『진서』 예지에 상세한데, 이는 당시 후한 이래로 효의 가치를 직접적으로 현시할 수 있는 상장례가 본래 유가의 주장보다 과도하고 번잡해진 상황을 반영하고 있다. 그래서 이미 후한 이래로 사족 가문들은 자기 가문의 격을 유교적인 상장례를 통해 표현하고 있는 상황에서, 위진 시기 국가권력은 이를 국가 주도의 예 속으로 포섭하면서 '과례(過禮)' 행위를 규제하고자 했고 그 결과로서 '진례(晉禮)'는 『진서』 예지를 통해 확인할 수 있다.* 이러한 국가 주도의 예 제정을 통해 '과례'에서 드러났던 극단적이고 형식적인 효가 어느 정도 절제될 수 있는 계기가 마련되었다고 볼 수도 있다.

한편 위 문제 시기부터 시행되기 시작하는 구품중정제는 일면 후한 이래 유행하던 명사들의 인물평이 제도화된 측면이 있다고도 볼 수 있지만, 향당의 여론을 대표하는 중정(中正)은 대체로 덕행과 재능을 기준으로 인물을 평가했다고 한다. 이때 덕행은 유가적 소양이라고 할 수 있으므로, 그 안에는 효의 가치 실현을 어떻게 하느냐가, 즉 효행과 이를 표현하는 상복례가 중요한 판단 기준이 되었을 것이다.** 이에 국가 주도의 예를 제정함으로써 과례를 어느 정도

---

* 위진 시기 국가 주도의 예(禮) 제정에 대해서는 홍승현의 『禮儀之國 고대중국의 예제와 예악』(혜안, 2014) 참고.
** 『晉書』卷3, 武帝紀, 50쪽, "咸熙二年十一月, 乙未, 令諸郡中正以六條擧淹滯, 一日

규제하려고 했지만, 그럼에도 여전히 사족들은 상복례 등에서 효의 실천을 과시함으로써 중정의 품평을 의식하지 않을 수 없었다.[*]

이미 효가 사회화되어 모든 사회 질서를 규율하는 상황에 기반해서 성장한 사족(士族) 가문들은 이제 바로 그 효의 가치를 핵심으로 가문의 결합을 강화했고, 더 나아가 효의 가치를 검증받음으로써 가격을 유지하는 발판으로 삼았다.[**] 이런 상황에서 강력한 정치·경제·사회세력의 주류로 성장한 사족 가문들과 타협하지 않을 수 없었던 위진 시기 국가권력은 여전히 한 이래의 통치 이념으로 '효치'를 형식적으로 표방하고 있었지만, 실제로는 사회에서 사족 가문의 결합 기제로서 역할을 하고 있던 효를 단순히 수렴하는 정도에 불과했다고 볼 수 있다. 즉, 한대 '이효치천하'의 강력한 이념성은 형식적으로는 남아 있었지만, 그 힘은 현저히 약화되었다고 할 수 있다.

이처럼 효의 이념성은 약화되었지만 위진 시기 문벌 사족 가문의 결속을 위해 사회 전반에 걸쳐 여전히 효의 가치는 중시되었다. 이 시기 정사 사료에는 『진서』 「효우전(孝友傳)」을 시작으로 「효우

忠恪匡躬, 二曰孝敬盡禮, 三曰友于兄弟, 四曰潔身勞謙, 五曰信義可復, 六曰學以為己."

[*] 홍승현, 『禮儀之國 고대중국의 예제와 예악』, 혜안, 2014, 419~428쪽.

[**] 下見隆雄, 『儒教社會と母性-母性の威力の觀點でみる漢魏晉中國女性史』, 硏文出版, 1994.

전」,「효행전」,「효의전」,「효감전」 등 효자만을 선별한 전기가 입전되기 시작했고,* 후대의 『이십사효』에 들어가는 왕위원(王偉元), 오맹종(吳孟宗), 양향(楊香), 왕상(王祥), 유검루(庾黔婁) 등의 효자 고사도 나와서 유행했다. 이러한 효행은 대체로 후한대에서 계속 이어지는 것으로 극단적인 행동으로 천지를 감동시켜, 효를 일반 민중의 심성에 깊이 각인시키는 효과를 거두기 위한 것이라고 할 수 있다. 이런 효행 이야기가 계속 광범위하게 유행했다는 것은 일단 한번 각인된 효의 사회화가 사상·이념·제도상의 변화에도 불구하고, 사회 저변에 뿌리를 내려 강한 생명력을 가지고 유지되었다고도 이해할 수 있다.

위진남북조 시기 '효'의 논쟁

중앙집권 통일적 제국 질서가 더는 유지되지 못하고 극단의 혼란 속에서 분열적 질서가 만들어지는 위진남북조 시기는 통일 제국의 이념적 기반이 되었던 유가의 논리가 그 이념적 권위를 더는 독점적으로 유지하지 못하고, 현학과 도교, 불교 등 새로운 사조의 도전을 받게 된다. 그리고 한제국의 통치 이념으로 일련의 문명화 과정을 통해 중국 고대 문명의 정치·사회·문화·사상 등 제반 질서

---

* 『晉書』,「孝友傳」; 『宋書』,「孝義傳」; 『南齊書』,「孝義傳」; 『梁書』,「孝行傳」; 『陳書』,「孝行傳」; 『周書』,「孝義傳」; 『魏書』,「孝感傳」; 『南史』,「孝義傳」; 『北史』,「孝義傳」.

의 핵심 가치가 되었던 효의 가치에 대해서도 이러한 시대 상황과 맞물려 다양한 논쟁이 전개되었다.[*]

효와 관련된 논쟁으로 먼저 당시의 정치적인 상황을 반영해서 충과 효가 대립할 때 어떻게 양쪽을 모두 온전히 할 것인가의 문제가 제기되었다. 후한말 이래로 위·촉·오 삼국이 병존하다가 결국 위를 대신해서 사마씨 서진 왕조가 성립하여 삼국을 통일하지만, 곧바로 극심한 정치적 혼란에 빠져 오호십육국 시대로 이어진다. 이어 남북조의 장기 분열이 계속되지만, 각각의 정권은 단명에 그치면서 안정되지 못하는 국면이 계속되었다. 이러한 상황에서 이전의 한 왕조 시기 군주에 대한 충절을 체현하는 주체였던 사대부들은 이제 일신의 안위와 가문의 존속을 위한 정치적 선택을 할 수밖에 없었고, 따라서 종래 충의 가치는 크게 흔들릴 수밖에 없었다. 여기서 본래 이념화된 효에 내재되어 있던 충효 일체의 관념은 모순에 빠지게 되고, 여전히 사족 가문의 결속이라는 사대부들의 자기 이익에 부합하는 효 본래의 가치는 유지하면서도 여기에 결합되어 있던 충의 가치에 대해서는 의문을 제기하게 되는 것이다. 바로 이 지점에서 충과 효가 모순 충돌하는 상황에 대한 위진남북조 사족들의 다양한 대응과 이에 대한 평가들이 나오게 된다.

---

[*] 위진남북조 시기의 효에 관한 일련의 논쟁에 대해서는 초군충(肖群忠)의 『孝與中國文化』(人民出版社, 2001, 84~89쪽) 참고.

표면적으로는 위진남북조 시기에도 여전히 서진 무제 때 유빈(劉斌)이 논의하듯이 충효 일체를 말하고는 있다.[*] 하지만 충효 일체를 말로는 할 수 있었지만, 중국사에 유래없는 난세를 살아가면서 충효가 충돌해서 어느 한쪽을 선택해야만 하는 순간 양자를 온전히 하기는 어려운 일이었다. 대표적으로 동진의 공신인 온교(溫嶠)의 사례가 있었다. 온교는 영가의 난으로 서진 멸망 시 외숙부인 유곤(劉琨)의 휘하에 있었다. 유곤은 사마예를 황제로 추대하고자 온교를 사자로 보냈는데 온교의 노모인 최씨가 가지 못하게 말렸다. 하지만 온교는 노모의 만류를 뿌리치고 가서 사마예를 동진 원제로 추대하고 이후에도 동진 정권의 안정에 큰 공을 세우게 된다. 하지만 결국 어머니인 최씨가 사망했지만 돌아가 장례도 치르지 못하여 불효의 오명을 쓰게 되었다. 그래서 향품이 좋지 않아 구품중정제 하에서 직위를 받을 때마다 매번 황제가 특별히 조서를 내려야만 했다고 한다.[**] 이와 같이 후한말 이래로 정치 상황이 급변하면서 당시 사대부들은 종종 충과 효 사이에 선택해야만 하는

---

[*] 『晉書』卷50, 庾純傳, 1399쪽, "人倫之敎, 以忠孝爲主. 忠故不忘其君, 孝故不忘其親. 若孝必專心於色養, 則明君不得而臣, 忠必不顧其親, 則父母不得而子也. 是以爲臣者, 必以義斷其恩, 爲子也, 必以情割其義. 在朝則從君之命, 在家則隨父之制. 然後君父兩濟, 忠孝各序."

[**] 『晉書』卷67, 溫嶠傳, 1786쪽, "初, 嶠欲將命, 其母崔氏固止之, 嶠絕裾而去. 其後母亡, 嶠阻亂不獲歸葬";『世說新語』尤悔, "溫公初受劉司空使勸進, 母崔氏固駐之, 嶠絕裾而去. 迄於崇貴, 鄕品猶不過也. 每爵皆發詔."

어려운 상황에 놓이게 되었다. 군주를 위해 충을 선택했지만 불효가 되어 오명을 얻기도 하고, 반대로 충을 버리고 효를 선택하면서 오히려 효로서 미명을 얻기도 했다. 따라서 어떻게 충효 양쪽을 온전히 할 수 있는가의 논쟁을 하게 되는 것이다. 아래 『세설신어』 경저(輕詆)편의 「병원별전(邴原別傳)」은 충효의 모순된 상황에서 효를 우선시하는 내용을 전하고 있다.

위나라 오관중랑장이 일찍이 여러 현자들과 함께 논의하면서 말했다. "지금 환약 한 알이 있는데, 한 사람만을 낫게 할 수 있다. 군주와 아버지가 함께 병에 걸리면 군주에게 줄 것인가? 아버지에게 줄 것인가?" 여러 사람들의 의견이 분분하여 혹은 군주라고 했고 혹은 아버지라고 했다. 병원이 안색을 바꾸며 "아버지와 자식은 근본이 하나이니, 어렵지 않은 일입니다"라고 했다.*

병원의 말은 군부(君父) 일체, 즉 충효 일체라는 이념화된 효에서 벗어나, 타고난 바탕으로서 부자의 근본이 하나라는 보다 근원적인 효 인식으로 돌아간 것이다. 그래서 충효가 충돌되는 상황에서 군주보다 아버지를 우선하고 있다. 이러한 논리는 당시 정치권력

---

* 『世說新語』 輕詆篇, "按邴原別傳, 魏五官中郎將, 嘗與群賢共論曰, '今有一丸藥, 得濟一人疾, 而君·父俱病, 與君邪? 與父邪?' 諸人紛葩, 或父·或君. 原勃然曰'父子, 一本也. 亦不復難.'"

이 급변하는 가운데 정치적 선택이 일신과 가문의 존망을 위태롭게 하는 상황에서 충보다 효를 우선시함으로써 문벌 사족들의 진퇴에 효의 명분을 제공하는 것이라고 볼 수 있다. 즉, 효를 내세워 정치적 생존을 정당화할 수 있었던 것이다.

이어서 위진남북조 시기 또 다른 효의 논쟁으로 '진효(眞孝)', '가효(假孝)' 문제가 있다. 충효 일체라는 이념화된 효에서 충의 굴레를 벗겨낸 효는 다시 그 효의 실천에서 참된 효란 무엇인가의 문제를 제기하게 된다. 이념화된 효가 사회화되는 과정에서 절대적인 도덕율로 의무화되어 일상의 모든 생활을 지배하게 된 효는 후한 예교 사회 이래 결국 허례화되고 극단적인 효행으로 표출되기에 이르렀다. 이미 언급했던 공융의 유명한 표현이 있지만, 허례화된 효에 대한 비판은 이 시기 위진 현학의 사조 속에서 계속되었다. 이 문제는 위진 시기 죽림칠현으로 유명한 완적(阮籍)의 경우가 대표적이다. 완적은 '지효(至孝)'로 평가받고 있었지만, 모친상에도 바둑을 두고 곡을 하지 않으면서 고기와 술을 먹고 마시는 것이 여느 때와 같았다고 한다. 그럼에도 애통함에 피를 토하고 피골이 상접했다고 한다.* 완적의 이와 같은 행동은 기존의 상례에 비추어 볼 때 완전히 예교를 파괴하는 행동으로 후한대였으면 도저히 용납

---

* 『晉書』 卷49, 阮籍傳, 1361쪽, "性至孝, 母終, 正與人圍棊, 對者求止, 籍留與決賭. 既而飮酒二斗, 舉聲一號, 吐血數升. 及將葬, 食一蒸肫, 飮二斗酒, 然後臨訣, 直言窮矣. 舉聲一號, 因又吐血數升. 毁瘠骨立, 殆致滅性."

되기 어려웠을 것이다. 하지만 위진 시기에는 완적을 비판하기도 했지만 그 마음의 애통함으로 육신을 상하게 하는 모습에 '지효(至孝)'라고 평가를 하고 있다. 이는 후한 이래의 허례화된 효에 대한 비판으로, 이와 구분해서 마음의 진정을 다하는 진효(眞孝)를 '지효'라고 인식하는 변화가 반영된 것이다. 여기서 위진 이래 문벌 사족들은 그 내부 구성원들의 결속을 강화하는 데 외면적인 이념으로서의 충효 일체나 허위적인 효의 예보다는 좀 더 근본적인 부모 자식 간의 참된 감정에 충실한 효를 진효이자 지효로서 더욱 중시했음을 알 수 있다.

이처럼 '진효'와 '가효' 문제는 예교의 외면적인 형식을 벗어나 좀 더 감정에 충실한 효의 표현을 긍정할 수 있게 했고, 여기서 이른바 '생효(生孝)'와 '사효(死孝)'의 논쟁도 나오게 된다. 『세설신어』 덕행편을 보면 왕융(王戎)과 화교(和嶠)가 동시에 상을 당했을 때의 이야기가 나온다.

왕융과 화교가 동시에 부모상을 당했는데 함께 효라고 칭송받았다. 왕융은 피골이 상접하여 간신히 자리에 걸터앉아 있을 뿐이었고, 화교는 예에 맞게 곡을 하면서 울었다. 무제가 유중웅에게 말했다. "경은 수차례 왕융과 화교를 살피지 않았는가? 화교가 예에 지나치게 슬퍼하고 힘들게 상을 치르니 사람들이 걱정한다고 들었다." 유중웅이 말하기를

"화교는 비록 예를 갖추었으나 신기를 손상하지는 않았습니다. 왕융은 비록 예를 갖추지는 않았지만 애통함에 피골이 상접하였습니다. 신은 화교가 생효이고, 왕융은 사효라고 생각합니다. 폐하께서는 화교를 걱정하실 필요가 없고 왕융을 걱정하셔야 합니다."라고 했다.*

여기서 왕융의 효를 '사효'라고 하는데, 이는 부모의 죽음에 굳이 상례에 구애받지 않으면서도 지극히 애통한 마음에 죽을 지경으로 몸이 상하는 것을 뜻한다. 이에 비해 화교의 효는 '생효'라고 하는데, 부모의 죽음에 상례를 제대로 갖추어 애도를 하면서도 신체를 상하지 않는 것이다. 즉, '사효'는 효의 지극한 마음을 있는 그대로 드러내는 것이고, '생효'는 효의 외면적이고 형식적인 예를 갖추면서 그 속에 애통한 마음을 담아내는 것이라고 할 수 있다. '사효'는 당시 중시했던 진정으로서의 '진효'가 그대로 형상화되어 마음의 지극한 효가 그대로 표출되는 것이며, 이는 형식적인 예를 갖추면서 그 속에 애통한 마음을 담았기 때문에 마음의 지극한 효가 드러나지 않아 오히려 '진효'와 '가효' 여부를 분간하기 어려운 '생효'

---

* 『世說新語』德行篇, "王戎・和嶠同時遭大喪, 俱以孝稱. 王雞骨支床, 和哭泣備禮. 武帝謂劉仲雄曰'卿數省王・和不? 聞和哀苦過禮, 使人憂之.' 仲雄曰'和嶠雖備禮, 神氣不損, 王戎雖不備禮, 而哀毁骨立. 臣以和嶠生孝, 王戎死孝. 陛下不應憂嶠, 而應憂戎."

보다 더 높게 평가받았다.[*]

　이처럼 '생효'와 비교해서 효의 마음을 지극히 표현하는 '사효'를 강조함으로써, 한대 이래로 사회화된 효가 결국 허례화되면서 효가 오히려 그 본래 부모 자식 간의 친밀한 감정에서 벗어나는 것을 비판하고 효 본연의 근원으로 돌아갈 것을 주장하는 것이다. 이 역시 전란의 시대에 더는 최종적인 자기 보존을 국가와 사회에 의지할 수 없는 상황에서, 가장 친밀한 부모 자식 간의 친애에 기반하는 혈연의 강력한 결속에 자기 보존을 기대하는 의도도 읽을 수 있다.

　대체로 위진남북조 시기에는 국가 차원에서는 여전히 '이효치천하'의 이념을 표면적으로 내세우면서 효를 권장하고 있었지만 그 이념성은 현저히 약화되고 있다. 그럼에도 사회 전반을 지배했던 문벌 사족들은 그 결속의 핵심 기제로 여전히 부자지간의 지극한 정에 기초하는 효의 본래 가치를 중시했다. 또 전란이 끊이지 않는 시대 상황과 현학의 사조 속에서, 후한 이래의 형식적이고 과도한 효의 형식을 비판하면서 효에 관한 '충효양전(忠孝兩全)', '진효가효(眞孝假孝)', '생효사효(生孝死孝)' 등의 문제가 제기되었고, 이에 대해 충보다는 효를, 효에서도 허위·허례의 '가효'보다는 지극한 마음을 다하는 '진효'를, 바로 그 '진효'와 '가효'를 구별하기 어려운 '생효'보다는 '진효'를 몸의 형상으로 그대로 표출하는 '사효'를 더

---

[*] 『世說新語』德行篇, "「晉陽秋」曰 '世祖及時談以此貴戎也.'"

높게 평가하였다. 이는 결국 문벌 사족의 결속을 강화하여 자기 보존을 위한 효의 지극한 마음, 즉 '지효'를 강조하고자 했던 것이다. 이처럼 위진남북조 시기는 효의 이념성은 현저히 약화되었고, 사회화된 효의 허위·허례가 비판받았다. 그럼에도 효는 여전히 문벌 사족의 결속이라는 목적에 부합되게 그 근원적인 가치를 강조하면서 사회적 역할을 하고 있었다.

보론

불교의 효*

* 불교의 효에 대해서는 다음의 연구를 참고했다. 道端良秀 저/목정배 옮김, 『불교의 효, 유교의 효』, 불교시대사, 1995; 신규탁, 「중국불교의 효사상 형성」, 『동양고전연구』 8, 1997; 신규탁, 「중국불교의 효사상」, 『효학연구』 1, 2004; 洪潤植, 「佛教의 孝觀」, 『韓國思想史學』 제10집, 1998 등.

인도 불교가 후한초 처음 중국으로 전래되는 과정에 대해서는 흔히 후한 명제의 '감몽구법설(感夢求法說)'이나, 명제의 형제인 '초왕 영(英) 숭불설(崇佛說)'을 언급한다. 그런데『후한서』에 초왕 영이 황로 사상을 좋아하면서 불교식의 제계(齊戒)를 익혔다고 하는 것을 보면,* 처음 불교가 전래되었을 때는 일종의 도가의 방술 정도로 받아들였다고 할 수 있다.

위진 시기에도 축법아(竺法雅) 등은 당시 유행하던 노장사상으로 불교의 교리를 설명하는 격의(格義)를 통해 불법을 전파하고자 했다. 하지만 구마라습 등이 불교 경전의 한역(漢譯)을 진행하면서 점차 불교 교리의 본질에 대한 이해가 깊어지게 되었고, 이에 수반하여 전통적인 중국의 풍속과 충돌되는 교리와 수행 방식에 대한 비판도 본격적으로 제기된다. 그 비판의 핵심은 바로 불교 교리가 부모에 대한 효를 배척한다는 것이었다.

이러한 공격에 대응하는 과정에서 불교는 중국의 효관념을 불교 교리에 접목해서 불교식으로 새롭게 해석하는 불교의 효를 새롭게 제시하게 된다. 이는『불승도리천위모설법경(佛昇忉利天爲母說法經)』등의 인도 불경을 한역하면서 그 속에서 효의 가치를 새롭게 해석하거나, 또는『불설대보부모은중경(佛說大報父母恩重經)』,『불설우란분경(佛說盂蘭盆經)』등 효를 전문적으로 언급하는 새로운

---

* 『後漢書』卷42, 光武十二王列傳, 1428쪽, "晚節更喜黃老, 學爲浮屠齋戒祭祀."

불경을 제작함으로써 이루어졌다. 이를 통해 연기법(緣起法)에 따라 부모 보은과 내세 추복을, 아버지보다는 어머니의 은혜를 더 강조하면서, 불가의 수행 방법으로 불교식 효를 실천하는 동아시아 불교의 고유한 특징이 나타나게 된다.

불교는 본래 인생이 '고(苦)'라 하고 이로부터의 근원적인 해탈을 목표로 삼는 종교이다. 따라서 출세(出世)의 불교는 현세 중심적인 유가와는 본질적으로 충돌할 수밖에 없었다. 불교가 전래 후 점차 그 세를 확장해 가던 위진 이래로, 유가들은 주로 효의 가치에 집중해서 불교를 공격하게 된다. 즉, 출가한 불교 승려는 삭발함으로써 부모에게서 물려받은 신체를 훼손하니 불효이고, 또 출가하여 후사가 없으니 역시 '무후(無後)'의 불효이며, 출가함으로써 부모를 봉양하지 않으니 불효이고, 출가한 승려는 부모와 군주에게 절을 하지 않으니 또 불충·불효라는 것이다. 이 네 가지 불효라는 비판에 대해, 불교 쪽은 일단 해명하지 않을 수 없었는데, 예를 들어『모자리혹론(牟子理惑論)』에서는『효경』등의 유가 경전을 인용하거나 공자·맹자·오태백 등을 언급하면서 불교 교리가 효에 위배되지 않는다는 논리를 전개한다. 또 위진남북조 시기 승려 혜원(慧遠)은 '사문불경왕자(沙門不敬王者)'를 주장하여 불충·불효에 대한 공격에 적극적으로 대응하기도 했다. 또 더 나아가 불경에서 중국의 효 가치에 부합되는 내용을 찾아서 재해석하기도 했고, 또는 효를 전문적으로 강설하는 위경(僞經)을 제작하여 적극적으로 불효의 종교라는 유가의 공격에 대응해 갔다.

한역 불교 경전 중『시가라월육방례경(尸迦羅越六方禮經)』,『불승도리천위모설법경』,『육도집경(六度集經)』,『선생자경(善生子經)』,『나선비구경(那先比丘經)』등이 모두 그러한 재해석을 통해 불교가 본래 효를 중시했다고 주장하는 내용을 담고 있다. 그리고 이에 기반하여 일찍이 손작(孫綽)은『유도론(喩道論)』에서 승려의 출가는 부모를 존엄하고 영광스럽게 하는 최고의 효행이라고 주장했다.[*] 특히 축법호(竺法護)가 한역한『불승도리천위모설법경』은 석가모니가 깨달음을 얻은 후 어머니 마야 부인에게 설법하기 위해 수미산 꼭대기의 도리천으로 가서 어머니를 위해 설법하고 봉양을 지극히 했다는 내용이어서 불교가 본질적으로 효와 대립하지 않는다는 점을 강조하고 있다.

더욱 주목되는 것은 효를 전문적으로 강설하는 불교 위경의 제작이다. 먼저『불설대보부모은중경』은 부모의 낳고 기르고 끝없이 걱정하는 은혜를 상세하게 묘사하는데, 특히 어머니의 은혜를 강조하고 있다. 이에 보답하기 위해 자식은 경전을 만들고 향을 사르며 예불하고 승려에게 공양하며 대중에게 포시하는 등 불가의 수

---

* 『弘明集』卷3, 孫綽·唯道論, "故唯得其歡心孝之盡也. 父隆則子貴, 子貴則父尊, 故孝之爲貴, 貴能立身行道, 永光厥親, 若葡匐懷袖, 日御三牲, 而不能令万物, 尊已擧世, 我賴以之养亲, 其荣近矣."

행을 통해 부모의 복을 빌어야 한다는 것이다. 『불설대보부모은중경』은 자식에 대한 어머니의 은혜를 강조함으로써 모자지간의 두터운 친애의 감정에 바탕을 두고 있다. 이에 불교가 기층 민중에게 널리 수용되면서 각종 이본(異本)이 만들어지고 광범위하게 유행하면서 이후 중국을 비롯한 한국·일본 등 동아시아 불교에 매우 깊은 영향을 주었다.

또 서진 시기 축법호가 한역했다고 하지만, 위경일 가능성이 높은 『불설우란분경』은 불교의 『효경』이라고 할 정도로 효에 관한 전문적이고 감동적인 내용을 담고 있다. 즉, 석가모니의 제자인 목련이 지옥으로 가서 아귀 지옥에 떨어진 어머니를 구한다는 내용으로, 석가모니와 목련의 출가가 모두 부모를 구하기 위해서였다는 효의 가치를 강조하고 있다. 당 이후로 『불설우란분경』에 따라 매년 7월 15일 백중일에 부모와 7대 조상을 구제하기 위한 우란분재(盂蘭盆齋)가 유행하기 시작하여, 한·중·일 동아시아 불교 문화권에서 널리 수용되었다. 또 구마라습이 한역했다고 하지만 위경의 가능성이 높은 『범망경(梵網經)』은 부모와 스승과 승려를 삼보라고 해서 순종할 것을 주장하여, 효와 불교의 계율을 결합하는 특징을 보여 주고 있다.

인도 불교가 중국에 전래된 이래 토착화하는 과정에서 불교는 전통적인 효의 가치를 교리 내로 수용하여 불교식 효의 논리와 실천 방법을 제시함으로써, 유가의 공격을 극복하고 중국 사회, 더 나아가 동아시아 사회 전체에 뿌리내릴 수 있었다. 특히 어머니 쪽의 은혜를 강조하고, 불사를 통해 사후 부모와 조상의 구원을 주장함으로써, 종교적인 구원과 효가 결합하여 이념성이 배제된 근원적인 효의 가치가 기층 사회에서 기능할 수 있도록 했다. 즉, 중국 고대 사상화-법제화-제도화-이념화-사회화-종교화 등의 문명화 과정을 거쳤던 효가 위진남북조 이래 국가 쪽으로부터 이념의 힘이 더는 강하게 작용하지 않는데도, 여전히 그 사회적 기능을 유지하면서 동아시아 문명의 특질로 지속될 수 있었던 것은 불교라는 종교적 힘에 의지하는 바가 컸다고 할 수 있다.

맺음말

나는 중국 고대 효사상을 연구주제로 삼은 이래로, 오랫동안 동
아시아 문명을 특징짓는 효를 종합하는 구상을 해 왔다. 그 구상의
첫 번째는 서주 시기 효관념에서 사상화-이념화-법제화-제도화-
사회화-종교화 등 일련의 문명화를 거쳐서 오늘날 우리가 이해하
는 효가 만들어지는 과정을 쫓아가는 것이었다. 이를 통해 국가권
력에 의해 문명화된 효가 강력하게 사회를 규율하면서 효가 어떻
게 사람들의 심성에 각인되는지, 그 강력한 권력 기제로서의 성격
을 드러내고자 했다. 두 번째는 중국 고대 문명의 핵심 기제로 문
명화된 효가 이후 어떤 변화를 거치면서 한반도로 전파되어서 한
국의 고유한 전통문화로 뿌리내리는지 그 오랜 변용의 과정을 밝
혀내고자 했다. 이를 통해서 오늘날 한국인들에게 우리 고유의 전
통이라고 의심의 여지없이 믿어지는 효가 가지고 있는 외래성(外來

性)을 드러내고, 전통시대 한국사에서 효의 또 다른 문명화 과정을 쫓아 보려고 한다. 마지막으로, 19세기 이후로 지금까지 근현대 한국 사회에서 전통적인 효가 어떤 다양한 변주곡을 울리는지 살펴보면서, 남북한 공히 근대 국민국가를 형성해 가는 과정에 효가 어떻게 동원되었는지 확인하려고 한다. 이를 통해 중국 고대의 문명화된 효의 권력 기제가 근현대 사회에서 다시 반복적으로 작동되고 있었음을 드러내어, 오늘날 전통사상으로서 효가 어떤 의미로 재해석되고 앞으로도 기능할 수 있을지를 모색하고자 한다.

이 책은 동아시아 문명의 효를 종합 정리하고자 하는 이상 3부작 구상의 첫 번째 결과라고 할 수 있다. 그래서 제목을 『동아시아 고대 효의 탄생-효의 문명화 과정』이라고 했다. 제목에 걸맞게 이 책은 효의 기원과 본래 뜻에서 시작하여 서주 시기 효관념의 형성을 먼저 살펴보았다. 그리고 이 책의 문제의식이자 방법론으로서 노르베르트 엘리아스가 제시했던 '문명화'의 관점에서, 동아시아 문명을 특징짓는 효가 장기간의 오랜 역사적 과정과 각 시대마다의 특수한 맥락 속에서 특유의 문명화된 효가 완성되어 가는 일련의 과정을 쫓아갔다. 즉, 효를 그 기원에서부터 통사적으로 접근하여 이른바 '효의 문명화 과정[The Civilizing Process of Filial Piety]'으로 효의 역사적인 탄생을 설명하려는 것이다.

이 과정에서 엘리아스의 문명화 개념이 다소 체계적이지 않고 모호한 측면이 있다고 보고, 효의 일련의 문명화 과정을 사상화-법제화-제도화-이념화-사회화-종교화 등으로 세분화해서 좀 더 명확한 기준을 설정하고자 했다. 이와 같은 세부적인 문명화의 각각의 과정은 국가권력으로부터 사회로, 다시 사회에서 국가 쪽으로 수직적인 양방향으로 진행되는 방향성이 있다. 그리고 공간적으로는 문명화 과정의 중심에서 수평적으로 확산되면서 다양한 변주가 만들어지는 또 다른 방향성도 존재할 것이다. 여기에는 또 각각의 지역 문화의 특질에 따라 복잡한 길항력이 존재해서 단편적으로 정리할 수 없는 복잡성도 고려해야 한다. 효에 관한 이 첫 번째 구상에서 어느 정도 국가-사회의 수직적인 양방향성은 확인될 것으로 기대하지만, 향후 두 번째 효에 관한 구상에서 한반도로 효의 전파를 살펴보면서 문명화된 효의 수평적인 공간으로 확산과 변주가 어떤 다양성을 보여 주는지 탐색해 갈 것이다.

　본문에서 장절로 구분해서 살펴보았던 동아시아 고대 효의 문명화 과정을 통해 본래 목적했던 의도가 어느 정도 성취되었기를 기대하지만, 그럼에도 여전히 적지 않은 오류가 있을 것이고 피상적이고 단편적인 정리에 그치는 부분도 적지 않을 것이다. 하지만 중국 고대 효가 장기적으로 문명화 과정을 겪으면서, 그 결과 엘리아스가 언급했던 정치권력의 중앙집권화와 상호 의존적으로 결합되는 사회적 결합태가 상호 긴밀하게 맞물려서 동아시아 문명의 핵심 가치체계가 되었다는 대체적인 결론은 크게 무리가 없을 것이다.

특히 선진 시기 제자백가의 사상화 과정에서는 그 사유의 다양성을 전제로 할 수 있지만, 진한 시기 효의 법제화와 제도화 부분은 다양한 효의 사유 중에서 결국 법가의 기능적 효가 전제 국가권력의 목적에 부합되어 오로지 선택된다는 전일성이 전제가 된다. 그리고 『효경』의 최종적인 성립과 국가 수용 과정에서는 확장의 시대에서 수성의 시대로 접어드는 한 무제 말~소제 시기의 특정한 시대적 맥락과 연결되어 효가 강력한 국가 통치 이념으로 이념화의 단계까지 진행되는 것이 확인된다.

국가권력의 목적성에 따라 효는 먼저 기능적으로 법제화·제도화되었고, 여기에 특정 시기의 국가 필요에 따라 이념화됨으로써 이제 효는 국가권력 기구가 그 지배 체제의 영속화를 추구하는 강력한 도구가 되어, 사회 전반의 제 질서를 규율하는 사회화의 과정을 거치게 된다. 한 무제 이후 전한 중후기에 확고하게 뿌리내리게 되는 효의 사회화 과정은 '독존유술'이라는 유학의 관학화를 배경으로 하여 『효경』의 교육과 보급을 중심으로 전면적으로 진행되어, 상층 국가기구로부터의 문명화가 결국 국가의 목적성에 부합하는 방향으로 사회를 재편하는 결과로 이어졌다. 그 최종적인 문명화의 완성태가 이른바 후한 예교 사회의 성립이다.

하지만 일상의 모든 삶을 지배하는 효의 문명화, 즉 예교 사회는 그 핵심 가치인 효의 허례·허위라는 심각한 문제를 야기했고, 이에 한 왕조의 고대 제국 질서가 붕괴되는 후한말 이래로 위진남북조 시기 현학, 불교 등의 새로운 사조의 유행과 맞물려 문명화된 효에도 일정한 변화가 있었다. 위진남북조 시기는 형식상으로는 여전히 한 이래의 문명화된 효의 가치가 유지되고 있었지만, 당시 사회를 지배하던 문벌 사족의 생존 이익에 부합되게 가문의 결속을 강화하는 방향으로 효의 가치가 변화했다. 이에 부합되게 효에 대해서도 부자지간의 지극한 마음을 몸의 형상으로 표출하는 '지효'가 중시되었고 이를 분간하는 논쟁도 활발하게 진행되었다. 결국 문명화된 효의 국가 쪽으로부터의 이념성은 현저히 약화되었지만, 문벌 사족들의 이해에 부합되는 방향으로 효의 사회화는 여전히 그 역할을 하고 있었다.

이에 수반하여 외래종교인 불교가 중국에 수용되는 과정에서 효의 가치와 부합되지 않는 불교 교리는 불효의 명목으로 격렬한 비판을 받았다. 이를 극복하고 중국의 효를 불교 교리에 접목하는 과정에서 불교는 중국 더 나아가 동아시아 사회 전체에 뿌리내릴 수 있었다. 이 과정에서 어머니 쪽의 은혜를 강조하고, 불사를 통해 사후 부모와 조상의 구원을 주장함으로써, 종교적인 구원과 효가 결합하여 이념성이 배제된 근원적인 효의 가치는 여전히 기층 사회에서 기능할 수 있었다. 즉 문명화 과정을 거쳤던 효가 더는 국가의 강력한 이념의 힘이 작용하지 않는데도, 여전히 그 사회적 기능을 유지하면서 동아시아 문명의 특질로 지속될 수 있었던 데는 불교라는 종교적 힘에 의지했던 바가 컸다고 할 수 있다.

중국 고대 문명화된 효는 삼국시대에 한반도로 전파되고, 이후 오랜 시간에 걸쳐 또 다른 효의 문명화 과정을 거치면서 한국 사회에 뿌리를 내린다. 이처럼 외래적인 효의 또 다른 한국에서의 문명화 과정에 대해서는 향후 계속 살펴볼 계획이지만, 여기서 간단히 그 내용을 개괄하면서 이 책을 마무리하고자 한다.

한반도 지역에 유가 사상은 처음 한사군을 통해 전해졌다고 할 수 있기 때문에, 아마도 이때에 중국 고대의 문명화된 효도 알려졌을 것이다. 그 이후로 고구려, 백제, 신라 모두 효관념은 이미 널리 알려져 있었고 『효경』도 교육의 대상이 되었다. 아울러 중국의 이십사효와 유사한 향득·손순·지은 등의 효행담도 유행하고 있어서 이미 중국식 효의 문명화 과정은 어느 정도 진행되었다고 할 수 있다. 하지만 삼국 이래 고려시대까지 한반도에서의 효는 유가적인 효의 문명화라기보다는 앞서 보론에서 언급한 불교식 효가 종교의식과 일상생활 방면에서 더 지배적인 영향력을 가지고 있어서, 우란분재 같은 불교 의식을 중심으로 효를 실천하고 있었다.

삼국시대 이래 국가권력은 효의 문명화를 정책적으로 장려했지만, 아직은 불교의 효가 더 큰 영향력을 발휘했고 기층 사회까지 완전히 정착되었다고 보기는 어려웠다. 중국식의 문명화된 효가 본격적으로 뿌리내리는 것은 불교를 배척하고 유교를 통치 이념으로 확립하는 조선시대에 들어서이다. 조선은 불교적 의식을 대신하는 『주자가례』의 도입을 통해 사회 전반에 걸쳐 유교적 생활양식을 뿌리내리고자 했다. 또한 『효경』이 필독서의 위치에서 보급되었고, 태종 이래로 『효행록』을 계속 간행하여 유포시켰으며, 『삼강행실도』 등 실천 윤리서를 계속 간행하여, 문명화된 효는 국왕에서부터 사대부 가문과 기층 사회에 이르기까지 확고하게 자리 잡게 되었다.

참고 문헌

[문헌 사료]

『史記』,『漢書』,『後漢書』,『三國志』,『晉書』등 정사(쪽수는 中華書局標點本에
　　기준)
『論語』,『孟子』,『荀子』,『墨子』,『管子』,『商君書』,『韓非子』,『呂氏春秋』등 諸
　　子書
馬國翰 輯,『玉函山房輯佚書』經編 孝經類(1499-1533쪽), 文海出版社.
朱熹 撰,『孝經刊誤』(『朱子大全』卷66 雜著),『經苑』百部叢書集成, 藝文印書
　　館.
[淸] 丁晏 撰,『孝經徵文』,『皇淸經解續編』卷847, 復興書局, 9797-9808.
[漢] 蔡邕 撰,『蔡中郎集』, 臺灣中華書局, 1966.
黃得時 註譯,『孝經今註今譯』, 臺灣商務印書館, 1972.
[漢] 許愼 撰 [淸] 段玉裁 注,『說文解字注』, 上海古籍出版社, 1981.
[唐] 長孫無忌 等撰/劉俊文 點校,『唐律疏議』, 中華書局, 1983.
程樹德,『九朝律考』, 中華書局, 1988.
[淸] 王仁俊 輯,『玉函山房輯佚書續編三種』經編 孝經類, 上海古籍出版社,
　　1989.
[漢] 衛宏 撰/[淸] 孫星衍 輯/周天游 點校,『漢官六種』, 中華書局, 1990.
楊伯峻 編著,『春秋左傳註』(修訂本), 中華書局, 1990.
劉寶楠 撰/高流水 點校,『論語正義』, 中華書局, 1990.
蘇輿 撰/鐘哲 點校,『春秋繁露義證』, 中華書局, 1992.
[唐] 李林甫 等撰/陳仲夫 點校,『唐六典』, 中華書局, 1992.
顧炎武,『日知錄集釋』, 岳麓書社, 1994.
[淸] 陳立 撰/吳則虞 點校,『白虎通疏證』, 中華書局, 1994.
王洲明·徐超 校注,『賈誼集校注』, 人民文學出版社, 1996.
胡平生 譯註,『孝經譯註』, 中華書局, 1996.
[淸] 王先愼 撰/鐘哲 點校,『韓非子集解』, 中華書局, 1998.
黃懷信 主撰/孔德立·周海生 參撰,『大戴禮記彙校集注』, 三秦出版社, 2005.
劉義慶,『世說新語』, 中華書局, 2007.

[출토 자료]

郭末若,『兩周金文辭大系』上·下編, 開明堂, 1932.

徐中舒 主編·四川大學歷史研究所編,『殷周金文集錄』, 四川辭書出版社, 1986.

甘肅省博物館,「甘肅武威磨咀子漢墓發掘」,『考古』1960-9.

睡虎地秦墓竹簡整理小組 篇,『雲夢睡虎地秦簡』, 文物出版社, 1978.

荊門市博物館,『郭店楚墓竹簡』, 文物出版社, 1998.

張家山二四七號漢墓竹簡整理小組,『張家山漢墓竹簡[二四七號墓](釋文修訂本)』, 文物出版社, 2006.

彭浩·陳偉·工藤元男 主編,『二年律令與奏讞書 張家山二四七號漢墓出土法律文獻釋讀』, 上海古籍出版社, 2007.

陳偉 主編,『秦簡牘合集 釋文注釋修訂本(壹)』, 武漢大學出版社, 2016.

北京大學出土文獻研究所,『北京大學藏西漢竹書(參)』, 上海古籍出版社, 2015.

陳松長,『岳麓书院藏秦简(肆)』, 上海辞书出版社, 2015.

陳松長,『岳麓书院藏秦简(伍)』, 上海辞书出版社, 2017.

江西省文物考古研究院 等,「江西南昌西漢海昏侯劉賀墓出土簡牘」,『文物』2018-11.

朱鳳瀚 主編,『海昏簡牘初論』, 北京大學出版社, 2020.

[연구서]

尹乃鉉,『商周史』, 民音社, 1984.

李成珪,『中國古代帝國成立史研究-秦國齊民支配體制의 形成-』, 一潮閣, 1984.

노버트 엘리아스/유희수 옮김,『문명화과정-매너의 역사』, 신서원, 1995.

노르베르트 엘리아스 저/박미애 역,『문명화 과정』Ⅰ·Ⅱ, 한길사, 1996·1999.

道端良秀 저/목정배 옮김,『불교의 효, 유교의 효』, 불교시대사, 1995.

벤자민 슈왈츠 저/나성 역,『중국고대사상의 세계』, 살림출판사, 1996.

李春植,『事大主義』, 고려대학교출판부, 1997.

鄭日童,『漢初의 政治와 黃老思想』, 백산자료원, 1997.

한스 페터 뒤르 저/차경아 역,『나체와 수치의 역사』, 까치, 1998.

마루야마 마사오/박충석·김석근 공역,『충성과 반역 전환기 일본의 정신사적 위상』, 나남출판, 1998.
Li Liu & Xingcan Chen/심재훈 옮김,『중국고대국가의 형성』, 학연문화사, 2006.
로타 본 팔켄하우젠 저/심재훈 역,『고고학 증거로 본 공자시대 중국사회』, 세창출판사, 2011.
홍승현,『禮儀之國 고대중국의 예제와 예학』, 혜안, 2014.
리펑 지음/이청규 옮김,『중국고대사』, 사회평론, 2017.
楊榮國,『中國古代思想史』, 人民出版社, 1954.
王國維,『觀堂集林』, 惠文印書館, 1956.
皮錫瑞 著·李鴻鎭 譯,『中國經學史』, 1984.
沈善洪·王鳳賢,『中國倫理學說史(上)』, 浙江人民出版社, 1985.
陳夢家,『殷墟卜辭綜述』, 中華書局, 1988.
湯志鈞 華友根 承載 錢杭,『西漢經學與政治』, 上海古籍出版社, 1994.
蔡汝堃,『孝經通考』, 臺灣商務印書館, 1967.
張嚴,『孝經通識』, 臺灣商務印書館, 1970.
徐復觀,『兩漢思想史-周秦漢政治社會結構之研究-』券1, 臺灣 學生書局, 1979.
杜正勝,「周代封建的建立」,『歷史語言研究所集刊』第50本, 1979.
張光直,『中國靑銅時代』, 三聯書店, 1983.
蒙文通,『古學甄微』浮丘伯傳, 巴蜀書社, 1987.
余英時,『士与中國文化』, 上海人民出版社, 1987.
堀毅,『秦漢法制史論攷』, 法律出版社, 1988.
朱錫禄 編著,『武氏祠漢画像石』, 山東美術出版社, 1992.
徐揚杰,『中國家族制度史』, 人民出版社, 1992.
孫筱,『心齋問學集』, 團結出版社, 1993.
孫筱,『兩漢經學與社會』, 中國社會科學出版社, 2002.
湯志鈞·華友根·承載·錢杭,『西漢經學與政治』, 上海古籍出版社, 1994.
王鐵,『漢代學術史』, 華東師範大學出版社, 1995.
康學偉,『先秦孝道硏究』, 吉林人民出版社, 2000.
姜廣輝 主編,『經學今詮初編』, 遼寧敎育出版社, 2000.
肖群忠,『孝與中國文化』, 人民出版社, 2001.
郭沂,『郭店楚簡與先秦學術思想』, 上海敎育出版社, 2001.

劉厚琴,『儒學與漢代社會』, 齊魯書社, 2002.

曹旅寧,『秦律新探』, 中國社會科學出版社, 2002.

李零,『郭店楚簡校讀記』, 北京大學出版社, 2002.

陳偉,『郭店竹書別釋』, 湖北教育出版社, 2003.

周鳳翰,『周商家族形態研究』增訂本, 天津古籍出版社, 2004.

劉釗,『郭店楚簡校釋』, 福建人民出版社, 2005.

蔡萬進,『張家山漢簡〈奏讞書〉研究』, 廣西師範大學出版社, 2006.

賈麗英,『秦漢家庭法研究』, 中國社會科學出版社, 2015.

加藤常賢,『漢字の起源』, 角川書店, 1970.

板野長八,『中國古代における人間觀の展開』, 岩波書店, 1972.

桑原隲藏 著·宮崎市定 校訂,『中國の孝道』, 講談社, 1977.

白川靜,『金文の世界-殷周社會史』, 平凡社, 1971.

渡邊 卓,『古代中國思想の研究-〈孔子傳の形成〉と儒墨集團の思想と行動-』,
　　　　倉文社, 1973.

安居香山·中村璋八 編,『重修緯書集成』, 明德出版社, 1978.

大庭脩,『秦漢法制史の研究』, 創文社, 1982.

藤川正數,『漢代における禮學の研究』, 風間書房, 1985.

日原利國,『漢代思想の研究』, 研文出版, 1986.

吉川忠夫,『六朝精神史研究』, 同朋舍, 1984.

渡辺信一郎,『中國古代國家の思想構造-專制國家とイデオロギ-』, 校倉書房,
　　　　1994.

板野長八,『儒敎成立史の研究』, 岩波書店, 1995.

渡邊信一郎,『中國古代國家の思想構造-專制國家とイデオロギ-』, 校倉書房,
　　　　1994.

渡邊義浩,『後漢國家の支配と儒敎』, 雄山閣, 1994.

下見隆雄,『孝と母性のメカニズム 中國女性史の視座』, 研文出版, 1997.

平世隆郎,『中國古代の豫言書』, 講談社, 2000.

松丸道雄 等,『中國史學の基本問題Ⅰ 殷周秦漢時代史の基本問題』, 汲古書
　　　　院, 2001.

地澤優,『「孝」思想の宗敎學的研究-古代中國における祖先崇拜の思想的發
　　　　展』, 東京大學出版會, 2002.

籾山明,『中國古代訴訟制度の研究』, 京都大學學術出版會, 2006.

地田雄一,『漢代を遡る奏讞-中國古代の裁判記錄-』, 汲古書院, 2015.

冨谷 至, 『漢唐法制史硏究』, 創文社, 2016.
M. E. Lewis, *Sanctioned Violence in Early China*, State Univ. of N.Y. Pr,
　　1990.

[연구 논문]

李春植, 「西周宗法封建制度의 起源問題」, 『東洋史學硏究』 제26집, 1987.
李成九, 「春秋戰國時代의 國家와 社會」, 『講座中國史 I』, 지식산업사, 1989.
鄭夏賢, 「皇帝支配體制의 成立과 展開」, 『講座 中國史 I』, 지식산업사, 1989.
盧鏞弼, 「新羅時代 『孝經』의 受容과 그 社會的 意義」, 『李基白紀念韓國史學
　　論叢』, 一潮閣, 1994.
尹在碩, 『秦代家族制硏究』, 慶北大博士學位論文, 1996.
尹在碩, 「睡虎地秦簡和張家山漢簡反映的秦漢時期後子制和家系繼承」, 『中
　　國歷史文物』 2003-1.
尹在碩, 「張家山漢簡所見的家庭犯罪及刑罰資料」, 『中國古代法律文獻硏究』
　　第二輯, 中國政法大學出版社, 2004.
신규탁, 「중국불교의 효사상 형성」, 『동양고전연구』 8, 1997.
신규탁, 「중국불교의 효사상」, 『효학연구』 1, 2004.
李成珪, 「戰國時代 統一論의 形成과 그 背景」, 『東洋史學硏究』 제8·9합집,
　　1975.
李成珪, 「전한 현장리의 임용방식: 동해군의 예 - 윤만한간 〈동해군하할장리명
　　적〉의 분석-」, 『역사학보』 160, 1998
李成珪, 「漢代 『孝經』의 普及과 그 理念」, 『韓國思想史學』 제10집, 1998.
李熙德, 「韓國에 있어서 孝思想의 形成과 그 展開」, 『韓國思想史學』 제10집,
　　1998.
洪潤植, 「佛敎의 孝觀」, 『韓國思想史學』 제10집, 1998.
臧健, 「『二十四孝』와 中國傳統孝文化」, 『韓國思想史學』 제10집, 1998.
李成九, 「漢武帝時期의 皇帝儀禮-太一祀·明堂·封禪의 二重性에 대한 검
　　토-」, 『東洋史學硏究』 제80집, 2002.
金慶浩, 「漢代 邊境地域에 대한 儒敎理念의 普及과 그 의미-河西·西南지역을
　　중심으로」, 『中國史硏究』 제17집, 2002·2.
李承律, 「郭店楚簡 「魯穆公問子思」의 忠臣觀」, 『韓國哲學論集』 제9집, 2000.
李承律, 『郭店楚墓竹簡の儒家思想硏究-郭店楚簡硏究序論-』, 東京大學博士

　　學位論文, 2001.

李承律, 「郭店楚簡「唐虞之道」に見える「愛親」と「孝」思想の特質」, 『韓國哲學
　　論集』제11집, 2002.

정병섭, 「先秦 儒家 孝思想의 展開에 관한 研究」, 성균관대학교 석사학위논문,
　　2003.

近藤浩一, 「百濟 時期의 孝思想 受容과 그 意義」, 『百濟研究』 42, 2005.

林炳德, 「秦·漢 交替期의 奴婢」, 『中國古中世史研究』 16집, 2006.

이경자, 「漢代 『孝經』 보급의 교육적 의의」, 『教育問題研究』 35, 2009.

심재훈, 「曲沃小宗과 上郭村 墓地: 春秋 初 晉國의 새로운 발전」, 『중국사연구』
　　33, 2004.

심재훈, 「西周 청동예기를 통해 본 중심과 주변, 그 정치 문화적 함의」, 『동양학』
　　51, 2012.

김진우, 「진한시기 호적류 공문서의 운용과 그 실태」, 『동양사학연구』 131,
　　2015.

王正己, 「孝經今考」, 『古史辨』第四册(諸子續考), 景山書社, 1933.

蔡汝堃, 「今文孝經成書年代考」, 『古史辨』第六册(諸子續考), 開明書店, 1938,

周伯戡, 「孝之古義考」, 『傅樂成教授紀念論文集中國史新論』, 學生書局, 1985.

李裕民, 「殷周金文中的孝和孔丘孝道的反動本質」, 『考古學報』 1974-2.

高敏, 「秦簡"爲吏之道"中所反映的儒法合流傾向-兼論儒法合流的歷史演變
　　幷批四人幫」, 『雲夢秦簡初探』, 河南人民出版社, 1979.

許倬雲, 「春秋戰國間的社會變動」, 『求古編』, 臺北:聯經出版事業公司, 1982.

陳蘇鎭, 「商周時期孝觀念的起源及其社會原因」, 『中國哲學』 10, 1983.

劉修明, 「漢以孝治天下發微」, 『歷史研究』 1983-6.

周伯戡, 「孝之古義考」, 『傅樂成教授紀念論文集中國史新論』, 學生書局, 1985.

鄭慧生, 「商代"孝"道質疑」, 『史學月刊』 1986-5.

錢大群, 「秦律"三環"論」, 『南京大學學報』 1988-2.

王愼行, 「試論西周孝道觀的形成及其特點」, 『社會科學戰線』 1989-1.

王愼行, 「論西周孝道觀的本質」, 『人文雜誌』 1991-2.

孫筱, 「孝的觀念與漢代新的社會統治秩序」, 『中國史研究』 1990-3.

晉文, 「論春秋 詩 孝經 禮在漢代政治地位的轉移」, 山東師大學報:社科版(濟
　　南) 1992-3.

晉文, 「論經學與漢代忠孝觀的整合」, 『江海學刊』 2001-5.

查昌國, 「西周"孝"義試探」, 『中國史研究』 1993-2.

巴新生,『西周倫理形態硏究』, 南開大學博士學位論文, 1994.

張濤,「『孝經』作者與成書年代考」,『中國史硏究』1996-1.

羅新慧,「曾子與『孝經』」,『史學月刊』1996-5.

馮一下,「秦朝的孝道」, 中學歷史敎學參考 1997-5.

張建國,「關於張家山漢簡〈奏讞書〉的幾點硏究及其他」,「國學硏究』4卷, 北京大學出版社, 1997.

張踐,「先秦孝道觀的發展」, 姜廣輝 主編,『經學今詮初編』, 遼寧敎育出版社, 2000.

張强,「論西漢前期的天人思想」,『河北師範大學學報』哲社版(石家庄) 2001-2.

張京華,「論秦漢政治思想的嬗替」,『洛陽工學院學報』社科版 2001-2.

宋艷萍,「陰陽五行與秦漢政治史觀」,『史學史硏究』(京) 2001-3.

葛志毅,「明堂月令考論」,『求是學刊』2002-2.

周予同,「"孝"與"生殖器崇拜"」, 陳平原 主編,『先秦儒家硏究』, 湖北敎育出版社, 2003.

徐世虹,「「三環之」·「刑復城旦舂」·「繫城旦舂某歲」 解-讀「二年律令」札記」,『出土文獻硏究』제6집, 2004.

徐世虹,「秦漢簡牘中的不孝罪訴訟」,『出土文獻與法律史硏究』2006-3.

張功,「秦漢不孝罪考論」,『首都師範大學學報(社會科學版)』2004-5.

丁成際,「試論傳統"孝道"文化—傳統孝道的歷史嬗變以及孝與忠·刑的關係」,『蘭州學刊』2006-9.

趙凱,「西漢"受鬻法"探論」,『中國史硏究』2007-4.

趙凱,「《漢書·文帝紀》"養老令"新考」,『南都學壇』2011-6.

賈麗英,「秦漢不孝罪考論」,『石家莊學院學報』10卷 1期, 2008.

張仁璽/孫明霞,「〈〈顔氏家訓〉〉中的孝道觀術論」,『臨沂大學學報』2011-10.

關開華,「魏晉南北朝孝文化硏究」, 山東師範大學碩士學位論文, 2012.

劉嬌,「漢簡所見〈孝經〉之傳注或解說初探」,『出土文獻』第6輯, 中西書局, 2015.

津田左右吉,「儒家の實踐道德」,『滿鮮地理歷史硏究報告』第13(東京帝國大學文學部), 1932.

板野長八,「戰國秦漢における孝の二重性」,『史學硏究』11, 1967.

宇都木章,「鄭の七穆-子産の立場を中心として-」,『中國古代史硏究』3, 1969.

宇都木章,「魯の三桓氏の成立について(一)」,『中國古代史硏究』4, 1976.

武內義雄,「孝經の研究」,『武內義雄全集』第二卷 儒教篇一, 角川書店, 1978.

齋木哲郎,「漢初の天人合一思想とその系譜」,『待兼山論叢』14, 1980.

齋木哲郎,「漢代の統治政策における孝思想の展開と『孝經』(上)-政策として
の孝思想-」,『東洋文化夏刊』82, 1999.

越智重明,「秦漢時代の孝の一考察」,『東アジア史における國家と農民』, 西嶋
定生博士還曆記念論叢編輯委員會編, 山川出版社, 1984.

飯尾秀幸,「中國古代の家族研究をめぐる諸問題」,『歷史評論』428号, 1985.

渡邊信一郎,「孝經の製作とその背景」,『史林』69-1, 1986.

清水悅男,「『孝經』の成立についての一考察」,『早稻田大學大學院文學研究科
紀要』別册13, 1987.

加地伸行,「〈『孝經』の作者〉の意味」,『待兼山論叢』24, 1990.

池澤優,「西周春秋時代の孝と祖先祭祀について」,『筑波大學地域研究』10号,
1992.

池澤優,「中國戰國時代末期の孝思想の諸文獻」,『筑波大學地域研究』11号,
1993.

福田芳典,「孝重視の思想についての一考察(一)-中國古代「直躬」例話の容
隱をてがかりに-」,『學海』10, 1994.

若江賢三,「秦漢律における不孝罪」,『東洋史研究』第55卷 第2号, 1996.

永井彌人,「經學史から視た封禪說の形成」,『中國古典研究』第42号, 1997.

水間大輔,「秦律·漢律における未遂·豫備·陰謀罪の處罰-張家山漢簡「二年律
令」を中心に」,『史學雜誌』113-1, 2004.

宮宅潔,「漢初の二十等爵制-民爵に附帶する特權とその繼承」,『江陵張家山
二四七號墓出土漢律令の研究』, 朋友書店, 2006.

Roger L. Janelli, *The Value of Ancestor-Worship Traditions in Modern
Korean Society*,『제1회 한국학 국제학술회의 논문집』, 한국정신문화
연구원, 1979.